HEYNE‹

W0172266

Alfred Dorfer

Wörtlich

Satirische Texte

WILHELM HEYNE VERLAG
MÜNCHEN

Gob, für dich

Verlagsgruppe Random House FSC-DEU-0100
Das für dieses Buch verwendete FSC-zertifizierte Papier
München Super liefert Mochenwangen.

Taschenbucherstausgabe 08/2008

Printed in Germany 2008
Umschlaggestaltung: Hauptmann und Kampa Werbeagentur,
München - Zürich
Umschlagfoto: Peter Rigaud
Druck und Bindung: GGP Media GmbH, Pößneck

ISBN: 978-3-453-60087-4

Inhalt

Teil 1 – Aus der Heimat

Teil 2 – Aus der Fremde

Teil 3 – Aus der Zeit

Textnachweis

»Indien« und »Planlos« verlegt bei Bunte Bühne, Mag^a Barbara Klein,
Siebensterngasse 42, A-1070 Wien, barbara.klein@kosmostheater.at.
Dank an die beiden Co-Autoren Josef Hader und Eva Billisisch
Dank an Co-Autor Günther Paal bei den Stücken »fremd« und »Alles Gute«
»Ende ohne Schrecken« (EV im *profil* im Dezember 2005)
»Schüssel über Europa« (EV in der *Zeit* im Januar 2006)
»Wahl-Dada«, »Groß schreiben«, »Frustmacher«, »Optisches«, »Bildungslücke«,
»Die Sitzordnung«, »Licht im Kanzleramt« (EV in der *Zeit* im Herbst 2006)
»Feldforschung« (Erstveröffentlichung in der *Süddeutschen Zeitung* im
August/September 2005)
»Und Österreich wird Europameister« (EV im *tazjournal* im Februar 2006)
»In diesen heilgen Hallen« (EV in der *Süddeutschen Zeitung* im Dezember 2005)

Bildnachweis

Dank an Elmar Bertsch, die Fotoagentur picturedesk.com (Laimgrubengasse 10,
A-1060 Wien), Richard Boulestreau und Robert Peres für die bereitgestellten Fotos.

Teil 1

Aus der Heimat

Eiles

Unzählige Treffen im Café mit Josef, es war das *Eiles*.
Würschtel mit Senf und Kren, tausende Melanges und
Zigaretten. Viel Husten, viel Lachen, und draußen zieht
das Jahr vorbei. »Bis nächste Woche!«, und jeder von uns
wieder irgendwo. Enns, Regensburg, Bischofshofen,
praktisch die ganze Welt. Dann wieder *Eiles*, und beide
haben wir etwas mitgebracht. Zwei Zeilen, sogar Szenen
oder akribische Überlegungen: »Hab ich vielleicht einen
Bart?« Nein, heute keine Würschtel, heute vielleicht ein
Schnitzel und eine Melange. Keine Idee sonst, also bis
nächste Woche, nein, da bin ich in Tirol, ah ja, dann
übernächste. Die Zeit wird langsam knapp. Der Kren
heute besonders scharf, ein bisschen weinen und dann die
Königsidee: *Indien.* Wir haben einen Titel, das ist wichtig.
Für die Presseaussendung besonders und für uns. Endlich
steht was ganz oben auf den leeren weißen karierten
Blättern. Wie bei der Schularbeit. »Bis nächste Woche!«
Diesmal das Schnitzel etwas zäh, die Melange aber
prächtig. Fellner und Bösel sind geboren aus dem Nichts
des karierten Blocks, plötzlich da, es wurde aber auch Zeit.
Sie sprechen nun miteinander auf den runden kalten Stein-
tischchen im *Eiles* mit Zigaretten, Schnitzel und Kaffee.
Draußen bereits lange Winter, und die Premiere schaut
nun immer öfter vorbei, beugt sich über unsere Schultern,

sieht auf die halb leeren Zettel, schüttelt den Kopf. »Bis nächste Woche!« Die Zeit schwindet, und wir beschließen, dass beide ihr eigenes Indien schreiben. Das geschieht dann auch, recht fleißig, die katholische Vergangenheit ist stark, und beide Stücke sehen einander ähnlich. Nur ein paar Striche, wenig Änderung, und es entsteht *ein* Stück. Glück, vielleicht doch die Sterne. Uns alles recht.

Josef Hader & Alfred Dorfer

Indien

Tragikomödie

PERSONEN:

Kurtl Fellner
Heinzi Bösel

Wirt, Arzt, Priester
können von einer Person gespielt werden

ANMERKUNG:

*Fellners Sprache ist als leichter, die Bösels als grober
Wiener Dialekt zu bezeichnen. In diesem Sinne sollte das Stück
für einen anderen Sprachraum bearbeitet werden.*

1. Akt

1. Szene

Wirtshaus, Bösel sitzt auf der Bühne vor einem Schnitzel mit Kartoffelsalat, kostet und trägt Wertungen in eine Tabelle ein. Fellner – mit Aktenkoffer – und der Wirt treten durch den Zuschauerraum auf.

FELLNER   Aha. Jaja. Na sehr schön … na wunderbar. Sehr schön. Ist das der Speisesaal?

WIRT   Ja.

FELLNER   So viele Gäste haben Sie schon in der Vorsaison! Da schau her!

WIRT   Ja.

FELLNER   Na klar, Ihr Gasthaus liegt ja direkt an der Bundesstraße nach Mariazell …

WIRT   Ja.

FELLNER   Wunderbar. Na sehr schön! Brauchen S' keine Servietten auflegen, net? Die Wallfahrer sind eh froh, wenn ihnen nach'n Schweinsbratl die Rosenkränze a bissl besser durch die Finger rutschen. Nicht?

WIRT   Ja.

FELLNER   Also wie gesagt … mit den Zimmern ist so weit alles o.k. Das mit dem Teppich bringen wir in Ordnung, gell? Wenn S' an Teppich auf a Linoleum auflegen, das gibt keine Haftung, das rutscht, das müss'ma anpicken. Alles klar?

WIRT   Ja.

FELLNER   Wir verwenden zu diesem Behufe Klebestreifen: vorne, links, hinten, in der Mitte, rechts.

WIRT   Ja.

FELLNER   Wir sehen das in den feinsten Hotels, Bad
Hofgastein, Bad Gastein … Video am Zimmer, Minibar,
aber am Gang haut's dich auf die Goschn. Daher Klebestreifen.

WIRT   Ja.

FELLNER   Sie machen das mit den Klebestreifen?

WIRT   Jaja.

FELLNER   Fein! Was wir sonst noch empfehlen, sind
die Saunageländer. Gell? Besonders bei älteren Gästen
haben wir festgestellt: Sie wollen natürlich mit den
jüngeren mithalten, setzen sich auf die oberste Stufe
und – wumm! Haben Sie schon Saunageländer?

WIRT   Na.

FELLNER   Aber Sie haben doch ältere Gäste?

WIRT   Wir ham ka Sauna …

Pause.

FELLNER   Verstehe. Gut! … Wie gsagt, mit den Zimmern
is so weit alles in Ordnung. Wegen der kulinarischen
Belange wenden Sie sich an den Herrn Bösel, der testet
grad Ihre Schnitzel.

WIRT   Ja.

FELLNER   Aber ich denke doch, eine lobende Erwähnung
in unserem Prospekterl müsste drinnen sein. Eine
Frage hab ich noch, das interessiert mich rein persönlich: Sagen Sie eigentlich was anderes auch außer »ja«?

WIRT   Ja.

FELLNER   Fein! Sonst noch was?

WIRT   Ich glaube, dass die Relativitätstheorie mehr den
Abschluss von der traditionellen Physik darstellt,

während die Quantentheorie ja völlig neue Dimensionen eröffnet. Ja, und da spielt sich's dann natürlich ab, net!

FELLNER *Kommt auf die Bühne, ein Handy am Ohr.*

Schatzi? Du, wenn du das abhörst: Ich glaub, ich hab die Butter heraußen stehen lassen nach'm Frühstück. Die ghört in den Kühlschrank. Die z'rinnt sonst, gell? Und wennst schon in den Kühlschrank reinschaust, die Zucchini gehörn verbraucht. Alles Liebe. Drei-zwo-eins-Bussi.

Schaltet ab und setzt sich zu Bösel. Pause.

Es wird frisch, wenn die Sonn' weggeht, gell? ... Ich persönlich, ich mag den Frühling ja sehr gern, wann so die Natur erwacht ...

Bösel isst schweigend.

... obwohl's im März oft so sein kann wie im November, so trüb und so. Nur mit dem Unterschied, dass Weihnachten vorbei ist und die Zecken kommen.

Bösel isst schweigend.

Aber auch der Sommer. So draußen sitzen in der warmen Luft, ein bissl tanzen, ein bissl ausflippen ... obwohl ich glaub, den Rhythmus im Blut haben eigentlich eh nur die Neger.

Bösel isst schweigend.

Im Herbst wiederum sind die Weintrauben billiger. Ich ess ja gerne Weintrauben, persönlich. Auch der Winter ... also, der Winter, so ein bissl spazieren gehen in der klaren Luft, dann ein Tee mit Rum ... Na ja, es gibt ja keine richtigen Winter mehr. Obwohl's in der Nacht abkühlt.

Bösel isst schweigend.

In der Wüste wird's oft so heiß, dass selbst die Tiere, die's gewohnt sind, nicht in die Sonne gehen.

Er blättert in seinen Unterlagen.

Ha, ha, das ist lustig! Heute ist der 5., und wir sind im 5. Gasthaus, haha …

Bösel kaut schweigend.

Ja, wie gesagt, also … Wir müssen heute noch nach Kirchdorf, weiters nach Timmling, Hirschenau und Altenmarkt. Morgen nach Schrunshofen, Nöchling, Seisenbach, Krumpling, Böllersdorf, Dorfstetten, Schrammelhofen, Siegharting, Tuxing und Diersbach. Um halb zwei sind wir in Kirchdorf, jetzt ist es zehn vor eins, in 40 Minuten müsste sich das ausgehen, wenn wir einen Zahn zulegen.

Bösel isst ungerührt weiter.

Und ich geh davon aus, dass wir einen Zahn zulegen.

Bösel wirft das Besteck klirrend in den Teller, trinkt sein Bier in einem Zug aus und geht ab, ohne auf Fellner zu warten.

FELLNER   Na ja, wenigstens is Frühling.

2. Szene

Ein anderes Wirtshaus. Bösel testet Schnitzel. Fellners Stimme von draußen.

FELLNER Ich sage nur – Zimmer 21. Fünf Minuten dauert's, bis ein Wasser kommt aus der Dusche! Was sollen wir schreiben ... Duschen zu besichtigen? Das ist der offizielle Prospekt der niederösterreichischen Landesregierung. Wenn aus einer Dusche erst nach fünf Minuten ein Wasser kommt, dann ist das keine Dusche, sondern ein Lotto! Da brauch ma nicht diskutieren.

Fellner tritt auf mit nassem Kopf und bespritztem Sakko, setzt sich zu Bösel. Schweigen.

BÖSEL Die Wirt san alle Trotteln. *Isst weiter.*
FELLNER Ah ... ja ... da ist was Wahres dran, Herr Bösel.

Bösel isst schweigend weiter.

Lacht. Das is lustig. Heut sind wir in Kirchdorf, morgen in Kirchstetten und Mönichkirchen. Die haben alle das »Kirchen« im Ortsnamen. Das ist interessant.
BÖSEL Jeder Wirt – ein Trottel.
FELLNER Da kann man davon ausgehen, dass zuerst die Kirche da war, und dann der Ort rundherum entstanden ist. Interessant is das.
BÖSEL Wenn S' hernehmen neunzich Prozent von de Wirt, kann ma sagen, zu hundert Prozent san des Trotteln.
FELLNER Unser früherer Bundespräsident zum Beispiel heißt Kirchschläger. Da kann man davon ausgehen, dass seine Vorfahren aus Kirchschlag stammen. Nicht?

Bösel *Isst.*   Fuffzig Minuten … fuffzig Minuten für a Schnitzel. A Wahnsinn.

Fellner   Es muss aber nicht immer vom Ortsnamen abhängen. Ich zum Beispiel heiße Fellner. Das würde darauf hindeuten, dass meine Vorfahren früher einmal eine Gerberei betrieben haben … oder so.

Bösel   Des is ja ka Gasthaus in meine Augn. Fuffzig Minuten, wennst wartst auf a Schnitzel …

Fellner   »Bösel« zum Beispiel ist schwer zum Herleiten. Das kommt wahrscheinlich aus dem Slawischen.

Bösel   Wolln S' vielleicht sagn …, i bin a Ausländer?

Fellner   Nein, es geht nicht um Sie, Herr Bösel …

Bösel   Oder hab i an Akzent?

Fellner   … es geht um Ihre Vorfahren. Die sind wahrscheinlich vom Osten in den Westen gereist. Damals war man ja sehr viel unterwegs. Die ganze Völkerwanderung sind s' nur herummarschiert. Das hat sich ja alles sehr verteilt im Lauf der Geschichte. Die Habsburger zum Beispiel sind bis Mexiko kommen.

Bösel *Spuckt etwas in den Teller.*   A Flaxn! Des aa no. *Legt das Besteck weg, nimmt die Tabelle.* Na, denen schreib i a Bewertung. Die habn nächstes Jahr nur mehr Flüchtlinge.

Fellner *Pause.*   Im Mittelalter haben s' auch sehr schlecht gegessen. Weil sie so arm warn, die Leute. Erst später im Barock haben s' dann diese prunkvollen Schlösser gebaut. Das war sozusagen die Gegenreaktion.

Bösel *Stochert im Salat herum.*   Der Erdäpfelsalat geht.

Fellner   Aber herumgewandert sind sie nach der Völkerwanderung fast nicht mehr. Erst jetzt, wo jeder ein Auto hat, is das wieder mehr …

BÖSEL   I war einmal auf Urlaub in dem … na … Rhodos.
Aber i muss Ihna ehrlich sagn, des Gegrillte is net meins.

FELLNER   Das ist interessant, was Sie da sagen. Ich persönlich vertrete ja die Ansicht, dass das Essen sehr oft im
Zusammenhang steht mit der betreffenden Landschaft.
Also, wenn die Landschaft eher karg ist, essen s' dort
mehr gegrillte Sachen. Bei uns is die Landschaft üppiger,
dadurch gibt's diese vielen Mehlspeisen.

BÖSEL   Ums Süße reiß i mich net so.

FELLNER   In Indien zum Beispiel essen s' fast nur Reis.
Die sitzen auf der Straße, essen a bissl Reis, lachen
dabei. Manche verhungern … das muss irgendwie eine
ganz eigene Landschaft sein.

BÖSEL   Immer nur Reis, des wär nix für mi. I bin ja ka
Beilagenesser in dem Sinn.

FELLNER   In Japan zum Beispiel essen s' die Suppe am
Schluss.

BÖSEL *verblüfft:*   Jetzt machen S' an Schmäh. Diese andern
Völker … Die Indianer zum Beispiel, die greifen in
der Nacht net an. Die glaubn, wenn s' in der Nacht
angreifen, und es wird aner erschossen, kommen s' net
in Himmel. Dadurch greifen s' nur bei Tag an.

Pause.

FELLNER   Wen?

BÖSEL   Na … des Fort.

FELLNER   A ja.

Pause.

BÖSEL   Trink ma noch was.

FELLNER   Haben Sie gern Gesellschaftsspiele?

BÖSEL   Na ja.

FELLNER   Ich hab das sehr gern, diese Gesellschaftsspiele.
Er kramt in seiner Aktentasche.

BÖSEL   I weiß net. Wie ma klein warn, hamma immer
gspielt dieses »Mensch ärgere dich nicht«. Aber da
hamma immer so viel gerauft dabei …

FELLNER   Da schaun S' her. *Legt ein Spiel auf den Tisch.*
Trivial Pursuit. Das is ein Fragespiel, wo man die
Antworten wissen muss. Das ist sehr unterhaltsam.
Da gibt's Fragen aus allen Wissensgebieten.

BÖSEL *nach hinten:*   Noch a Krügel, bitte!

FELLNER   Probieren wir's einmal. Was für ein Wissens-
gebiet möchten Sie haben? Geschichte, Geographie,
Allgemeines …

BÖSEL   Was trinken Sie?

FELLNER   Einen frisch gepressten Orangensaft, bitte. –
Ich frag Sie einmal was aus dem Gebiet »Allgemeines«.

BÖSEL *nach hinten:*   Und a Fanta!

FELLNER   Wie nennt man die nördliche Eiskappe unseres
Planeten?

Bösel denkt angestrengt nach.

3. Szene

*Dasselbe Wirtshaus, später. Fellner und Bösel spielen Karten –
Schnapsen –, Fellner lustlos, Bösel mit den Kommentaren eines
leidenschaftlichen Kartenspielers.*

BÖSEL   So, zwaa dirre san viere. Was hamma in der
Herz? – Sehr brav … – … da schau her, der Herr Fellner

macht an Stich. Samma mitn Piatnik verwandt? Haha! –
So, die zwei lass'ma heiraten. San anasechzig, vira-
siebzig, hundertsiebzehn. Danke für die Mitarbeit. –
Herr Fellner, hamma Glück in der Liebe? So wie Sie
spielen … der reinste Casanova, haha. *Mischt.* Abheben,
bitte. *Fellner hebt ab.*
Sooodawassa! Scheiß ma ins Halstüchl. Herr Fellner,
drah'ma zua? Ha? Na klar drah'ma zua. Und As – und
Zehner – und vierzig. Dankeee. Hearn S', des san ja
kane Bummerln, was Sie da habn, des is ja a Ausschlag.
Schaun S' her: Wenn Sie die Gabel halten in da Pik,
kann i mit meine Karten in die Allee scheißen gehn.

FELLNER Was können Sie?

BÖSEL Nix können S', des is ja des Problem. Hearn S',
wo habn Sie Schnapsen glernt? Bei der Caritas? Haha.

FELLNER *Nimmt eine Trivial-Pursuit-Karte.* Wie viele
Zähne hat der männliche Buckelwal?

BÖSEL Sie geben.

FELLNER Wie viele Zähne hat der männliche Buckelwal?

BÖSEL Tun S' mischen.

FELLNER Na kommen S', das ist eh leicht. Was glauben
S'? Wie viel?

BÖSEL Tuan ma jetzt Schnapsen, oder was?

FELLNER Ich helfe Ihnen. Der männliche Buckelwal hat a
bissl mehr Zähne wie der weibliche. – Vorsicht, Herr
Bösel, es könnte auch eine Fangfrage sein … Vielleicht
hat der Buckelwal gar keine Zähne. Hehe.

BÖSEL San S' net so deppert.

FELLNER Der isst nämlich nur Plankton. Was könnte
das sein, Plankton? Ein Waschmittel, ein Verhütungs-
mittel …

BÖSEL *schreit:*   Gehn S' scheißen! *Fellner mischt beleidigt die Karten.*

BÖSEL   Sagn ma, 350 Zähne … I mein, es is a Schätzung.

FELLNER   Sie heben ab.

BÖSEL   350, und der weibliche 427, a reine Schätzung.

FELLNER   Drehn S' zu oder spielen S' aus oder was?

BÖSEL   Sie werdn sehen, des freut Sie noch. I sag Ihna nachher immer, was Sie falsch gmacht ham, da werden ma lachen. So! *Spielt aus.*

FELLNER   Oh!!!

BÖSEL   Was?

FELLNER   Das »Böse Weiberle«! Ein Wahnsinn, da hinten …

BÖSEL   Was? Wo?

FELLNER   Und daneben der »Wilde Kaiser«! Toll! Die zwei Gipfel da hinten! Die kann man in einem Tag machen! Wenn man um fünf in der Früh weggeht, ordentliches Schuhwerk, keine Turn-schuhe …

BÖSEL   Herr Fellner …

FELLNER   … die Geröllhalde hinunter …

BÖSEL   Herr Fellner! Pik is Trumpf!

FELLNER   … des is derartig schön …

BÖSEL   Ausspielen!

FELLNER   … da legen Sie die Ohren an …

BÖSEL   Pik!

FELLNER   … da gibt's an wunderbaren Enzian …

BÖSEL   Fahr'ma! Wir müssen nach Kirchdorf, des san lauter Serpentinen. Kommen S' …

FELLNER   Und wenn man dann zurückkehrt, im Abend-rot …

Bösel *Zeigt auf Fellners Glas.*   Trinken S' aus.

Fellner   Und dann beim Kaminfeuer so einen Holz-
hackersterz ...

Bösel *Greift kurz entschlossen nach Fellners Glas, trinkt es aus.*
Gemma!

4. Szene

Ein drittes Wirtshaus. Fellner und Bösel sitzen am Tisch,
Fellner isst begeistert ein Schnitzel, Bösel krümmt sich vor
Schmerzen.

Fellner   ... also so was hab i noch nie gehört. Dass man
von an Fanta Magenweh kriegt, das is mir ganz fremd,
Herr Bösel.

Bösel schweigt.

Obwohl natürlich, wenn man dazu neigt ... wenn
man inkliniert, wie der Lateiner sagt ... da hat's einen
geschwind. Da muss man aufpassen, mit so einer
Neigung darf man sich nicht spielen.

Bösel schweigt.

Das is das erste Schnitzel seit zwei Jahren, seit der
Firmung von meinem Neffen. Eigentlich is es ja
ungsund, aber alle zwei Jahr so richtig sündigen ...
Warum nicht, Herr Bösel, warum nicht?

Bösel schweigt.

Und dann muss es ein Schweinernes sein. Da gibt's keine
faulen Kompromisse. Ein richtiges Schweinernes. Der

meiste Geschmack liegt ja im Fett. Oder jedes
halbe Jahr so ein Grammelschmalzbrot. Warum nicht,
Herr Bösel? Ich trag mir's immer in den Kalender
ein. Damit ich weiß, wann wieder Zeit ist für eines.
Nicht so wie diese verbohrten Alternativen: freie Liebe
und so, aber kein Schmalzbrot.

Bösel *in die Kulisse:*   An Fernee, bitte, an doppelten.

Fellner   Und ein Grammelschmalzbrot. Danke, ganz
lieb. Was ich nicht so schätze, wenn die Hendlhaxn
innen noch so blutig sind oder dieses gstockte gelbe Fett
bei den Flügerln, das a bissl so ausschaut wie Eiter …
Hingegen so ein Schnitzelfett, wenn's einen Tag lang
in der Pfanne steht, da fahr i mitn Finger rein, da brauch
i gar kein Brot dazu.

Bösel   Gehn S' hearn S' auf, dauernd mitn Fett …

Wirt *Kommt mit Tablett.*   So, meine Herrn, einmal Fernet
und ein Schmalzbrot.

Fellner   Danke, ganz lieb.

Bösel reißt dem Wirt die Flasche aus der Hand, behält sie.

Herr Bösel, habn Sie gwusst, dass Fett und Cholesterin
gar net dasselbe is? Die Eskimos zum Beispiel habn
überhaupt ka Cholesterin, weil die essen nur Fisch.
Die Japaner essen den Fisch sogar roh. Die haben dafür
eher Blasenleiden. Na ja, je nachdem, wie man neigt …
Die Japaner sind überhaupt die Ärgsten. Wissen S',
was die essen? Warmes Affenhirn! Die klopfen den
Affen auf wie wir unser Frühstücksei und löffeln ihn aus!
Mörderisch.

Bösel *ruhig:*   Herr Fellner, könntn Sie bitte jetzt die
Pappn halten.

FELLNER   Herr Bösel, Sie habn was gegen mich. Seit
Tagen fällt mir das schon auf. Da müss ma drüber
reden … Red ma doch einmal drüber, was könnte das
sein?

BÖSEL   I wü net reden. I hab Magenweh.

FELLNER   Nein, nein, da steckt mehr dahinter, das ist nur
der äußere Anlass. Die Ursache liegt tiefer. Liegt es an
meinem Outfit?

BÖSEL   I wü net reden …

FELLNER   Woher kommt diese Aggression? Reden wir
doch ganz locker drüber. Oder … reden klingt so hart,
plaudern wir drüber.

BÖSEL   Verbrunz di, du Scheißhüttn!

FELLNER   Sehn Sie, Sie werden immer aggressiver.
Warum bin ich für Sie eine Scheißhütte? Diskutiern wir
das doch einmal aus.

*Bösel hält Fellner das Schmalzbrot hin, durch eine
ungeschickte Bewegung landet es in Fellners Gesicht. Pause.*

Herr Bösel, da müss ma jetzt gesondert drüber reden.

Bösel schaut Fellner an und beginnt hemmungslos zu lachen.

Herr Bösel, ich bin ein humoriger Mensch, aber es gibt
Grenzen …

Bösel lacht weiter und klopft Fellner auf die Schulter.

Ich bin wirklich für jeden Spaß zu haben, im Fasching
und so, wenn der Humor erwacht …

BÖSEL   Herr Fellner, kommen S', samma wieder gut …

FELLNER   Herr Bösel, i bin net gut, i hab des Gsicht voller
Schmalz …

BÖSEL   Es war net so gemeint …

FELLNER   Wenn i a Schmalzbrot ins Gsicht krieg, interessiert mi des net, wie's gemeint war.

BÖSEL *Nimmt einen Schluck aus der Flasche.*   Trink ma noch was. Was trinken S'?

FELLNER   Mit Ihnen trink ich nichts.

BÖSEL *Hält ihm die Flasche hin.*   Herr Fellner, wenn's Ihnen hilft, schütten S' ma den Fernee ins Gesicht …

FELLNER   Herr Bösel, das is Ihr Niveau … Wir können uns auch gegenseitig die Nasenhaare ausreißn. Des ham s' vielleicht gmacht während der Völkerwanderung, aber die meisten Menschen heutzutage brauchen das nimmer.

BÖSEL   Sind S' net so.

FELLNER   I bin so, Herr Bösel, i will ka Schmalzbrot im Gsicht.

BÖSEL   Scheißen S' Ihna net an wegen dem Schmalzbrot.

FELLNER *dezidiert:*   Wenn Sie noch einmal zu mir »scheißen« sagen, kann ich mit Ihnen nicht mehr zusammenarbeiten. Haben wir das jetzt abgesteckt?

BÖSEL *Nimmt einen tiefen Schluck aus der Flasche.*   Sie san ganz einfach zu wenig in Stimmung.

FELLNER   Herr Bösel, ich bin sogar oft in Stimmung, sogar ausgelassen. Ich war in diesem Fasching auf drei Gschnas. I war sogar damals in Wien auf diesem »Fast-nackt-Gschnas«. Und nicht einmal dort hatte ich Schmalz im Gesicht.

BÖSEL   Was? Sie warn nackert auf an Gschnas?

FELLNER   Fast.

BÖSEL   Was ham S' angehabt?

FELLNER   An Rüssel.

BÖSEL   Wo?

FELLNER   Na, wo schon.

BÖSEL   Der Herr Feeellner! Ein stilles Wässerchen …
der haut si da auf a Orgie.

FELLNER   Das war keine Orgie. Das war ein Gschnas.

BÖSEL   Und was sagt da Ihr Frau dazua?

FELLNER   I bin net verheiratet.

BÖSEL   Umso besser … Und? Ham S' ane tupft?

FELLNER   Herr Bösel, ich tupfe nicht. Auf so an Gschnas
sind die Frauen entweder vergeben oder betrunken.
Und wenn so a Frau betrunken is, hab i immer das
Gefühl, sie meint net mi. Wissen Sie, mir geht es net
immer nur um das Eine.

BÖSEL   Geh, geh, geh …

FELLNER   I bin schon einmal eine Nacht lang neben einer
Frau nur gelegen – und es ist nichts passiert.

BÖSEL   Da werden S' den Rüssel net obebracht ham.

FELLNER   Herr Bösel, es geht ums Genießen. In Indien
zum Beispiel gibt's einen alten Hochzeitsbrauch. Da
liegen s' stundenlang nebeneinander, ohne sich zu
berühren –, und irgandwann passiert's dann auf einmal.
Aber dann dafür 20 Minuten.

BÖSEL   Des is ja pervers. San S' ma net bös, aber so viel
Zeit hamma net ghabt in unserer Jugend. Wir habn
net warten können die ganze Nacht, bis des Christkindl
den Orgasmus bringt. Wir habn am nächsten Tag
aufstehen müssen. Wir haben ja was aufbaut.

FELLNER   Moment, weil Sie Wien aufgebaut haben, kann
der Geschlechtsakt nur zwei Minuten dauern wie bei
den Hendln? Weils dann gleich wieder auf die Baustell
müssts? Oder wie?

BÖSEL   I hab Wien net aufbaut …

FELLNER   Herr Bösel! In Japan gibt's eine Liebestechnik,
da stellen sich die Männer vor, sie machen's mit an
Gummibaum oder mit an Philodendron, damit sie's
länger aushalten.

BÖSEL   Sicher gibt's Weiber, wo du nachher denkst,
a Gummibaum wär gscheiter gwesen.

FELLNER   Ich glaube, Sie haben net ganz verstanden, was
ich meine.

BÖSEL   Was hab i net verstanden?

FELLNER   Was ich …

BÖSEL *schreit:*   Was hab i net verstanden?! Wolln S' sagen,
i bin deppert?

FELLNER   Nein …

BÖSEL *Steigert sich hinein.*   Dann sagn S' es grad ausse!
Reden S' net so hinten herum. Kommen S' mir doch net
mit die Japaner. Die fliegn aa mit'n Flugzeug gegn a
Schiff und san hin. Des is ja ka Vorbild in meine Augen.
Den Fisch roh fressen … und wahrscheinlich als Beilage
den Philodendron, den s' vorher zermerschert habn
im Bett.

FELLNER   Das ist unsachlich, Herr Bösel.

BÖSEL *versöhnlich:*   Verstehen S' mich richtig, klar kannst
die net auf a Frau draufhaun sofort … natürlich tut
ma vorher schön redn, schön schaun … ein bissl was
trinken. Aber im entscheidenden Moment – musst
zuschlagen! Des is wie mit aner Sprungschanzen.
Da musst aa im richtigen Moment wegspringen …
da kannst net fragen, is des jetzt gut für die Schanzen
oder net?

FELLNER   Herr Bösel, da haben wir unterschiedliche
Auffassungen.

Bösel   Trink ma was!

Fellner   Ich trinke nicht.

Bösel   Fellner, du bist einfach z'wenig lang verheirat.

Fellner   I bin überhaupt nicht verheiratet.

Bösel   Wennst länger verheirat bist, wirst schon sehen ...
Soll i dir sagn, was i meiner Frau heuer kauft hab zu
Weihnachten?

Fellner   Bitte.

Bösel   ... so rote Dings ... na so Strapse. *Fellner lacht.*
Was is da so lustig? Was kaufn Sie Ihrer Frau zu
Weihnachten?

Fellner   Meiner Freundin.

Bösel   A Packerl Kaffee, dass net einschlaft nebn Ihnen?

Fellner   Na ja, was ma halt so kauft ...

Bösel   Na was?

Fellner   Na ja, was ma halt so braucht, für den Haushalt
und so.

Bösel   Na sag, was?

Fellner   Na ja ... was war das heuer ... ein Mixer.

Bösel   A Mixer? – Fellner, du bist a Trottel! Du musst
deiner Frau was kaufn, wo du aa was hast davon.

Fellner   I hab was davon, i trink sehr gern Bananenfrappé.

Bösel   Vergiss es! Des soll s' mit der Hand rührn.
Kauf ihr Strapse. Oder kauf ihr Stöcklschuh. Die soll s'
anlassen beim Schnackseln ... des is leiwand.

Fellner   Wir brauchen das nicht.

Bösel   Du bist z'wenig lang verheirat.

Fellner   Ich bin nicht ...

Bösel   Wennst einmal länger verheirat bist, brauchst
die Stöcklschuh wie an Bissen Brot. Oder glaubst, des is
a schöner Anblick ... wennst so a ältere Frau liegn

hast vor dir … überall, wo du hingreifst … wie a kaltes Grieskoch.

FELLNER *Rutscht unruhig hin und her.*   Also bitte.

BÖSEL   Die blade Wuchtel, die. Wieso bei der alles so fett is … sogar des Essen is ma zu fett bei der. Wie ich sie kennengelernt hab, war s' noch net so … auf an Maskenball. Sie is gangen als … Gina Lollobrigida. Mit ana schwarzn Perückn.

Fellner wird immer unruhiger.

Nach drei Monat hat s' angrufen. Und hat gsagt, sie is schwanger. Hamma gheirat. – Dabei war des Kind überhaupt net von mir, sondern von so an Feinmechaniker aus Simmering. Die Schlampen, die dreckige. Und i hab dann hackeln können wie a Viech fürs Einfamilienhaus. Und dann jedes Jahr zu Weihnachten die Geschenke … unter an Pelzmantel is nix gangen … und was hab i kriegt: a Pitralon. I hab doch net dacht, dass mi die owehaut. I hab ma dacht, die is z'deppert dafür.

FELLNER *Will vom Tisch aufstehen, Bösel hält ihn fest.*
Danke für den schönen Abend.

BÖSEL   Soll i dir ehrlich was sagen? Von Mann zu Mann?

FELLNER *widerwillig:*   Bitte.

BÖSEL   I puder sie eigentlich nur mehr, damit i ihr was z'Fleiß tu. Oder glaubst, des interessiert mi? Mit der pudern? – Aber wenn i merk, sie mag net – dann ramm i ihr'n eine … von ganz schräg. Haha – *Legt Fellner den Arm um die Schulter.* Herr Fellner, sing ma was!

FELLNER   Ich singe nicht.

BÖSEL   Oder tu ma weitschiffen!

FELLNER   Danke.

BÖSEL · Und dann wichs ma!
FELLNER Ich bin nicht vorbereitet …

*Bösel beginnt Fellner zu kitzeln, Fellner wehrt sich, Bösel
greift Fellner an die Genitalien, sie fallen von den Stühlen.*

5. Szene
*Dasselbe Wirtshaus, der nächste Morgen. Bösel trinkt Kaffee
und isst dazu ein Schnitzel-Semmerl. Fellner kommt herein und
setzt sich an den Tisch.*

BÖSEL Morgen, Herr Fellner! Wie stehn die Aktien?

Fellner schweigt.

Na ja …

Fellner schweigt.

So ist des.

Schweigen.

Bösel isst weiter. A Kaffee und a Schnitzerl – mehr
brauch i net in der Früh. – Gesund is ja net. Aber dafür
rauch i nix. Früher hab ich aa sehr gern ghabt diesen …
bochenen Emmentaler. Jetzt nimmer so, jetzt mag i mehr
diese Champignons. So aussabochen. Des hat gwechselt.

Schweigen.

Wenn mei Frau einmal net da is, mach i mir selber
diese Fischstäbchen. Die san gschwind aussabochen.

Schweigen.

Und sehr gern iss i italienisch … diese Tintenfisch-
ringerl, diese außabochenen. Sehr sättigend.
Was i net so gern hab: chinesisch. Des schmeckt alles
gleich.

Schweigen.

Bochene Leber mag i sehr gern.
FELLNER   Abwechslungsreich.
BÖSEL   Manchmal iss i ja nur, weil ma fad is. Sonst tät i
halt rauchen.

Fellner schweigt.

Herr Fellner? Sie kennen Ihnen doch aus bei diese
fremden Völker. Diese Sauce tatare … kommt des her
von diese Tataren?
FELLNER   Herr Bösel. I glaub, Sie sind einfach ein
deppertes, ignorantes Arschgeigerl.

Pause.

BÖSEL   Na ja.

Schweigen.

So is des. – Jetzt bin i dann froh, wenn ma wieder
daheim san. Und dann muss i mi langsam kümmern um
den Garten. Der lebende Zaun ghört gschnitten …
da muss i drüber mit der Heckenscher. Da kommen
schon die Erdbeeren, dann des Gemüse … i tu's ernten,
mei Frau friert's ein …
FELLNER   Na, da werden Sie's ja spannend habn.
BÖSEL   So a Garten is was Schön's. Weil man kriegt die
Jahreszeiten so schön mit. Wenn man ausseschaut, und

es is weiß, weiß man gleich … net? Was werdn Sie
machen, wenn Sie wieder daheim sind?

FELLNER   Herr Bösel, i werd mich ganz einfach darüber
freuen, dass Sie net da sind.

Schweigen.

BÖSEL   Was i sagen wollt, wir haben eh immer zu viel Erdbeeren. Wenn S' wollen, können S' a paar Kilo haben …

FELLNER   Nein danke. Geben Sie's Ihrer Frau, die soll s'
einfrieren. Und dann können Sie sie gleich über die
Tiefkühltruhe legen und von hinten schustern, damit
sie's recht unbequem hat dabei.

Lange Pause.

BÖSEL   Herr Fellner, was i da gestern, des war so a
bsoffene Gschicht über die Weiber und so … i mein … i
wollt damit net Ihre Freundin beleidigen. Ihre Freundin
is sicher a total lieber Kerl.

Pause.

FELLNER   I hab meine Freundin heut in der Früh
angerufen.

BÖSEL   Und? Wie geht's ihr?

FELLNER   Ich weiß nicht. Es war ein Mann am Telefon.

Lange Pause.

BÖSEL   Vielleicht der Schwager …

FELLNER   Ich bin nicht verheiratet.

Pause.

FELLNER   Wolln S' a Foto sehn von ihr?

BÖSEL   Gern!

Fellner nimmt aus der Brusttasche die Teile eines völlig zerrisse-
nen Fotos und streut sie auf den Tisch. Bösel setzt sie zusammen.

Sehr fesch.

FELLNER   Wenn s' geschminkt is.

Bösel gibt die Papierfetzen zurück, Fellner steckt sie wieder
ein, lange Pause.

BÖSEL   Wolln S' a Fanta?

FELLNER   Nein. Bestellen S' mir an Obstler. An doppelten,
bitte.

6. Szene

Dasselbe Wirtshaus, abends. Eine halb leere Obstlerflasche
auf dem Tisch. Beide betrunken. Sie füllen miteinander Tabellen
aus. Sie lachen.

BÖSEL   So, der nächste …

FELLNER   Gasthof Gruber in Sieghartskirchen. Bösel, was
sagt Ihnen Sieghartskirchen?

BÖSEL   Na ja … da is der Sieghart vorbeikommen bei der
Völkerwanderung und hat zu der Kirchen zuwebrunzt.
Seither heißt's Sieghartskirchen.

FELLNER   So wird es sich zugetragen haben. Und, wie is
der Gasthof Gruber?

BÖSEL   Uije, schlecht.

FELLNER   Stimmt, Gruber, der ist berühmt für seine
ungeputzten Klobesen. Die sind ganz braun und haben
noch die Würstel drinnen.

BÖSEL   Richtig! Und die Wirtin spuckt den Husten-
schleim in die Gulaschsuppn … und dabei lasst s'
mordsdrum große Eierschas.

FELLNER   Und in der Vorweihnachtszeit richtete sie ihre
Schase ins Backrohr – und so entstand die berühmte
Sieghartskirchner Windbäckerei.

*Beide lachen, der Wirt kommt und legt die Zimmerschlüssel
auf den Tisch.*

BÖSEL *zum Wirt:*   Herr Wirt, Frage! Was macht'n Ihr
Frau grad? *Bösel und Fellner lachen.*

WIRT   Die is in der Küche.

FELLNER und BÖSEL *wie aus einem Mund:*   Gulasch-
suppen?

WIRT   Ja, wollen S' ane? *Fellner und Bösel fallen vor Lachen
fast unter den Tisch.*

FELLNER   Nein, danke.

WIRT   Haben die Herrschaften noch einen Wunsch?

BÖSEL   Alles in Ordnung. *Deutet auf die Flasche.*
Ein Superschnapserl.

FELLNER   Moment! Alles ist nicht in Ordnung –
wo bleiben die Tänzerinnen?

Wirt lacht blöd.

BÖSEL   Genau … *Vertraulich zum Wirt.* Gibt's da wo
Hostessen?

WIRT *unsicher:*   Bei der Autobahnabfahrt wäre ein Nacht-
club. Wenns die Herren …

FELLNER   Aber Herr Gastronomierat! Die Profis interessieren uns net.

BÖSEL   Genau! Wir sind unterwegs in der Amateurliga.

FELLNER   Haben S' a Töchterl? Was resches? Ha?
Im Dirndl? Ab 13 nehmen wir alles.
WIRT   Die schlaft grad …
FELLNER   Oder is Ihnen aus'n Gsicht gschnitten?
Dann tät ma verzichten.
BÖSEL   Oder wir warten, bis finster is.
FELLNER   Weil heikel samma net, aber fleißig.
BÖSEL   Wie die Feuerwehr: allzeit spritzbereit!

Beide lachen, der Wirt lacht gutmütig mit.

FELLNER   Da lacht er, der Herr Wirt. *Plötzlich
unfreundlich.* Wann machen S' das endlich mit den
Brandschutztüren?
WIRT   Was?
FELLNER   Das wissen Sie nicht? Das ist die neueste
Verordnung. Wir benötigen Brandschutztüren zwischen
Bad und Zimmer.
WIRT   Brandschutztüren?
FELLNER   Sicher! Die Gäste gehen spät abends kacken –
rauchen eine, damit sie besser können – lesen die
Zeitung dabei – schlafen und verbrennen. Daher:
Brandschutztüren. Außerdem stimmt es mich betrüb-
lich, Ihnen sagen zu müssen: Sie haben die Schlüssel
schleißig serviert. Das machen wir noch einmal.
Gemma!

Bösel lacht ständig.

Außerdem sind Ihre Schuhbänder offen, machen S' die
zu, aber flott.

Wirt kniet nieder, bindet zu.

Schau ma, ob er stinkende Socken hat. *Zum Wirt.*
Ziehen S' den Schuh aus! Hamma die Zehennägel
geschnitten? Ziehen S' die Socken aus!

Bösel lacht, Fellner nestelt an der Socke.

Na servus, das sind Krampfadern. Das is ja kein Fuß, was
Sie da haben, das is a Landkarte. Das müss ma einreiben.
*Er schüttet dem Wirt Schnaps über die Füße, dann über den
Kopf. Der Wirt erhebt sich, er ist einen Kopf größer als Fellner.*

BÖSEL   Er meint's net so! Herr Fellner, kommen S',
gemma schlafen. *Führt den wankenden Fellner hinaus.*
FELLNER   Gute Nacht …

Beide ab. Der Wirt zieht seinen Schuh an.

7. Szene
*Dasselbe Wirtshaus, nachts. Klotüre am Gang. Fellner rüttelt
daran. Verschlossen.*

BÖSEL *Hinter der Türe.*   Na hallo, wo samma denn!
FELLNER   Aso, Sie sind's, Herr Bösel.

Pause.

Dauert's noch lang?
BÖSEL   Des weiß i net.

Pause.

FELLNER   So was hab i überhaupt noch net erlebt, ein Klo
für alle Zimmer! I hab geglaubt, das gibt's nur mehr in
Albanien. Sanfter Tourismus schön und gut, aber …

Bösel   Herr Fellner, sind S' mir nicht bös, aber …
wenn Sie da draußen stehn … tu i mir schon schwer.

Fellner   Warum?

Bösel   Müssen S' groß oder klein?

Fellner   Klein.

Bösel   I muss groß.

Pause.

Brunzen S' in die Waschmuschel.

Fellner   Sind Sie verrückt? Als Beamter! Am Tag
kontrollier i die Waschmuscheln und in der Nacht brunz
i hinein? Das geht net, das is eine Frage von Ethos.

Pause.

Herr Bösel, wieso können S' net, wenn i da draußen
steh?

Bösel   Na ja, so halt … Sie dürfen net beleidigt sein,
des is nix gegen Sie persönlich. Es is nur … i mag net,
wenn i aussekomm aus dem Klo und … es stinkt nach
mir, und dann geht aner rein, der mi kennt. Verstehn S',
was i mein?

Fellner I mag das auch nicht, wenn i aufs Klo geh und es
stinkt. Nur mir is relativ egal, ob ich ihn kenne.

Bösel   Gehn S' ins Freie!

Fellner   I mag net rausgehen, wenn i wo fremd bin, und
es is finster. I war als Kind einmal bei meiner Taufpatin
zu Besuch und bin im Finstern rausgegangen pinkeln …

Bösel   Und?

Fellner   Es is eh nix passiert. Aber seither mag i nimmer.

Bösel   Ja ja, des san sie, die Ängste. I hab manchmal
Angst, dass i vergiss zum Runterlassen.

FELLNER   Das sind meistens Kindheitsgeschichten.

Pause.

Haben Sie auch Angst ghabt, wie Sie klein waren, dass
er zu groß ist.

BÖSEL   Wer?

FELLNER   Na wer schon?

BÖSEL   Ah so … *Lacht schmutzig.* Na, eigentlich net. I hab
immer glaubt, meiner is zu klein. Weil er beim Duschen
immer so zusammengeschrumpelt is.

FELLNER   Ich war einmal mit 14 mit meiner Freundin
im Freibad und hab geschmust mit ihr. Und dann is
diese Schwellung aufgetreten. Und dann wollt i schnell
ins Becken springen, als letzte Rettung. Aber da is ein
kleiner Jugoslawenbub am Beckenrand gsessen und hat
gsagt: »Gurke groß, steht.« – Seitdem genier ich mich.

Pause.

Herr Bösel, mein ersten Orgasmus hab i gehabt am
Hochreck, beim Felgeaufschwung. Unabsichtlich.

BÖSEL *leise:*   Herr Fellner? Wissen S', dass meiner jetzt
nimmer so lang … bleibt?

FELLNER   Wo?

BÖSEL   Na, steif. Nach ein paar Minuten is er schon
wieder letschert.

FELLNER   Das is sicher psychosomatisch.

BÖSEL   Hoffentlich. – Es könnt aber a kommen vom
vielen … wenn ma zu viel diese Selbst…dings. Wissen
S', i hab des als Kind wahnsinnig viel gmacht. Eigentlich … hab i nie richtig aufghört damit. Glauben S', is
des normal?

FELLNER   Das weiß man nie, wie das mit der Mehrheit is.

BÖSEL   *Man hört Klopapier rascheln.* Herr Fellner …

FELLNER   Ja.

BÖSEL *feierlich:*   … wissen Sie, dass Sie der einzige Mensch san seit meiner Mutter, neben dem i scheißen hab können?

FELLNER *ergriffen:*   Das ist schön.

BÖSEL   Samma per du. I bin der Heinzi.

FELLNER   I heiß Kurt.

Klospülung. Bösel kommt aus der Toilette und umarmt Fellner. Sie halten einander lange und wiegen sich hin und her.

2. Akt

1. Szene

Krankenhauszimmer, ein Bett. Fellner – im Pyjama, aber mit Aktenkoffer – und der Arzt treten ein. Während der folgenden Sätze Fellners schreibt der Arzt etwas ins Krankenblatt ein.

FELLNER   Aha. Aha. Sehr schön. So ein schönes Nacht-kasterl. Das ist der Klingelknopf, gell? Sehr schön. I hab gesehen, Sie haben eine große Unfallabteilung, gell? – Na ja, das Krankenhaus liegt ja auch nicht weit von der Autobahn. Sehr schön. Da gehen die Blutkonserven weg wie nix, gell?

Der Arzt reißt stumm ein Blatt ab und geht hinaus. Stille. Fellner schließt die Türe, die der Arzt offen gelassen hat. Dann setzt er sich auf das Bett und zupft am Bettzeug herum. Schließlich klingelt er nach der Schwester und wartet. Niemand kommt. Er klingelt noch ein paarmal und gibt schließlich auf. Er nimmt aus seinem Aktenkoffer das Handy und wählt.

FELLNER   Hallo? Hallo? – Na fein. I wollt eigentlich nur fragen, wer der Mann ist, der meinen Anrufbeantworter bespricht? Und wie du dir das vorstellst mit einer Trennung, wo wir jetzt die Eigentumswohnung habn? Solln wir a Mauer aufziehn, oder wie? Kurze Infor-mation: Die Dienstreise ist abgebrochen, und ich bin im Krankenhaus. Wo, interessiert dich ja sowieso nicht. Und was ich hab, geht dich auch nix an. Du brauchst mich nicht besuchen. Du kommst ja vermutlich eh nicht aus dem Bett heraus. Du Schlampen, du dreckige. Und jetzt wünsch ich dir noch viel Vergnügen beim Herum- kugeln mit diesem Schneebrunzer. Während ich da im Krankenhaus verreck. Mach dir nur keine Gedanken. Genießen is ja das Wichtigste, gell?

Die Türe öffnet sich leise, Bösel schaut herein.

Weißt, was ich bei dir verabsäumt hab? Ich hätte dich pudern sollen, von schräg, von ganz schräg, am besten auf der Brotschneidemaschine ...

BÖSEL   Servas Kurtl!

FELLNER *ins Telefon:*   Drei-zwo-eins-Bussi. *Zu Bösel.* Servus Heinzi. Komm rein.

BÖSEL   Heast, so gut möcht ich's a haben. Der liegt da in der Hapfn, und die andern können hackeln.

Verlegene Pause.

Na ja, schön hast es da.

Pause.

Na? Was is mit die Schwestern, ha? Alles im Griff?

FELLNER   Es sind geistliche.

Pause.

BÖSEL   Heast, des dauert, bis man di findt ... Ziemlich abgelegen ist des da ... kane Patienten, kane Ärzte, wie ausg'storben ...

Verlegene Pause.

FELLNER   Ja ja. Das is der Altbau vom Krankenhaus. I bin der letzte Patient da.

Bösel   Wenigstens hast es ruhig.

Ohrenbetäubendes Geräusch eines Drillbohrers.

Fellner   Sie renovieren grad.

Pause.

Bösel   Schau her, was i dir mitbracht hab.

Er zieht plastikverpackte Erdbeeren hervor.

Fellner   Super! Aus'm Garten?
Bösel   Na, aus der Tiefkühltruhn. Schmeckt wie frisch.
Fellner   Du, wieso bist du net in Wien blieben? Fahrst jetzt allein weiter?
Bösel   Na ja, net direkt … der Schremser fahrt jetzt mit mir …
Fellner   Was? Wieso? I bin morgen schon wieder …
Bösel   Nur für ein paar Tag. Damits di a bissl ausrasten kannst …
Fellner   Wieso ausrasten? I brauch mi net ausrasten. I bin topfit. Das blöde is nur, der Primar hat die Röntgenbilder in sein Schreibtisch eingesperrt. Und is dann auf an Kurzurlaub geflogen. Florida. – Aber sie habn gsagt, wenn er gleich weggeflogen is, kann's nix Ernstes sein.
Bösel   Aha. Und … tut's noch immer weh?
Fellner   A bissl.
Bösel   Is er noch gschwollen?
Fellner   Schon noch, aber mit der Prostata kann's net zusammenhängen. Beim Schiffen spür i nix.
Bösel   Na ja. Wenn er immer geschwollen is … allzeit bereit, was? *Stößt ihn mit dem Ellbogen an.*
Fellner   Na, weiter unten.

Bösel   Was?

Fellner   Es is weiter unten gschwollen.

Bösel   Wo?

Fellner   Na ja, weiter unten halt. Vorm Röntgen habn s' mich gfragt, ob ich immer enge Hosen angehabt hab oder viel Reck geturnt – und i hab immer geglaubt, meiner is zu groß, dabei waren die Hosen zu eng.

Bösel   Und ... was kann des sein?

Fellner   Sicher nix Ernstes.

Bösel   Naa, sicher net. Da brauchst dir kane Sorgen machen.

Fellner   I mach mir kane Sorgen.

Bösel   Des is sicher irgendein Virus oder so ...

Fellner   I war immer treu.

Bösel   Naa, net so was. Irgend a ... Plankton, oder so was. – Da brauchst dir kane Sorgen machn.

Fellner   I mach mir kane Sorgen.

Bösel   Die moderne Medizin is ja heutzutag scho so weit ... In Amerika, da gibt's Hustentropfen ... wennst die nimmst, hast nach drei Minuten kan Husten mehr.

Fellner   I hab kan Husten.

Pause.

Bösel   Du, kann i irgendwas für dich erledigen? Willst mir net zur Sicherheit die Nummer gebn von deiner Frau?

Fellner   Warum? Willst ihr Strapse kaufen?

Bösel   Na ... I hab ma nur 'dacht ... falls d' was brauchst.

Fellner   Was soll i brauchen?

Bösel   Na ja, falls was is, dass d' was brauchst ... dass du's hast.

Pause.

Mach dir kane Sorgen!

FELLNER   I mach mir kane Sorgen.

Der Arzt kommt herein und schreibt etwas ins Krankenblatt.

FELLNER   Grüß Sie, Herr Doktor. Gibt's schon was
Neues? Wegen meinen Röntgenbildern? Fellner. Fellner
is mein Name.

*Der Arzt reißt ein Blatt ab und geht hinaus. Fellner ruft
ihm nach.*

Herr Doktor, geht's Ihnen eh gut?

BÖSEL *Schließt die Tür.*   Na ja. Die haben aa viel z'tun.

FELLNER   Also, das mit dem Schremser is komisch.

BÖSEL   Nur für a paar Tag.

Pause.

Mach dir kane Sorgen.

FELLNER   I mach mir kane Sorgen. In Indien zum Beispiel,
wenn dort irgendwen a Mücke sticht, dann schaut er
zu, bis sie wieder wegfliegt. Weil die Inder sagen sich,
gestochen hat s' schon, is eh schon egal.

BÖSEL   Sicher. Des gibt's bei uns auch. Des Christliche,
net?

FELLNER   Ja?

BÖSEL   Na ja … wenn di a Mückn in die Pappen sticht,
dass man dann die andere Wange auch …

FELLNER   Der Laotse sagt: Setze dich an den Fluss und
warte, bis die Leiche deines Feindes vorüberschwimmt.
Weil die Inder haun die Toten in den Fluss. Stell dir vor,

das würden s' bei uns machen. Da gäb's kan Fremden-
verkehr …

Pause.

Und du glaubst wirklich, das is a harmloses … Plankton?

Bösel   Oida … Unkraut verdirbt net.

Fellner   Was heißt »Unkraut verdirbt net«? Was meinst
du mit »verdirbt net«?

Bösel   Na ja, des is a Sprichwort, net?

Fellner   Du machst immer so depperte Anspielungen …

Bösel   Du, i muss jetzt … sei ma net bös, der Schremser
wart schon. *Schon in der Tür.* Kopf hoch! Halt die Ohren
steif …

Fellner   Also, das mit dem Schremser find ich schon
komisch.

*Bösel geht zum Bett zurück, umarmt Fellner und tätschelt
ihn am Hinterkopf.*

Hör auf, i krieg schon a Gehirnerschütterung.

Bösel *gerührt:*   Oida, halt die Ohren steif! *Wieder in der
Tür.* Mach dir kane Sorgen! In drei, vier Tag … samma
wieder … was?

Fellner   On the road.

Bösel   Brauchst was? Vielleicht an Fernseher?

Fellner   Wie is'n der Schremser so?

Bösel   Weißt … mit dem kann ma net so redn. Des is
mehr … a Primitivling.

Fellner   Servas.

Bösel *innig:*   Servas. *Schließt die Tür hinter sich und öffnet
sie gleich wieder.* Brauchst sicher nix?

Fellner *Schüttelt den Kopf.*   Servas.

Bösel winkt noch einmal und schließt die Tür. Fellner greift
nach dem Handy und wählt. Die Tür öffnet sich wieder. Bösel
streckt seinen Kopf herein.

Vielleicht Marillen?

2. Szene

Krankenhauszimmer. Drei Tage später. Bösel kommt herein,
das Bett ist leer. Bösel ist beunruhigt. Er legt mitgebrachte
Erdbeeren auf den Nachttisch und schaut auf das Krankenblatt.
Hinter der geöffneten Tür springt Fellner hervor und greift
Bösel von hinten auf die Schulter.

FELLNER   Uah!
BÖSEL *erschrocken:*   Du bist ein Trottel!

Fellner tanzt ausgelassen um Bösel herum und beginnt ein
Schattenboxen.

Was … was is denn, was hast denn?
FELLNER   Hab i gewonnen? Hab i gewonnen?
BÖSEL   Kurtl, was is los?
FELLNER *Springt auf das Bett und hüpft darauf herum.*
Hast Erdbeeren mit? Wo sind die Erdbeeren?
BÖSEL   Was sagt der Primar?
FELLNER *Setzt sich auf das Bett, ruhig.*   Er hat gsagt, i hab
Krebs. *Schweigen.* Setz dich, entspann dich! Mach dir
kane Sorgen.
BÖSEL   Und … was hat er sonst noch … gsagt?
FELLNER   Nix. Der is gleich wieder ins Flugzeug gehupft.
Helikopter-Skiing. Kanada.

Lange Pause.

BÖSEL   I mein … heutzutage is des … mit diese ganzen …
heutzutage is ja alles … die habn doch so ganz neue …
Bestrahlungsmethoden, net. I mein, Krebs hat ja heutzutage … viel von sein Schrecken verlorn, i mein …

FELLNER *feierlich:*   Heinzi, wir müssen unbedingt noch
weitschiffen. Vorher.

BÖSEL *Schaut ungläubig, lacht dann.*   Du Trottel! Du bist a
Trottel, heast! Jetzt wär i dir fast reingfalln!

FELLNER   Na es is ka Schmäh. Zwei Wochen noch, und
dann is Schluss.

*Bösel versagen die Knie. Er setzt sich auf das Bett. Fellner
tänzelt um ihn herum.*

Heinzi, das is doch super. I hab wenigstens keine
Ungewissheit mehr gegenüber der Zukunft. I weiß, wie
lang i meine Krankenversicherung zahlen muss. O. k.,
i weiß net, was in vier Wochen im Fernsehen is – aber
das halt i aus. *Er setzt sich zu Bösel.* Heinzi! Wir müssen
alle einmal zum Zahnarzt, der Unterschied ist nur:
I hab an Termin. – Weißt du, ich glaub, der Tod is nichts
Endgültiges.

BÖSEL   Sicher … des is schon …

FELLNER   Der Tod … das is einfach wie Umsteigen in
Attnang-Puchheim. I bin Materie, verstehst du?

BÖSEL   Klar.

FELLNER   Materie kann man net umbringen. In zwei
Wochen gehör i halt zu einer anderen Art von Materie.
Vielleicht schon mehr zu die Erdäpfeln. Aber i bin
Energie, verstehst.

Bösel   Na ja … sicher. *Beginnt leise zu weinen. Fellner legt den Arm um seine Schulter.*

Fellner   Heinzi, kränk di net. Der Tod heißt nix. Das is so … wie wenn du eine Kerze ausblast.

Bösel schluchzt.

Na, des is vielleicht ein schlechtes Beispiel. Anders: des is, wie wenn du aus an Ei a Eierspeis machst. Das is dann zwar kein Ei mehr, aber es ist als Eierspeis immer noch da. Und du streust an Schnittlauch drüber …

Bösel   I denk mir halt, wenn man selber so ein Ei is … *Er springt auf.* Kurtl! Mach ma noch was! Fahrn ma irgendwohin. Nur wir zwei! Auf Ungarn oder in die Tschechei … lass ma die Sau außa!

Fellner *Schüttelt den Kopf.*   Heinzi, i hab da alles, was i brauch: Essen, Trinken, ka Frau … *Nimmt einen Stapel Bücher vom Nachttisch.* Schau, das will i alles noch lesen: »Marxismus für Manager«, »Krankheit als Weg«, »Schicksal als Chance«, »Schnapsen mit Verstorbenen« …

Pause.

Weißt du, i glaub, der Tod is wie a Firmung. Und du bist mein Firmpate.

Bösel   Na geh, wegen die paar Erdbeeren.

Fellner   Manchmal frag ich mich, warum der eine das wird und der andere das. Warum bin i zum Beispiel ein Mensch geworden und a anderer a Hendl?

Bösel   Schwer zum sagn. Der ane wird des und der andere des. Da kannst gar nix machen. Wennst einmal was bist.

FELLNER   Glaubst, es wär gscheiter gwesen, i wär als Frau auf die Welt kommen?

BÖSEL   Na ja, jedes Monat die Regel und so. Is aa ka Honiglecken.

FELLNER   In Indien zum Beispiel, dadurch dass die dort so fest an die Wiedergeburt glauben, stellt sich die Frage der Emanzipation überhaupt nicht. Einmal bist a Mann, dann a Frau, dann wieder a Mann … deswegen verbrennen s' ja auch die Witwen.

BÖSEL   Damit s' schneller ein Mann werden? – Blöd is halt, wenn's kane gibt.

FELLNER   Ka was?

BÖSEL   Ka Wiedergeburt. – Naa … Kurti, des war jetzt a Schmäh! Es gibt sicher ane.

FELLNER   Heinzi! Woher soll das alles kommen? Woher kommt zum Beispiel der Regen?

BÖSEL   Von die Wolken.

FELLNER   Woher kommen die Wolken?

BÖSEL   Die kommen meistens von Irland.

Pause.

FELLNER   Und woher kommt Irland?

BÖSEL   Hast recht. Es gibt schon was …

Der Arzt kommt herein und studiert wieder das Kranken-blatt.

FELLNER *Zeigt auf den Arzt.*   Siehst Heinzi, genauso is der Tod. Der reißt einen Zettel weg, und drunter sind hundert andere.

Der Arzt verlässt das Krankenzimmer. Fellner ruft ihm nach.

Kannst net grüßen, du Arschgeigen? *Er lässt sich übermütig auf das Bett fallen.* Das ist Freiheit – nur eins betrübt mich. Ich wollt immer auf an Musikinstrument spielen können. Ich glaub, das werd ich verschieben müssen.

BÖSEL   Heast Kurti, i hol dir eins! Was willst habn? A Banjo oder a Gitarre oder so was?

FELLNER   Das kannst mir net holen. I denk da an a Kirchenorgel.

Pause.

BÖSEL   Willst vielleicht a Radio?

FELLNER   Heinzi, was meinst du? Soll ich mich verbrennen lassen? – Weißt du, i hab so Platzangst. I halt's net einmal in einer Neubauwohnung aus. Und i denk mir, gefühlsmäßig is einer Aschen in einer Urne weniger eng als an Leichnam in an Sarg.

BÖSEL   Schwer zum sagn, wie man sich fühlt … als Aschen.

FELLNER   Eigentlich bin i gar net traurig. Es gibt sicher viel Schlimmeres.

BÖSEL   Sicher! Da gibt's viel schlimmere Sachen. Wo man froh sein muss, dass … zum Beispiel, was i nie sein möcht, is blind. Taub is mir lieber, da sieht man was. Aber blind …

FELLNER   Oder Tetanus. Heinzi, kennst Tetanus? Da spürst du wochenlang nix und auf einmal fangst an zum Grinsen. Weil du deine Muskeln nicht mehr unter Kontrolle hast. Und nach drei, vier Wochen geht's dir mit alle Muskeln so. Und du stirbst dann an Erschöpfung. Schau, so: *Er zeigt eine Turnübung vor:* in der Brücke.

Heinzi, stell dir vor, eine Insel mit lauter Tetanus-
kranken. Die Hälfte grinst, die andere Hälfte macht die
Brücke.

Bösel   Ja, da … is Krebs schon gescheiter.

Pause.

Mir wär's recht, wenn's geschwind gehn tät. Was
weiß i … auf der Autobahn über die Leitplanken und
fertig. Aus.

Fellner   Na, na, das is zu schnell. Das ist viel zu schnell.
Da kann man die ganzen Sachen nimmer bewusst
erleben, die so wichtig sind. Zum Beispiel an Sonnen-
aufgang. Oder den Regen auf der Haut im Sommer.
Oder den Wind durch einen Föhrenwald. Oder die
Marillenmarmelade aufm Semmerl. Der kalte Rasier-
schaum auf der Haut. Eine Frau. Ein Kind. Oder einfach
nur … das Gefühl, am letzten Urlaubstag noch einmal
rauszugehen an den Strand und rausschauen aufs Meer.
Und genau wissen, es ist das letzte Mal.

Pause.

Für ein Jahr. *Er weint.* Warum i? Warum i!

Bösel versucht Fellner zu streicheln, Fellner stößt ihn weg.

Warum net du, du Sau! Du bist doch eh schon am
Ende … mit deinem Einfamilienhaus und deiner
Scheißfrau, die auf dich scheißt.

Bösel   Geh, Kurtl, Kurtl … sei net so …

Fellner beginnt Bösel zu attackieren. Er wird immer heftiger.

Fellner   … warum net du, du Sau …

Bösel *schreit:*   Du stirbst, du Trottel!

Er stößt Fellner auf das Bett. Pause.

Kurtl … schau. Du darfst net aufgeben. Egal, was passiert, du darfst einfach net aufgeben. Des is wie in Wien mit der Straßenbahn. Die fahrt mir manchmal direkt vor der Nasen davon. Und i denk mir dann: Scheißverkehrsbetriebe. – Und dann geh i z'Fuß weiter. Und dann dreh i mich um und seh: Hinter der einen Straßenbahn wär gleich die nächste kommen. Und die erwisch i jetzt a nimmer. Weil i weitergegangen bin. – Verstehst, was i mein?

Pause.

Fellner   Heinzi, du bist a Idiot.

Pause.

Aber i find das schön, dass jetzt du da auf mein Bett sitzt und net a anderer.

Bösel   Ehrlich wahr?

Fellner nickt.

Wieso?

Fellner   Weil du nix verstehst.

Pause.

Und das is schön!

3. Szene

Krankenhauszimmer. Zwei Wochen später. Bösel und Fellner sitzen im Bett. Fellner, schon sehr schwach, lehnt halb an Bösel. Vor ihnen liegt ein billiges Plastikkeyboard, aus dem eine erbärmliche Demo-Melodie ertönt.

BÖSEL … Schau her, wenn du auf die gelben Knöpf drückst, dann hast Pop, Reggae, Tango und so weiter. Musst nur auf die gelben …

FELLNER I will nur a einfache Melodie spielen.

BÖSEL Bitte?

FELLNER *lauter:* Eine einfache Melodie.

BÖSEL Wart. Da muss man … *Er drückt eine Zeit lang auf den Knöpfen herum, bis endlich die Demo-Melodie verstummt.* Jetzt geht's.

Fellner spielt mit dem Zeigenfinger unsicher eine einfache Melodie. Pause.

FELLNER Jetzt hab i das auch noch gemacht.

Pause.

Du Heinzi, i hab einen Traum ghabt. I hab 'träumt, i komm in Himmel, und der Himmel is a großes Finanzamt. Und da waren so Türen mit Schilder: Hinduismus, Buddhismus, Islam. Und auf der letzten Tür, ganz hinten, is gestanden: »Ohne Bekenntnis«. Und da bin i hinein. Und drinnen war a grelles Licht, und wie i mich ans Licht gewöhnt hab, hab i gesehen: Außer mir ist nur einer drinnen. A ganz a alter Mann mit einem langen weißen Bart. Und der hat gesagt: Jetzt hab i endlich wen zum Schnapsen!

Bösel   Weißt, was i mir leiwand vorstell? Wenn ma die
Leut wieder treffen könnt, die schon gestorben sind. –
Weißt, wen i gern treffen tät? – Mein Opa. Des war mir
der liebste von der ganzen Familie. Der hat immer
gespielt mit mir. Und so ordinäre Sprüche hat er mir
beibracht. Da hamma die ganze Familie geärgert damit.

Fellner   Was für Sprüche?

Bösel   Na ja, so Sprüche halt »Oh Tannenbaum, oh
Tannenbaum, mir geht beim Arsch die Haut net 'zam«.

Fellner   »Ich schieb sie hin, ich schieb sie her …«

Bösel und Fellner: »… die Haut beim Arsch, sie wird
nicht mehr …«

Bösel *gerührt:*   Des war der Opa!

Fellner   Oft sind die Großeltern wichtiger für die
Kinder wie die Eltern. Mein Vater zum Beispiel hat
nie mit mir gespielt, der war Nachtportier. Der is
heimkommen in der Früh, hat sich niedergelegt, und
dann bin i aufgestanden. – Aber er war der einzige
Mensch, der mich gehaut hat. An seine freien Tag.

Pause.

Und trotzdem hat er mir die größte Freud gmacht,
die mir je ein Mensch gemacht hat. Er hat mir zu Weihnachten ein Tretauto geschenkt. Ein rotes.

Bösel   Ehrlich wahr! Wahnsinn! Des war genau des,
was i aa gekriegt hab mit sechs Jahr. A rotes Tretauto!
Mit so schwarze Reifen. Des warn meine schönsten
Weihnachten!

Fellner   Toll!

Bösel   Bist du aa den ganzn Heiligen Abend herum-
gfahren wie a Trottel? Von an Zimmer ins andere?

Stundenlang? – I war so fertig am nächsten Tag in der Früh ... I hab überhaupt nimmer die Füße bewegen können. Meine Eltern sind mit mir ins Krankenhaus gfahren, weil s' glaubt habn, es is Kinderlähmung. Dabei war s' nur der Muskelkater vom Tretautofahren.

FELLNER   I war einmal als Kind im Krankenhaus mit Blinddarm. Und wie i aus der Narkose aufgwacht bin, hab i glaubt, jetzt bin i tot. Aber dann is meine Mutter kommen mit an besorgten Gesicht. Und da hab i gwusst, i leb. – Und i glaub, wennst stirbst, is genauso. Nur, dass die Mutter net kommt.

BÖSEL   Sondern?

FELLNER   Niemand. Da hast deine Ruh. Es is zwar kalt, aber wenigstens will keiner mehr was von dir.

Die Tür öffnet sich. Ein Priester steckt den Kopf herein.

PRIESTER   'tschuldigung. Haben die Herren vielleicht ein Döschen gesehen? So ein kleines schwarzes Döschen?

Fellner und Bösel schütteln den Kopf. Die Tür schließt sich.

BÖSEL   Jedenfalls, mein Opa, der war so ...

Ohrenbetäubendes Geräusch eines Drillbohrers von draußen. Bösel schreit in den Gang hinaus.

Des gibt's ja net! Ruhe! Ruhe! Verdammt noch einmal! Kann man net einmal sterben in Ruhe? *Zu Fellner.* 'tschuldige! *Wieder in den Gang hinaus.* Bitte? Was? Kommen S' ma doch net mit ... was heißt da Bauarbeiten! In Indien gibt's a kane Bauarbeiten! Da falln die Häuser zusammen, und die Leute lachen! Trottel!

Bösel knallt die Tür zu.

FELLNER   Weißt, was i noch gern gmacht hätt? I wär gern mit an Hund äußerln gegangen. Weil i glaub, man kann von an Hund viel lernen. Zum Beispiel, dass man sich traut, auf die Gassen zu brunzen.

Fellner krümmt sich in einem plötzlichen Schmerzanfall.

BÖSEL   Kurtl! Kumm! Du darfst net aufgebn! – A Bekannter von mir, der war aa im Krankenhaus.
FELLNER *stöhnend:*   Ja?
BÖSEL   Dem is schon wieder leiwand gangen, und dann war er spaziern. Im Krankenhauspark. – Dort hat ihn dann die Rettung überfahrn.

Beide lachen, Fellner bekommt neuerlich einen Schmerzanfall und wird bewusstlos. Bösel streicht ihm über den Kopf.

Kurtl! Geht schon noch, ha? Geht schon noch … bitte! Kurti! Weißt, es gibt so viel Sachen, wo man glaubt … und dann kummt ma drauf, des worauf's wirklich ankummt, is ganz was anders. Wirklich wichtig is …

Ohrenbetäubendes Geräusch eines Drillbohrers, der alles übertönt. Bösel schreit Fellner etwas ins Ohr. Irgendwann merkt er, dass Fellner tot ist. Der Drillbohrer verstummt. Bösel weint leise. Der Arzt kommt herein, deckt Fellner zu, streicht auf dem Krankenblatt etwas durch und geht hinaus. Bösel steht für einen Moment unentschlossen da. Dann deckt er Fellner wieder bis zur Brust ab. Er legt das Plastik-Keyboard in Fellners Arm. Dann nimmt er die Erdbeeren vom Nachttisch und legt sie Fellner auf die Brust. Er drückt Fellner eine Erdbeere in die Hand. Er sitzt am Bett. Gedankenverloren beginnt er Erdbeeren zu essen.

Gemeinsam anders

Als ich den Film *Indien* zum ersten Mal in Berlin sah, hatte er »deutsche« Untertitel. Offensichtlich stimmt also der alte Kalauer vom großen Unterschied durch die gemeinsame Sprache. So begann ich darüber erstmals nachzudenken, und in Bezug auf die ernüchternden deutschen Ergebnisse bei der PISA-Studie wurde es offenkundig. In Deutschland sagt man bekanntlich: »Ich ging *zur* Schule!«, in Österreich hingegen: »Ich ging *in* die Schule!« Vielleicht macht das doch einen Unterschied, wenn man auch reingeht. Oder wie soll man intellektuelles Selbstbewusstsein erlangen, wenn die abfahrende U-Bahn jedes Mal ein »Bitte zurückbleiben!« begleitet. Wenn man langsam durch die Stadt geht und dennoch von »laufen« spricht, wenn man läuft aber von »rennen«, wie soll man dann mit der Zeit gehen? Und wenn man mit der Zeit läuft, kann man da je konditionell mithalten? Da der Irrtum naheliegt, im Gleichen dasselbe zu vermuten und Ähnliches mit Identischem verwechselbar scheint, zum besseren Verständnis ein Glossar von *Indien*.

Glossar zu *Indien*

a, an, ane, aner	ein, eine, einen, einer
Attnang-Puchheim	österr. Bahnknotenpunkt
ausrasten	ausruhen
außa	heraus
außabochen	gebacken
äußerln	auf die Straße führen
bissl	bisschen
blade Wuchtel	dicke Frau
bochen	gebacken
brunzen	pinkeln
deppert	dumm
des	das
di	dich
eh	sowieso
Eierspeis	Rührei
eina	hinein
Fasching	Karneval
Fernee	Fernet (Magenbitter)
Firmung	Konfirmation
Flaxn	zähes Fleischstück
gemma	gehen wir
Goschn	Maul
Grieskoch	Griesbrei
Gschnas	Kostümfest

hackln	arbeiten
hamma	haben wir
heast	entspricht dem englischen »well«
Hendl	Huhn
Hendlhaxn	Hühnerkeule
i	ich
i wü	ich will
jemand was z'Fleiß tun	jemand eins auswischen
ka, kane, kaner	kein, keine, keiner
leiwand	super
letschert	weich
lullen	pinkeln
ma	wir
Mariazell	Wallfahrtsort in der Steiermark
Marillen	Aprikosen
mordsdrum	mörderisch
na, naa	nein
net	nicht
nimmer	nicht mehr
obebracht	heruntergebracht
Oida	Alter (Freund)
owehaun	betrügen
Pappn	Maul
Piatnik	österreichischer Spielkartenerzeuger
Pitralon	Rasierwasser
pudern	vögeln
resch	knackig
samma	sind wir

san	sind
Schas	Furz
schiffen	pinkeln
schleißig	nachlässig
Schmäh	Scherz
schnackseln	vögeln
Schnapsen	Kartenspiel
schustern	vögeln
Semmerl	Brötchen
Simmering	Wiener Vorstadtbezirk
tupfen	vögeln
weitschiffen	um die Wette pinkeln
Windbäckerei	Weihnachtsgebäck
zermerschert	zerrieben
zuwebrunzen	hinpinkeln

Badeschluss im Arbeiterstrandbad

2000 wurde das Jahrtausend gewendet und auch Österreich. Der y2k-bug blieb allen Frohlockungen zum Trotz bei uns nicht aus. Ein Tabu war gebrochen, braune Sprüche waren plötzlich salonfähig, eine neue Regierung gab es nun, von ganz rechts bis ganz katholisch. In Bayern war man in dieser Hinsicht seit jeher rationeller, dafür braucht man dort nur *eine* Partei. Die österreichische Sozialdemokratie, 30 Jahre an der Macht, befiel die große Ratlosigkeit, und müsste man ein Bild finden für ihren aktuellen Zustand, es wäre »Badeschluss im Arbeiterstrandbad«. Dort war ich oft baden mit meinen Großeltern. Mein Großvater war Sozialist, ich weiß nicht, ob sich das jeder noch vorstellen kann von den ganz Jungen, er war Sozialist und dünn. Wir sind immer gesessen im Arbeiterstrandbad, haben unser eigenes Essen mitgehabt, Schnitzel im Reindel und Salat im Tuppergeschirr. Gurkensalat mit Rahm, eine Art Vorstadttsatsiki. Bademode gab's noch keine, der Opa ist schwimmen gegangen in der Unterhose, Feinripp! Und die Oma war in der Kombinage. Der Bademeister war eine Autorität für uns Kinder: »Wennst ins Tiefe fliegst und dersäufst, hast eine Ohrfeige auch noch!«

Er war Bademeister und Nichtschwimmer, eine typisch sozialistische Karriere! Ein beliebter Spaß war es, Nichtschwimmer ins tiefe Becken zu stoßen, die haben dann gestrampelt, und man hat sich dazugestellt, weil: Whirlpool hat's noch keinen gegeben. Ja, fast alles hat sich verändert, mit Ausnahme des Platzsprechers: »Liebe Badegäste, ein schöner Badetag geht zu Ende, lassts nix liegen, räumts alles zusammen. Der kleine Pauli sucht seine Mama, Mama bitte bei der Schlüsselabgabe melden!«

Heute ist es nicht mehr so lauschig. Die sozial bedürftigen Trinker haben früher Freibier bekommen. Heute geht das budgetär nicht mehr, jetzt siehst du sie oft hängen an der Fußdesinfektion. Ab und zu lässt sich ein Funktionär blicken im FKK-Bereich, leicht zu erkennen an seiner Nadelstreifenvorhaut. Die Badesaison ist bald zu Ende, der Herbst kommt. Und den Betreibern des Arbeiterstrandbades ist es nicht entgangen, dass viele Gäste abgewandert sind ins Träumeland der Linken und ehemaligen Stasipartei, Erlebnispark links oder ins Waldbad, wo das Schimmbecken braune Ränder hat. Aber keine Sorge, sie haben sich zahlreiche Attraktionen einfallen lassen fürs nächste Jahr: Alleinerziehende Mütter von mehreren Kindern zahlen beim Besuch des Bades selbstverständlich nur *eine* Eintrittskarte, wenn sie die Kinder zu Hause lassen. Und unsere hochverdienten Gewerkschaftsfunktionäre, die für den Besuch des Bades die lächerliche Summe von 30 Euro *erhalten*, halten Vorträge zu brisanten Themen wie: »Steuermoral – wieso ich?« oder »Wir lassen uns nicht *einfach* abfertigen!« Die Sonne steht tief, es riecht schon ein bissel nach September, alle räumen ihre Sachen zusammen. Ein kleines Kind kriegt zwei Ohrfeigen für das, was es heute noch anstellen wird.

»Liebe Badegäste, ein schöner Badetag ist zu Ende.«

Haider

Er erschien auf dem Innsbrucker Parteitag der FPÖ 1986
wie Phönix aus der Asche. Im Mund die Pfeife, nach der
ab jetzt die Koalition zu tanzen hatte, an der eigentlich
nichts Großes war. 2006 endgültig demontiert, die letzte
Zeit orange, nicht mehr blau oder ein bisschen braun.
Die Farbenspiele sind zu Ende, Ersatz ist schnell gefunden,
wer geglaubt hat, es gehe nicht mehr tiefer, wurde eines
Besseren belehrt. Ein Rückblick um nicht gleich wieder
alles zu vergessen …

Ende ohne Schrecken

Wenn das Ende an sich nicht endgültig wäre, hätte es
seinen Kredit verspielt. Das Ende ist im seltensten Fall
Publikumsliebling, die Versuche seiner Relativierung sind
Legion. Die Hoffnung, das Ende seiner Endlichkeit zu
berauben, schwingt hier mit, doch hat man diesbezüglich
natürlich Erwartungen, zumindest was die Verlässlichkeit
betrifft. Jedoch ein oftmals angekündigtes, nie eintretendes
Ende nervt. Nun reden wir hier von einem Experten des
wiederholten Abgangs und der ungebetenen Zugaben,
vom Großmeister des von niemandem geforderten

Comebacks: von Jörg Haider. Sein politisches Ende wird medial wieder einmal prophezeit – der Begriff ist übertrieben, im Sporttoto würde man von einer Einserbank sprechen –, der Lack sei ab, das Alter, vielleicht auch die Gesundheit, der Lebenswandel und Ähnliches bringt man eifrig als Argument, um von der jahrelangen Cashcow in Sachen Auflagen noch im Abgang etwas rausschinden zu können. Die Heuchelei der Ablehnung seiner Person im Dienste der demokratischen Sache bei simultanem Spiel mit dem Suspense seiner Erscheinung gehörte zum Tagesgeschäft des Konkubinats von Politik und Medien in den letzten zwei Jahrzehnten dieses Landes. Haltungslose Koketterie mit dem geheimen Kribbeln, ausgelöst durch die dunkle Seite von Haiders Macht, bei gleichzeitig beflissenem Dokumentieren der Ablehnung, war nur selten schön anzusehen.

Das konzentrierte Meinungsgeschäft Österreichs hatte einen Star, zu dem man nicht stehen durfte, eine ganz und gar nicht heimliche Kurtisane, die sogar noch Geld einbrachte, und von der man aus genau diesem Grund auch nicht lassen konnte. Anstatt seine Person, seine Ansichten, seine Charakterstruktur gründlich zu durchleuchten, also kritischen Journalismus zu betreiben, führte man ihn immer wieder ins grelle Licht der Manege. Seine Attraktion auf dem Politjahrmarkt wurde ausgeweidet, und sukzessive machte man durch seine bildhafte Omnipräsenz bewusst wie auch unbewusst auch seine Ansichten einem breitem Publikum zugänglich. Eindrucksvoll wurde hier quasi als Kollateraleffekt Inhalt mitgeliefert, wo vielleicht nur Sensation Platz haben sollte. Irgendwann war der Punkt erreicht, wo der Ullrichsberg gedanklich marginalisiert wurde durch die Gesichtszüge des Protagonisten, seine sportlichen Aktivitäten und pointierten Anwürfe, die noch dazu in manchen Fällen nicht unberechtigt waren.

Haider verdankt seinen Aufstieg also unter anderem einer Medienkonstruktion, die Österreich einmalig macht, und die durch Entwertung der Öffentlichkeit demokratische Prozesse meist nur mit angezogener Handbremse ermöglicht.

Oftmals wurde auch angeführt, die hysterische Emotionalität der EU-Sanktionen sei besonders in Deutschland, Belgien oder Frankreich auf die dort herrschende Angst vor einem Haider zurückzuführen gewesen. Mag sein, dass ein Scheitern der amtierenden Großen Koalition in Berlin das Vertrauen in die deutsche Parteienlandschaft nachhaltig erschüttern würde und ein haider-ähnlicher Tribun groß werden könnte. Unwahrscheinlich, aber immerhin. Allemal wäre dann in Deutschland die Begleitmusik der Medien eine andere. Sie wäre differenzierter als in Österreich.

Der zweite Elternteil auf Haiders politischem Weg war die SPÖ-ÖVP-Koalition. Die dadurch hervorgerufene Paralyse war genau der Aggregatzustand, der ihm am meisten entgegenkam. Sein unbestrittenes Charisma war jenes der Reaktion, der Negation, der Antithese. Die zumindest partiell zutreffenden Kernpunkte seiner Kritik waren der trügerische Hoffnungsschimmer, die Wählertäuschung für jene 27 Prozent, die 1999 bei weitem über reine Protestwähler oder gar Rechtsradikale hinausgingen.

Der entscheidendste und unverständlichste Fehler Haiders, der mit einer seltsamen immer wiederkehrenden Abschlussschwäche ausgestattet ist, war der Regierungseintritt im Februar 2000. Schüssel und Haider, beide unterschätzten einander, und nur einer konnte da Recht behalten. Die Sanktionen kamen und stärkten in ihrer Arroganz jene, gegen die sie hätten gerichtet sein sollen. Ein provinziell-nationaler Schulterschluss war die Folge, den Schüssel geschickt kanalisierte und von dem Haider nicht profitieren konnte. Österreichs Medien, die in dieser Zeit wenig Berührungsängste mit dem Provinziellen zeigten, taten das Übrige. Schüssel rückte erstmals ins ernst zu nehmende Fach für die Bevölkerung, und die Bühne war nun frei für ein »Wir sind wir«-Spektakel in einem Akt. Die Weisen kamen und gingen wieder, die Sanktionen verdampften, der schlechte Ruf blieb.

Haider wurde vermeintlich aufs Regionale reduziert, hatte allerdings einen langen Arm in die Regierung. Und Schüssel war plötzlich Schulterschlusskanzler. Sollte es also das fragwürdige Verdienst des Kärntner Landeshauptmanns bleiben, aus Schüssel den Wendekanzler gemacht zu haben, statt ihn in die Archive der 2. Republik eingehen zu lassen, was er die Jahre vor den Sanktionen war: die etwas drollige ÖVP-Kaderkraft mit Mascherl?

Waren nun die österreichische Medienlandschaft und die Große Koalition der eigentliche Humus für sein Robin-Hood-Image, für sein Charisma, das ihn als Kämpfer für die Entrechteten und Unterdrückten begleitete, beschränkte man sich bei den politischen Gegnern auf die Ausgrenzung seiner Person und Partei. Braune Absonderungen Haiders in den 1990er-Jahren brachten ihm unter anderem auch den temporären Verlust des Kärntner Landeshauptmannsessels ein. Die in der Folge in gewisser Regelmäßigkeit wiederkehrenden Anbiederungen in diese Richtung wurden im Nachhinein mit halbherzigen Entschuldigungen bedacht.

Nun war das Kokettieren mit Stimmen des äußersten rechten Randes nur eine, wenn auch abstoßende, Facette im Haider'schen Repertoire. Dieser Begriff scheint hier adäquat, da man das Phänomen nicht ergründen kann ohne Berücksichtigung von Haiders Umgang mit Kostüm, Maske, Auftrittsplanung und -choreographie. Seine Wahl-kämpfe waren revolutionär im Österreich der 1980er-Jahre und mit Tourneen vergleichbar. Das gegebene Stück und die damit verbundene Sprache hing vom jeweiligen Publikum ab, das Nazimelodram wurde mit der Zeit nur Teil des Repertoires und fiel im Laufe der Jahre selbst bei ihm etwas in Ungnade, da man damit keine Häuser mehr füllen konnte. Seine Politik war Schauspiel und adoptierte sein Publikum ohne Rücksicht der politischen Provenienz. So scharte Haider bis zum Jahre 1999 politisch Unzufriedene und Parteienflüchtlinge aller Couleurs in seinem Theater, und sie genossen das monothematische Einpersonenstück mit vielen Umzügen. Sein Charisma entzog sich vorerst nicht nur Khols Erfassungsbogen und war enden wollend, nämlich, wie erwähnt, mit der Übernahme von politischer Verantwortung seiner Partei in der Regierung. Die Entzauberung des Mimen ging nun rasant vor sich, und sein Heischen nach Rampenlicht wurde in der Folgezeit immer verzweifelter. Seine Perfor-mance war des Themas beraubt, die übrig gebliebene Form war kein Publikumshit mehr. Seine Störfeuer, mit dem Damoklesschwert der Regierungskrise drohend, wurden von Mal zu Mal weniger beachtet, und nur Insider und Statistikbegeisterte wussten, ob er gerade »schon wieder weg« oder »wieder da« war. Der sentimentale Umgang mit Gefallenen ist keine politische Kategorie, und so will es das Drama, dass ausgerechnet sein eigener Klon nun die Demontage beschleunigt, indem er die Wiederaufnahme des Stücks seines Lehrmeisters probt und die Schleppnetze in den bekannten Gewässern auswirft.

Haiders wichtigstes Relikt aber ist nicht die Erinnerung an populistische Möglichkeiten oder die fast paranoide Angst vor einem Umsturz, einen verfassungmäßigen Relaunch des Staates Stichwort »3. Republik« oder gar der Bildung einer Naziinsel inmitten der EU. Letzteres hätte zu einer Unbeliebtheit geführt, die der Protagonist nicht auszuhalten bereit gewesen wäre. Sein labiles Charaktergebäude war Gefahr und Entwarnung zugleich. Das Unberechenbare in Kombination mit Geliebtwerdenwollen um jeden Preis gab zugleich zur Sorge, aber auch zum Aufatmen Anlass.

Haider, und das scheint ihm am besten gerecht zu werden, war immer Reflektor eines Staates, in dem ein öffentlicher Diskurs kaum stattfindet und dessen Politlandschaft verkrustet war und ist. Er spiegelt aber auch die Sehnsucht einer Bevölkerung wider, lieber meinen zu lassen, als selbst zu meinen. In weiterer Konsequenz wäre »denken zu lassen anstatt selbst zu denken« nur ein kleiner Schritt und das Verlassen des schmalen demokratischen Grats bereits vorgegeben. Die Abtretung von Eigenverantwortung an einen Klassensprecher, an einen frechen Tribun, der hinter vorgehaltener Hand mit beifälligem Nicken oder Gelächter begleitet und akklamiert wird, wurde hier verfeinert. Ein Grundprinzip, das auch Satiriker hierzulande zuweilen begünstigt. Das heimliche Glucksen über die destruktiven Bestrebungen triumphiert über den notwendigen Veränderungsansatz. Man beschäftigte sich öffentlich, ganz Schulmedizin, mit dem Symptom Haider, ersparte sich aber die Therapie. Haider wurde als Satellit behandelt, die Umlaufbahn war zwar nicht vorauszusehen, doch wurde die Gefahr des Touchierens ignoriert. Ein Verglühen in der Atmosphäre wurde zwar halbherzig erhofft, doch war sein Schutzschild hitzebeständiger als gedacht.

Es gibt nationale Besonderheiten, die erstaunen. So hat es aus der Distanz den Anschein, als würde man in Großbritannien dem guten Essen wenig Bedeutung beimessen oder in Finnland dem Antialkoholismus. In Österreich scheint das Diskursive, das Argumentieren an sich in der Skala des Verzichtbaren ganz oben auf. Offensichtlich bevorzugt unser Land also, dessen Küche allenthalben so berühmt ist, den Geschmack auch als politische Kategorie. Stoffwechsel dominiert über Kritik. Für all das war Haider repräsentativ und typisch, aber auch voraussehbar in seiner Flüchtigkeit, da Geschmack kaum festzumachen ist.

Nun feiert man das Ende des »größten politischen Talents« seit Kreisky. Es wird eine politische Ära kommen, in der Haider Geschichte ist. Sein Abdruck aber, wofür er stand und was er widerspiegelte, bleibt uns erhalten. Das Problem ist nicht gelöst, auch wenn ein Symptom dafür gegangen ist.

Der kleine Geist, der stets verschweigt

Der Geist, der Österreich regiert, ist klein. Vielleicht muss
das so sein in einem kleinen Land. Und schweigsam ist er
auch. Das macht die Beurteilung schwerer, doch ist die
Sphinx hier ohne Rätsel, hätte Kreisky angemerkt. Er
pflegt seinen Schrebergarten, nährt seine Freunde. Des
kleinen Geistes große Tat war, es geschafft zu haben auch
gegen das Kleinformat. Keine Fotos mit Welpen auf den
Titelseiten und dennoch Kanzler. Man ist verblüfft, dass so
was funktioniert. Hier, wo Welpen oft schon Wahlen
entschieden haben. Nun ist es so weit, der Welpenlose, vor
Jahren noch dumm geächtet durch die Sanktionen, die nur
einem halfen, nämlich ihm, ist Ratspräsident der Europäischen Union und auf einmal auch wieder Gesprächspartner
für die kleinen Geister aus den großen Ländern, die von
Europa schwärmen und ihren Schrebergarten meinen.

Schüssel über Europa

Am 1. Jänner 2006 übernimmt Österreich die Ratspräsidentschaft von den Briten. »Wir sind Präsident!«, würde man in Deutschland sagen, und ähnlich der protestantischen Begeisterung für den aktuellen Papst, ist nun die Euphorie in der österreichischen Bevölkerung enden wollend. Abgesehen von der nebulosen Vorstellung, was denn so eine Ratspräsidentschaft für Rechte und Pflichten beinhaltet, ist Brüssel in den Köpfen meiner Landsleute noch nicht so richtig angekommen – vergleichbar hier etwa mit der deutschen Wiedervereinigung.

Wie die Briten sind die Österreicher konfrontiert mit einem Glanz, der hauptsächlich in seiner Ehemaligkeit besteht. Dem schmerzhaften Bedeutungsverlust nach Zusammenbrechen der Donaumonarchie kam der Anschluss 1938 sehr entgegen. Aus dem Trauma entstand der Traum, wieder am Tisch mit den Großen sitzen zu dürfen, doch statt 1000 wurden es sieben Jahre, und nach 1945 begann man sich wieder mühevoll in der Kleinheit einzurichten.

Der Traum blieb, und so kam die Europäische Union mit ihren Strukturen als Placebo gerade recht. Der Anfang dieser Beziehung war rührend: Österreichs überwältigende Mehrheit für den Beitritt zur EU 1994 war die Folge einer omnipräsenten Pro-EU-Kampagne, mit der man die Herzen für das Nichtprovinzielle zu erwärmen suchte und die Hoffnung auf billigere Grundnahrungsmittel weckte. Für die Kritiker wurde damals die Abwandlung der Thatcher'schen Doktrin von der fehlenden Alternative bemüht.

Die eigentliche Ursache für die Zustimmung war der Glaube an Unmögliches: einerseits am europäischen Tisch zu essen, aber auch seine eigene Suppe zu kochen. Die erwähnte Sehnsucht nach Größe zu befriedigen bei gleichzeitiger Beibehaltung der viel geliebten Neutralität – ein Symbol ohne Verankerung in der Wirklichkeit. Wir Österreicher glauben an sie als Allheilmittel, eine Wundersalbe, die Abschottung, Autonomie, aber auch Überparteilichkeit verspricht. Ein Relikt aus dem Kalten Krieg. Verliebt in eine Schimäre, leben wir schon seit Jahren mit einer Toten, die nicht begraben werden darf. Wenn schon klein, dann wenigstens unberührbar.

Unter politisch völlig anderen Umständen war Österreich ein Jahrhundert früher bereits Probebühne für eine Vielvölkerstaatengemeinschaft, ohne dabei gegen xenophobe Tendenzen immun geworden zu sein. Deshalb auch die Ablehnung der so genannten Osterweiterung. Natürlich wurde nicht der Osten erweitert, sondern nur der Markt für die Konzerne des Westens, und Österreich war bereits einer der Hauptprofiteure, als sich Deutschland noch mit den Transferzahlungen in den eigenen Osten herumschlagen musste. So blieb man wirtschaftlich im Gegensatz zum großen Nachbarn relativ ungeschoren und konnte sich als die »besseren Deutschen« feiern lassen.

An der Stimmung gegen die Erweiterung änderte das nichts. Die Angst um Arbeitsplätze wäre in diesem Zusammenhang zum Teil nachvollziehbar, doch aus österreichischer Sicht zu rational, vielmehr lässt sich ein dumpfes, nicht näher definierbares Gefühl der Ablehnung um seiner selbst willen feststellen. Man sieht das enorme Aufholtempo der Neuen, fühlt seine Überlegenheit schwinden, möchte weiter tonangebend sein, ohne aber allzu viel in Berührung mit ihnen zu kommen. Das Leben am Saum des Eisernen Vorhangs war überschaubar, die Zugluft nach dessen Verschwinden ist ungemütlich.

Dieses einer Hautkrankheit ähnelnde Phänomen ist nicht dialektisch erklärbar, nein, mit Adorno kommt man ihm nicht bei, es sei denn, es gibt eine Dialektik des Irrationalen. Nicht zufriedengestellt und doch zufrieden, weil es schlimmer kommen könnte.

Spätestens 2000 mit dem Regierungseintritt von Haiders FPÖ und den darauf folgenden so genannten Sanktionen, die in ihrer Arroganz gerade jene stärkten, die sie hätten schwächen sollen, begann sich die Ablehnung gegen Brüssel zu manifestieren. Haider wurde damals auch aus Angst vor einem französischen oder deutschen Imitator zu Recht und nachvollziehbar stigmatisiert.

Jener aber, der mit Haiders Unterstützung aus dem politischen Abseits gerettet wurde und rechtsextremes Gedankengut regierungsfähig machte, blieb und wird Europas Gastgeber sein.

Besondere Genugtuung für Schüssel, dass die deutschen Sanktionsbetreiber Fischer und Schröder der Macht verlustig gingen und Letzterer es offensichtlich sogar nötig hat, sich von seinem Freund, dem kryptodemokratischen Machthaber im Osten, in millionenschwere Posten heben zu lassen.

Schüssel, der immer wieder auf Österreichs Prosperität gegenüber Deutschland hinweist, ohne zu erwähnen, dass sein Land keinen Transferempfänger integrieren musste, Schüssel also, der als Dritter in Opposition gehen wollte und als Dritter durch Haiders Gnaden Kanzler wurde, Schüssel, der Österreichs Ansehen in der Türkei- beitrittsfrage riskierte, um bei einer Landtagswahl das Ruder vergebens noch herumzureißen, wird Europa um sich versammeln. Doch sein Horizont endet nicht nur am Atlantik. Bush habe ihm persönlich bestätigt, dass »… es keine Politik der US-Regierung gibt, Menschen zu foltern«. Damit lässt sich die Ratspräsidentschaft für einen christlich sozialen Politiker beruhigt angehen. Was soll schiefgehen, wenn ein Tiefgläubiger einen Leichtgläubigen beruhigt?

Schüssel über Europa also, zumindest auf Zeit, man darf gespannt sein, muss aber nicht.

Spätestens seit dem Wiener Kongress weiß man, dass Österreich große Politpartys zur Zufriedenheit der Gäste organisieren kann. Man weiß auch, dass Ergebnislosigkeit an sich die Partystimmung nicht trüben muss. Vermutlich wird das Veränderungspotenzial der österreichischen Ratspräsidentschaft ähnlich überschaubar bleiben wie jenes der britischen. Nur mit dem Unterschied, dass London nicht so richtig wollte und Wien nicht wirklich kann. Aber wer eine Große Koalition hat, weiß ohnehin, was Stagnation bedeutet …

Die Wahl 2006

Wenn in Österreich gewählt wird, gönnt sich die Vernunft eine wohlverdiente Pause. Sie packt ihr Pausenbrot aus und beobachtet aus sicherer Distanz das dichte Medientreiben, das die klare Sicht nimmt. Sie wundert sich über Verkürzungen der Denkprozesse und erwägt, auf diesem Jahrmarkt der Eitelkeiten vielleicht noch eine Süßigkeit zu kaufen, quasi vor dem endgültigen Schlafengehen. Kleine Gutenachtgeschichten wären fein, dachte ich mir, um Sie wenigstens noch ein paar Minuten wach zu halten.

Wahl-Dada

Das Raika-TV am Küniglberg ist also (vorerst) abgewählt, und das Moltophon bekommt Gesellschaft. Fortan wird man wohl eine Interventionstelefonzentrale als Programmdirektion des ORF benötigen.

Werner Mück stapft als weißer Elefant durch sein altes Revier. Fraglich, ob er, der – zornesrot – wie eine heiße Kartoffel fallen gelassen wurde, nach einiger Zeit der Abkühlung nochmals den schwarzen Wahlhelfer spielen wird. Schwarz-Weiß, das war ohnehin seine Stärke, unvergesslich seine Auftritte als ZIB-Kommentator, die sicher zu den demokratischen Highlights der Ära Lindner zählen.

Erinnerten sie doch in Inhalt und Form an längst vergangene Fernsehtage anderer politischer Systeme.

Wahlhilfe bekommt die ÖVP jetzt auch von der Wirtschaftskammer mit einem symbolkräftigen Plakatsujet. Wolfgang Schüssel und Christoph Leitl frei gestellt, quasi als Pappkameraden ohne Hintergrund. Schüssels Hände, in die wir dieses Land wohl wieder legen sollen, wirken, als würden sie sich der Maniküre widmen. Vielleicht ein versteckter Hinweis darauf, dass Pflege nicht teuer sein muss. Auch sprachlich gibt man sich geschliffen: »Wirtschaft schafft Arbeit schafft Wohlstand.« Der Slogan soll wohl ein Tribut an die schlechten PISA-Ergebnisse sein, Korrektur gelesen von der Bildungsministerin. Die literarische Verkürzung wird auf den neuen Schüssel-Plakaten als eigenständiger Stil fortgesetzt: Österreich. Bleibt besser. Sicher. Österreich.

Man hofft insgeheim, dass dieser ehrliche, volksnahe Dada übergreift auf den zukünftigen Koalitionspartner und dass ein Sujet der Grünen lauten wird: Wir. Regieren. Wie? Mit wem? Egal!

Großschreiben

»wer nach versalien greift, enthüllt, dass er ein demonstrationsbedürfnis zu befriedigen hat, um ein inneres vakuum zu verdecken«, meint Otl Aicher. Wenn man die SPÖ-Plakate diesbezüglich betrachtet, kommt man zur Überzeugung, dass da etwas Wahres dran sein könnte. Mit flachen Hierarchien in der Sprache versuchte schon Jacob Grimm im 19. Jahrhundert eine Schrift zu entwickeln weg von Herrschaftsherrlichkeit und zurück zum Ursprung der gesprochenen Sprache. Unter Verzicht auf Großbuchstaben zurück zur Sprache des Volkes und der Märchen. Letztere spielen zwar auch in der Wahlwerbung der Sozialdemokraten eine große Rolle, doch von Kleinschreibung keine Rede, eher wird die Vermeidung von konkreten Inhalten großgeschrieben. Die Werbelinie widerlegt eindrucksvoll die These, dass Vakuum in der Natur eigentlich nur künstlich herstellbar ist. Die Produktion von reiner Leere in der Aussage, durch Großbuchstaben transportiert, gelingt, und diese Kunst wirkt sogar irgendwie natürlich. Nicht nur die Gesetze und Grenzen der Physik missachtend setzt die SPÖ auf Schlagworte, deren Adresse der Allgemeinplatz ist. Gusenbauer halbiert die Jugendarbeitslosigkeit, er selbst aber ist für den Job des Bundeskanzlers schwer vermittelbar. Seine Süffisanz in Fernsehdiskussionen ist dem SPÖ-Parteitag zwar 95 Prozent Zustimmung wert, doch die Basis fühlt wie Josef Hickersberger beim Fußball – es fehlt an personellen Alternativen. Man befürchtet, dass selbst die Berücksichtigung der Gemeinen auf den Plakaten jetzt nichts mehr retten kann, jener Kleinbuchstaben, in denen bereits 1774 Goethes *Werther* gesetzt wurde, mit dem man sich inhaltlich längst in einer Leidgenossenschaft befindet.

Frustmacher

So saßen sie sich also gegenüber im Fernsehstudio beim »Kanzlerduell«: der Angstmacher und der Mutmacher. Viel Mut braucht man auch, um Hässliches schönzureden, wie etwa das Werk der Analphabetenmacherin oder des Armutsmachers. Der Angstmacher hatte selber welche, und die Sandkiste wird wohl der einzige Platz bleiben, wo er Kanzler war. Unterm Strich machten beide in erster Linie wenig Eindruck, und wenn, einen schlechten. Arroganz machte sich breit im Studio und verdunkelte jedes Thema. Kreischende Jugendliche als Stimmungsmacher mimten Begeisterung vor dem Haus am Küniglberg, und wir hoffen, dass hier keine bewusstseinsverändernden Substanzen eingenommen wurden. Die Fernsehmacher zeigten uns also über Wochen, was wir vielleicht besser nicht hätten sehen sollen: Duelle unter Ausschluss von Niveau. Der kleine Rest von Glauben an die Politik begann sich immer gegen 21 Uhr 10 davonzumachen. Die Phrasenmacher der Meinungsforschung erklärten uns, dass alles einerseits aber auch andererseits möglich und die ganz genaue Aussage über den Wahlausgang wahrscheinlich erst nach der Wahl zu machen sei. Am 1. Oktober ist die inhaltsfreie Zeit der Sprechblasenmacher vorbei. Zusammensetzen statt auseinandersetzen wird dann das Gebot der Stunde sein, prognostiziert der Mutmacher, und der Angstmacher nickt dazu. Die Nichtwähler aber machen sich darüber keine Gedanken mehr, und Demokratie findet vielleicht bald unter Ausschluss der Öffentlichkeit statt. Es geht ums Eingemachte.

Optisches

Die Wahl ist geschlagen, und der Überraschungssieger beweist, dass die Optik offenbar doch nicht alles ist. Sie kann auch zum Erfolg führen, wenn sie schief ist, sei es durch die eigene Unbeholfenheit oder die der Verbündeten. Ob nun ein Knick in der Optik des Wahlvolkes vorliegt oder nicht, lässt sich am FPÖ-Ergebnis nicht einwandfrei feststellen. Der verfeindete, lange Zeit optisch unterlegene, orange Bruder zieht vermutlich ins Hohe Haus ein, was kurzsichtige Meinungsforscher für unwahrscheinlich gehalten haben. Der Professor, der durch die Entdeckung der Langsamkeit hofft, dass hinter seinem Habitus Weitsichtigkeit vermutet wird, bleibt nur auf den ersten Blick erfolgreich. Auf lange Sicht gesehen nicht überraschend, da seine Richtung für viele nicht abzusehen ist.

Der Titelverteidiger, der auf einem Plakat so wirkt, als würde er sich das Gesicht waschen, ohne dabei die Brille abzunehmen, macht nicht nur auf den ersten Blick den Eindruck, lediglich die eigene Perspektive zu kennen und Arroganz als einzige Form des politischen Umgangs zu sehen. Die augenscheinlich erfolgreichste Strategie fährt offenbar die Partei der Nichtwähler. Ohne klar ersichtliches Programm angetreten, was sie auf den ersten Blick von allen anderen Wahlwerbern nicht unterscheidet, hat sie satte 25 Prozent eingefahren und ist damit drittstärkste Kraft. In den Koalitionsüberlegungen dürfte sie aber keine Rolle spielen. Auch die Taktik, ohne Spitzenkandidaten anzutreten, wurde angesichts der Konkurrenz offensichtlich nicht als Nachteil angesehen.

Bildungslücke

Wenn jemand geht, hinterlässt er eine Lücke. Im Fall
von Elisabeth Gehrer ist es eine Bildungslücke. Sie
habe sich gegen die rot-grüne Bildungspolitik gewehrt,
und man fragt sich, wo diese unter einer schwarz-blau-
orangen Regierung hätte stattfinden können. Sie sei
verleumdet worden durch die Opposition und schlecht-
gemacht. Schlecht gemacht war allerdings vieles in ihrer
Amtszeit, doch Gehrer bilanziert famos in eigener Sache.
Sie räumt zwar ein, dass sich die Studiengebühren trotz
ihrer ursprünglichen Ablehnung bewährt haben. Ein
bisschen Selbstkritik kann wohl am Ende einer trium-
phalen Laufbahn nicht schaden. In der *Presse*, dem
Zentral- und Verkündigungsorgan von ÖVP-Begehrlich-
keiten, werden *Pluspunkte* ihrer Amtszeit veröffentlicht,
für die sie wenig kann. Die Aufhebung der Zweidrittelmehrheit bei Schulgesetzen zum Beispiel, die allerdings
einer Zweidrittelmehrheit im Parlament bedarf. *Minus-
punkte* sucht man vergebens, man schließt damit nahtlos
an Schüssels »Alles ist gut«-Mantra an. Die Akademiker-
quote – hier werten wir die Türkei innereuropäisch
mit, um nicht Letzte zu sein –, die offensichtliche Inkom-
petenz von Seipel, das umstrittene ÖH-Gesetz, das
Affentheater um die Eliteuni und vieles mehr nimmt die
bekannt ausgewogene *Presse* der scheidenden Ministerin
nicht übel.

Sie wird uns in Erinnerung bleiben im Dirndl mit der
Flöte in der Hand. Ihre Musik war, wie die von Schüssel
herausgegebenen Liederbücher beweisen, eher schlicht.
Sie hat sich oft verstrickt, die Handarbeitslehrerin, jetzt

legt sie die Nadeln aus der Hand. Man freut sich mit ihr, die Überforderung hat ein Ende.

Die Sitzordnung

Wo und neben wem man sitzt, ist wichtig. Für den Erfolg des Schuljahres darf man die Sitzordnung nicht unterschätzen. Manchmal ergibt sie sich von selbst, manchmal herrscht Unvernunft unter den Schülerinnen und Schülern, und es ist eine der wichtigsten Aufgaben des Klassenvorstands einzugreifen. Er ist natürlich auch nur ein Mensch, bevorzugt schon einmal den einen oder die andere und lässt Objektivität vermissen. Doch im Grunde nimmt er seine Arbeit ernst, schließlich geht es ja ums Lernen fürs Leben und Charakterbildung. Im Bedarfsfall kann das Menschliche auch hintangestellt werden, und Strenge ist das Gebot der Stunde. Rotzlöffel müssen auseinander gesetzt werden, wenn sie abschreiben oder zu viel dazwischenrufen. Viele schwänzen einfach, rauchen am Klo oder sind mehr in der Kantine als im Unterricht. Keine Frage, eine bedenkliche Entwicklung, und wahrscheinlich kann die richtige Sitzordnung oft das Schlimmste verhindern.

Wenn die Grünen nicht neben den Blauen sitzen wollen, die Blauen aber nicht neben den Rabauken von den Orangen, Rot zwar links sein möchte und möglichst weit weg von Schwarz, Schwarz natürlich rechts, aber eher in der Mitte, um weder an Blau noch Orange anzustreifen, dann braucht es jemanden wie Andreas Khol. Der Oberlehrer, der gern zur Ordnung gerufen hat – die seine war ihm stets am nächsten –, bestimmte noch einmal autoritär die Sitzordnung. Jetzt geht er in Pension. Prammer, seine Nachfolgerin, will neue pädagogische Methoden ausprobieren in dieser schwierigen Klasse, vielleicht den Sesselkreis?

Licht im Kanzleramt

Gerade nach Österreich zurückgekehrt, erkennt man: Bayern ist anders. Dort ist es sogar möglich, vom Münchener Hauptbahnhof wegzufliegen. Das behauptet zumindest Edmund Stoiber. Gemeint ist zwar nur die europäische Normalität, mit dem Zug zum Flughafen fahren und das Gepäck mitnehmen zu können, doch das tut de facto nichts zur Sache. Stoiber ist ein Cicero unserer Tage, der auch immer wieder gern in »seinen Garten schaut« und überlegt, dort ein »Blümelein hinzurichten«. Er denkt dabei aber an das dekorativ gemeinte *herrichten*. Unsere Nachbarn haben sich an die rhetorischen Highlights gewöhnt und betrachten sie weniger als politisches, denn als folkloristisches Ereignis. Dem Erfolg der CSU tut dies aber keinen Abbruch. Aus der Ferne scheint es, als könne der CSU-Vorsitzende, wie ein Stammesfürst, im Amt bleiben nach eigenem Gutdünken.

Wolfgang Schüssel war einst Wahlhelfer Stoibers, wobei noch unklar ist, worin die Hilfe hätte bestehen sollen. In jedem Fall dürfte er sich zu lange in der Nähe des CSU-Granden aufgehalten haben. Denn seit dem 1. Oktober ist der Kontakt von ihm zur Außenwelt abgerissen und nur gelegentlich dringen undeutliche

Signale aus der ÖVP-Zentrale in die Wirklichkeit. Dem bayrischen Vorbild gemäß werden etwa demokratische Selbstverständlichkeiten wie Untersuchungsausschüsse als Majestätsbeleidigung verurteilt. Im engeren ÖVP-Kreis wird noch überlegt, wer Schüssel das Wahlergebnis mitteilen soll. Immer öfter berichten einsame Wanderer, dass spätnachts im Kanzleramt noch Licht brenne und leise eine Art Mantra zu vernehmen sei, wie »Einfach der Bessere!«. Traurig.

Teil 2

Aus der Fremde

New York

Zum ersten Mal in New York und doch schon einmal da
gewesen. Keine neuen Bilder, nur Wiedererkennen,
Wiedersehen. Die Erinnerung an unzählige Filme von
Woody Allen, er war zuerst da und ich in seinen Bildern
nur zu Gast. Sein New York wurde so zu »meinem«.
Und wenn New York nun überall ist und jedes Bild in
meinem Kopf nur »nachgesehen«? Das Copyright bei
irgendwem, eine Bildergalerie von fremden Fotografen,
von mir eigentlich nur downgeloadet ohne Wissen.
Meine Erinnerung eine Fälschung, doch für ein Original
gehalten. Wie frei sind Menschen, die Bilder anderer
für die eigenen halten, und warum geht es so leicht, dass
man sich fremd wird im eigenen Kopf?

fremd

ein Stück von Alfred Dorfer

Mit Ausnahme der Rolle »Paal«
werden alle Rollen von Dorfer gespielt.
Günther Paal (Bass und Saxophon) bildet mit
Peter Herrmann (Gitarre und Mandoline)
und Lothar Scherpe (Piano und Schlagzeug)
das Musiktrio.

1. Akt

Licht an, die Band spielt das Eröffnungsthema. Dorfer betritt
die Bühne, die mit Ausnahme eines Leuchtkastens schwarz
ausgehängt ist.

DORFER   Das Wichtigste am Humor ist: Er muss spontan
sein.

Künstlicher Lacher.

Nur so ist eine befreiende Wirkung möglich, dieses
explosive Heraustreten der Seele aus der Gefangenschaft
des Stoffwechsels. Weil Sie wissen: Wenn man lacht,
fürchtet man sich nicht, und wer sich nicht fürchtet,
glaubt nicht alles …

Künstlicher Lacher.

Ins Publikum: Lassen Sie sich durch diese Lacher nicht
beeinflussen, das sind nur Vorschläge. Sie können
natürlich lachen, wann Sie wollen. Das ist nur zu Ihrer
Sicherheit. Es gibt ja Publikümmer, quasi Kollegen
von Ihnen, die diesbezüglich nicht ganz trittsicher
sind, da hilft das. Es ist nur zu Ihrem Schutz, wie beim
Terrorismus, ein bisschen weniger Freiheit, dafür mehr
Sicherheit. Auch ich muss nicht immer lachen, wenn
diese künstlichen Lacher kommen. Oft fragt man mich
ja: »Herr Dorfer, worüber lachen Sie denn eigentlich
noch?« Das ist so, wie wenn man einen McDonald's-
Mitarbeiter fragt: »Was finden Sie eigentlich noch
unappetitlich?« Aber wir brauchen anscheinend immer

irgendwelche Sicherheiten, die uns durchs Leben führen, wie in der Wiener U-Bahn. Die würde auch von ganz allein fahren, dennoch sitzt immer vorne einer drinnen, völlig sinnlos, damit sich die Passagiere sicherer fühlen, weil der dann in Notsituationen vielleicht ausweichen könnte.

Wir brauchen offensichtlich diese Richtschnüre, die uns wie ein Lebens-GPS im Leben überall hinführen …

PAAL *unterbricht ihn.* Überallhin würde einen ein Lebens-GPS nicht führen, weil das ja regelmäßig funktionieren muss, und bei einer Regel ist es ja so, dass sie nur dann eine ist oder zumindest als solche gilt, wenn sie eine Ausnahme hat. Wenn es nur irgendwie ist, so, dass man sagt, ja schon, aber es ist halt nur grad einmal so, wie es hergeht, und man weiß es nicht, dann ist es ja noch keine Regel. Eine Regel gehört ja bestätigt, kann aber nicht durch den Regelfall bestätigt werden, weil das ist ja redundant, also muss eine Regel bestätigt werden durch etwas, was außerhalb der Regel liegt, und das ist eben die berühmte Ausnahme. Was jetzt interessanterweise, wenn man das als Regel für Regeln nimmt, heißt, dass es eine Regel geben müsste, die selbst keine Ausnahme hat, und das wäre – in einer allerdings abenteuerlichen Überdehnung von Logik – das Theorem der prinzipiellen Falsifizierbarkeit, was besagt, dass Aussagen nur dann sinnvoll sind, wenn sie wenigstens einen Fall anbieten, an dem sie widerlegbar sind. Und das wäre auf sich selbst angewendet das, was sich auf- und aushebt, somit das Ganze aber auch wieder nicht bestätigt. Das ist aber jetzt ein anderes Thema. Lebens-GPS würde einem nicht helfen bei der Selbstfindung, weil man da ja nicht weiß, wer sucht.

DORFER   Jetzt gerade eingefallen?

PAAL   Ja, quasi noch hirnwarm, ab Hof.

DORFER   Ja, meine Damen und Herren, keine Massenwitzhaltung hier bei uns, ganz spontan. Man soll sich aber nicht täuschen lassen, auch Improvisation kann eingelernt sein, glauben Sie, wir machen das jeden Abend?

Künstlicher Lacher.

Irgendwann werden wir uns also von diesen künstlichen Lachern befreien, und deshalb wünsche ich mir hier ein aktives, ein kreatives Publikum.

Dorfer geht zur akustischen Gitarre, man intoniert das »Irische Thema«.

Meine Damen und Herren, schreiben Sie uns zu dieser Melodie einen Text.
Finden Sie sich zu kleinen Kreativgrüppchen zusammen und schicken Sie mir eine SMS. Dann wird ein Hauch von Freiheit durch diesen Raum wehen, so wie damals 1989, beim Fall der Berliner Mauer, eine Befreiung, aber war Freiheit die Folge? Heute arbeiten über 50 000 Deutsche in Österreich. In Ordnung, wer soll sonst die Jobs machen, die die türkischen Mitbürger bei uns nicht mehr machen wollen. Die deutsche Wiedervereinigung findet quasi in Österreich statt. Ostdeutsche Gastarbeiter bedienen auf österreichischen Schihütten westdeutsche Urlauber, mehr geht nicht! Wissen Sie, wo Angela Merkel war, als die Mauer fiel? In der Sauna!

Stell ich mir toll vor: Draußen tobt die Geschichte, die Mauern fallen, herinnen sitzt Angela, macht den zweiten Aufguss und überlegt, wenn sie jetzt zwei Kilo abnähme, ob das nun brutto oder netto wäre. Die Frage bei Angela und überhaupt ist: Was bleibt von einem Menschen? Was er getan hat oder was er nicht getan hat? Reicht eine Biographie aus, nämlich die, die man lebt? In meinem Fall das da, auf dieser Bühne! Das kam so: Ich bin als Kind oft stundenlang auf dem Klo gesessen und hab gelesen. Von oben die Musik der Nachbarin, immer dieselbe Stelle.

Man hört vom Band die »Casta-diva-Arie«, gesungen von der Callas.

Ihr Mann ist im Krieg geblieben, böse Zungen behaupten, dort hätte es ihm besser gefallen. Plötzlich steigt Winnetou aus seinem Buch und sagt, er hätte es satt, sich immer für Old Shatterhand opfern zu müssen. Ich sage: »Dann lass es!« Und Old Shatterhand stirbt, und Winnetou endet in einem Apachenreservat an Leberzirrhose. Der Wolf aus Rotkäppchen steigt aus seinem Buch und ist erbost, weil er immer nur ältere Frauen fressen darf, und will in ein anderes Märchen wechseln, zum Beispiel zu den »Sieben Geißlein«. Aber da ist bereits ein polnischer Gastwolf, der billiger ist. Und plötzlich dachte ich mir, wenn man Romanfiguren aus ihren Geschichten befreien kann, dann geht es vermutlich auch mit Menschen. Menschen aus ihren Geschichten befreien! Aber nicht wie in der Psycho-therapie, wo man von seinen Problemen erzählt und dafür bezahlen muss, sondern so wie hier: Ich erzähle

von meinen Problemen, und Sie bezahlen! Also Kunst.
Kurz fliegen, wie einst Ikarus …

*Der »Odysseus-Chor« ertönt. Lichtwechsel. Der Hintergrund
wird bläulich.*

… jeder spricht nur von davon, dass er geendet hat als
rote Spachtelmasse auf einer Klippe. Niemand wäre
so vertrottelt, eine Fluglinie nach ihm zu benennen, aber
keiner redet über die kurze Zeit, wo er geflogen ist,
höher als die Vögel.

Kurze Pause.

Die Frage ist ja, ob man Geschichten überhaupt nur
von hinten nach vorne begreifen kann, zum Beispiel die
Geschichte des Odysseus. Wir beginnen mit seiner
Heimreise, überschaubare 20 Jahre, da kann man sich
ausführlich überlegen, was man alles zu Hause machen
könnte. Zum Beispiel unterrichten, das war lustiger,
als es heute klingt. Im alten Griechenland war man
nämlich der Ansicht, dass sich die Weisheit übers
Sperma überträgt. Das hieß: immer zu Semesterschluss
Geschlechtsverkehr Lehrer-Schüler. Oralverkehr, also
mündliche Überlieferung, klar, sonst wäre die ganze
Weisheit ja im Arsch gewesen. Wie viel Weisheit da oft
in der Pubertät verloren geht! Und wenn man alle
gebrauchten Präservative zusammentragen würde, ginge
sich dann in Österreich vielleicht schon eine Elite-
universität aus? Aber weiter rückwärts in der Geschichte
des Odysseus. Sein großer Augenblick, die Sache mit
dem Pferd, war nicht so erfolgreich. Es sind ja einige
Trojaner entkommen, Äneas und so, die dann nach

Italien geflohen sind und unsere Kultur gegründet haben. Das heißt: Wir sind die Nachkommen dieser Idioten, die das Trojanische Pferd reingelassen haben, das sollten wir nie vergessen! Wenn aber keiner entkommen wäre, hätte es kein Rom gegeben, kein Latein, keine Spaghetti, und die Germanen wären viel früher in Italien eingefallen, und die Sterne hießen heute nicht »Saturn« oder »Jupiter«, sondern »Hans-Dieter« und »Jochen«. Und in jeder europäischen Hauptstadt gäbe es jetzt einen »kleinen Deutschen« am Eck, ganz Europa würde deutschen Kaffee trinken und wäre von einer unerklärlichen Müdigkeit befallen. Weiter rückwärts in der Odyssee. Ganz am Anfang das entscheidende Treffen von Odysseus mit einem Medienmann.

HOMER   Ey, Odysseus, ich bin Homer und berichte exklusiv darüber, es geht natürlich nicht um eine Frau, das ist die Erklärung für die Leser. In Wirklichkeit geht es um Folgendes: Troja ist reich, liegt an einem Handelsknotenpunkt: Olivenöl, Holz für unsre Schiffe, Gewürze, Diamanten, Seide. Wir machen eine Super-story draus, du verlierst alle Gefährten, steuerst dein Schiff allein zurück. Das geht nicht? Wurscht, weiß ja keiner. Wir behaupten, die Trojaner sind Terroristen, da fällt uns schon was ein, es sind Terroristen, die in unsere Orakel pissen. Am besten ist, wir bringen gleich am Anfang alle um, dann ersparen wir uns den Krieg nachher, eigentlich ein ziemlich pazifistischer Plan.

Blackout.

Die Musiker spielen das »Umkehrthema«.

DORFER   Super, könnt ihr das jetzt in umgekehrter
Reihenfolge spielen?

*Die Musiker blicken einander an, als ob Dorfer verrückt sei,
und spielen das Thema invers.*

Die Frage ist ja, ob umgekehrte Chronologie immer
sinnvoll ist, zum Beispiel Bananen in den Mund,
schlucken und dann erst abschälen …

PAAL   Ob es sinnvoll ist, darüber kann man nachdenken,
wenn man sehr viel Zeit hat, auf jeden Fall braucht man
dazu sehr geschickte Darmzotten. Man kann aber dem
Schicksal ins Handwerk greifen. Wenn ich mit einem
eingegipsten Fuß Schi fahren geh, dann ist es eher
wahrscheinlich, dass ich mir etwas breche. Und zwar
knapp darüber, wo der Gips aufhört, so ein Schischuh-
randbruch ohne Schischuh.
Das heißt, ich kann, obwohl ich mir gar nix brechen
müsste, durch den vorauseilenden Gips sogar sicher-
stellen, wo ich mir was breche. Ich kann aber den Gips
höher machen, über die Stelle, wo der Fuß brechen
würde, und die Stelle, wo der Gips dann aufhört, auch
eingipsen. Und wenn ich das konsequent mach und mich
bis unters Kinn eingipse, dann brauch ich nicht einmal
Schi fahren gehen, damit ich mir was breche, da komm
ich nicht einmal durchs Stiegenhaus ohne Trümmer-
fraktur. Da hab ich dann den Ursache-Wirkungspfeil
umgedreht und brauch nicht einmal an den Ort, wo das
Ereignis ohne mein Eingreifen nicht stattfinden müsste.
Bruch wegen Gips ohne Schi fahren. So kann man dem
Schicksal ins Handwerk greifen! Wenn man also lang
genug im Kreis geht, sieht man den Anfang von hinten.

DORFER Oder den Schluss von vorne.

Blackout.

Man intoniert das »Schlussthema« mit Schlusschor, Applaus vom Band, Dorfer und die Musiker verbeugen sich.

Danke, meine Damen und Herren fürs Kommen. Zum Schluss noch ein kleiner Tipp! Passen Sie auf sich auf, wir Österreicher und Deutsche sind ja am Verschwinden. Jährlich werden es um 20 000 Österreicher oder 200 000 Deutsche weniger, also Städte wie etwa Leoben oder Mönchengladbach. Jetzt werden einige sagen: Gut so, wer braucht Leoben oder Mönchengladbach? Aber so einfach können wir es uns nicht machen. Was wird dann mit den Geisterstädten passieren? Werden die dann besiedelt mit Chinesen und Indern? Und sind wir, die übrig gebliebenen Europäer, dann die Pandas? Sie wissen, das sind diese Bären, die nur mehr fressen und sich nicht mehr vermehren. Und wären wir dann untergebracht in den Deutschen- und Österreicherhäusern im Zoo? Und am Sonntag ziehen die Chinesen an unseren Käfigen vorbei. Darunter auch alte Bekannte: »Hey, kennst du mich noch, Restaurant Wong, haste immer gegessen Menü Nummer 64, Gungbaohühnerfleische mit Reise. Mach schon, damit du nicht ausstirbst!« Aber einen Vorteil hätte die Besiedelung der Geisterstädte mit Chinesen: Aufgrund ihres Speiseplans wären wir endlich die Hundescheißeplage auf den Gehsteigen los!

PAAL Das hätte sogar noch einen Vorteil, die Salzstreuung im Winter wäre positiver besetzt, das ist

nämlich eine alte chinesische Kochtechnik, so eine Art
Lebendpökelung für Hunde …

DORFER   Danke, meine Damen und Herren, kommen Sie
gut nach Hause.

Blackout.

Das war ja alles bisher recht verwirrend, keine klare
Chronologie, verkehrte Geschichten, vorgezogene
Schlüsse, aber so ist es bei der Kreativität, alles ist möglich.
Wir könnten uns auch unsere Nasenhaare zu Dreadlocks
flechten, aber es kennt sich keiner dabei aus. Und wenn
ich mich als Kind nicht ausgekannt habe, bin ich oft
stundenlang am Klo gesessen und habe nachgedacht.

Es ertönt die Callas-Arie.

Reicht eine Biographie aus, um alles zu verstehen?
Und weil ich mit mir nicht immer einig war und mir oft
widersprochen habe, hat sich eine Diskussion ergeben.
Und irgendwann einmal bin ich zu viert am Klo
gesessen, und in einem von mir vier war diese Sehnsucht,
alles mit dem Verstand begreifen zu können. Der alte
Aufklärertraum, das Licht in der Nacht, und rund um
den Lichtstrahl ist es finster. Und der würde seine
Bibliothek streng nach dem Alphabet ordnen, was
manchmal schwierig ist, weil dann Autoren nebeneinander stehen müssen, die sich nicht vertragen: Marx
und Mussolini, Hitler und Handke. Und da könnte der
künstlerische Teil von mir mit meinem Verstandesteil
stundenlang diskutieren über den Turmbau zu Babel
zum Beispiel, und ich würde ihm sagen: »Schau doch,
diese herrlichen Farben, rote Ziegel über tausende

Quadratmeter, der Schweiß der Arbeiter, die schwindel-
erregende Höhe des Turms, der die Wolken teilt, die
vielen Menschen, die daran arbeiten, das Sprachen-
gewirr in nur einer Sprache, Musik, um die Arbeiter bei
Stimmung zu halten, diese Aufbruchstimmung!«

PAAL   Man soll es nicht übertreiben, der Turmbau zu
Babel ist nur ein Gleichnis!

DORFER   Aha! Wofür?

PAAL   Das ist ein Gleichnis dafür, dass Sprachverwirrung
nur dann entsteht, wenn überhaupt gesprochen wird.
Wenn man nichts sagt, gibt es auch kein Missverständnis!

DORFER   Aha, und weil wir gerade reden: die Seelenwanderung: Es werden ja immer mehr Menschen auf der
Welt, wo kommen diese vielen neuen Seelen her?

PAAL   Die sind ja nicht neu, die waren schon einmal da,
man weiß halt nur nicht, als was. Es ist ja auch nicht
gesagt, als was man wieder auf die Welt kommt; man
kann ja als Sequoiabaum wiedergeboren werden, da hat
man halt eine lange Runde, oder als Eintagsfliege, da ist
man geschwind durch, und denkt sich: Na, da bin ich
gespannt, was als Nächstes kommt. Es werden ja jeden
Sommer Gelsen erschlagen, aber nur von Menschen,
eine Kuh erschlägt keine Gelse, die wackelt zweimal
mit dem Schwanz, und die Gelse fliegt weg, und die
Geschichte hat sich. Und es werden jetzt immer mehr
Menschen, die Gelsen erschlagen, das heißt, es entsteht
ein positiver Regelkreis, und der Seelennachschub für
die Menschen wird aus dem vom Menschen zunehmend
verursachten Artensterben genährt.

DORFER   Das heißt, die Inder, die da jetzt nachwachsen,
sind alle Gelsen?

PAAL   Na ja, also wenn die so fleißig sind, wie wir uns
davor fürchten, dann waren sie einmal Bienen.

DORFER   Die Seelenwanderung findet ja in der Zeit statt,
wenn man einen Zecken gegen den Uhrzeigersinn
herausdreht, kann man dann in die Vergangenheit reisen?

PAAL   Nein, das geht nicht, weil es da gar keinen Uhrzeigersinn gibt. Wenn der Zeck in meine Haut
eingedrungen ist, und ich dreh den Zecken jetzt gegen
den Uhrzeigersinn heraus, dann schau ich dem Zecken
ja auf den Arsch, aber nur mit den Augen. Der über-
wiegende Teil meiner Anatomie schaut dem Zecken
in dem Moment ja ins Gesicht. Und von der Seite aus
gesehen ist das genau der Uhrzeigersinn.

DORFER   Noch eine Frage, die uns alle bewegt: Warum
sind Gurken so schwer verdaulich, obwohl doch der
Raum auch gekrümmt ist?

PAAL   Das hat mit Physik zu tun; die Raumkrümmung
wird erst bei sehr massereichen Objekten überhaupt
bemerkbar. Und Gurken haben kaum Kalorien, das
heißt, wenn man eine Gurke isst, nimmt man praktisch
nix zu, man gewinnt also nicht genügend Masse, dass
man da halbwegs eine Raumkrümmung auf die Hufe
bekommen könnte. Somit liegt die krumme Gurke auf
dem nach wie vor geraden Raum.

DORFER   Und im Alter wäre dann diese gedachte Biographie ein Schrebergartenbesitzer, die Äste meiner Bäume
gingen rechtwinkelig vom Stamm, die Kirschen wären
alle gleich rot, und ihre Kerne fliegen beim Spucken
gleich weit. Ich weiß zwar nicht, was im Nachbargarten
ist, aber ich kann es mir vorstellen. Das Problem ist nur:
Wenn man sich zu viel vorstellt, sieht man nichts mehr.

Und ich könnte mit mir dann lange Winterspaziergänge machen. Der Himmel ist aus Blech, leichter Schneefall.

Wintermusik. Dorfer spielt nun einen Dialog mit seinem ALTEN EGO.

DORFER   Galilei hat also zum Papst gesagt, die Erde dreht sich um die Sonne, und der Mars …

ALTES EGO   Drauf hat der Papst gesagt: Der Mars is mir wurscht, dort bin ich nicht Papst.

DORFER   Vielleicht hat sich Galilei verrechnet?

ALTES EGO   Da hat sich eher der Papst verglaubt. Gehen wir wieder zurück, die Sonne geht langsam unter.

Sie drehen sich um und gehen langsam vom Publikum weg. Der Hintergrund wird rot.

ALTES EGO   Wichtig ist: Ich denke, also bin ich.

DORFER   Das heißt, es gibt die Erdbeeren nur, weil sich die was denken? Und stimmt das, was Plato sagt, dass wir nichts genau erkennen können, nur die Schatten der Wirklichkeit an der Höhlenwand?

ALTES EGO   Na ja, das ist ein wenig übertrieben …

Sie bleiben stehen, es erscheint ganz leicht der Schatten der beiden auf dem Leuchtkasten.

DORFER   Und dann zurückkehren in die Schrebergartenhütte. Dort steht ein Christbaum, wo die unbeantworteten Fragen draufgehängt werden, und wenn sie beantwortet sind, werden sie zu einem Sternspucker. Wohin gehört: »Wenn Gott allmächtig ist, ist er dann so schnell, dass er mit sich selbst Tischtennis spielen kann, aber wer macht dann den ersten Punkt?«

ALTES EGO   Ganz unten hinten …!

DORFER   Wenn drei Menschen in einem Raum sind, und vier davon gehen raus, muss dann einer wieder rein, damit dieser Raum leer ist?

ALTES EGO   Wenn es ein Kreißsaal ist, nicht!

DORFER   Noch eine Frage: Warst du eigentlich nie verliebt?

ALTES EGO   Wie soll das gehen, wenn ich alles verstehen will?

Das Licht dimmt unmerklich.

Man intoniert das »Irische Thema«.

DORFER *ins Publikum*   Nicht auf den Text vergessen! Waren Sie abgelenkt? Bin also als Kind stundenlang am Klo gesessen.

Es ertönt die Callas-Arie.

Meine Mutter war besorgt und hat angenommen, ich hätte ein Darmleiden. Musste dann auch bald zum Schularzt, der hat mich gefragt, was ich so lange am Klo mache, und ich hab geantwortet: »Diskutieren!« Wurde dann rasch zum Schulpsychologen geschickt. Der hat gemeint, er findet das total verhaltenskreativ, weil er selbst zwei, drei Stimmen hört. Und ob wir uns nicht einmal treffen könnten auf ein Stimmen-meeting. Ich habe aber abgelehnt, weil das Klo für alle Stimmen doch zu klein gewesen wäre. Aber da war mir klar, dass die dritte meiner gedachten Biographien am Klo so etwas sein sollte, so eine Art Betreuer, Pädagoge, Psychologe, so ein …

PAAL   Zwischenmensch …

DORFER   Zwischenmensch, sehr gut! Mir gefällt diese
bekannte Grundhaltung: »Wissen Sie, wo der Bahnhof
ist?« – »Nein, aber wir können gerne drüber reden!«

PAAL   Verständnis statt verstehen.

DORFER   Der würde sagen: »Also für mich ist der
Turmbau zu Babel eher ein Bild für die Sprachverwirrung, und Sprachverwirrung entsteht immer dann,
wenn zu wenig geredet wird.« Und mein gedachtes
Leben wäre dann ein ewiges Sommerferienlager, die
Wirklichkeit wäre auf Urlaub, und ich würde auf ihre
kleinen Probleme aufpassen.

Man hört das »Sommerferienlagerthema«.

Und auf der Suche nach dem Du begegnet man sich
oft selbst, und plötzlich ist da eine Zwischenmenschin,
mitten im Ferienlager, zu der würde ich sagen:

Dorfer wechselt nun in die Rolle des ZWISCHENMENSCHEN.

ZWISCHENMENSCH   Verbringen wir mein Leben miteinander, lass mich für uns eine Meinung bilden, ich bin
ohne dich wie ein Wochenendhaus zu Wochenanfang.
Schlaf mit mir in meiner Abenddämmerung in den
Wanderdünen in Holland, am nächsten Tag wachen
wir vielleicht schon in Norwegen auf. Mach mit mir
einen kleinen Zwischenmenschen! Mein Sohn und dein
Karriereknick. Und wir werden ihn gewaltfrei, nicht
behindernd erziehen. Ich werde ihm sagen: »Wenn du
dein Zimmer nicht aufräumst, vermache ich mein Geld
der Christoffel-Blindenmission in Afrika.« Und wenn er
dann sein Zimmer doch aufräumt, sage ich: »Was, du

willst nicht, dass die blinden Neger wieder sehen, was
haben wir da großgezogen?« Ich werde ein Verhältnis
beginnen mit einer Patientin, aber du wirst Verständnis
dafür haben, weil ich dir geistig immer treu war. Vielleicht lassen wir uns dann scheiden, aber wir bleiben
Freunde, wir feiern sogar jährlich unseren Scheidungs-
tag in der Patchworkgroßfamilie, und den vergessen wir
dann lustigerweise nicht.

Aber vielleicht lassen wir uns gar nicht scheiden und
werden gemeinsam alt, also ich zuerst natürlich, und
sitzen dann in der Abenddämmerung am Meer und sind
immer ein bisschen traurig, wenn wir hören, dass ein
junger Mensch umgekommen ist, weil wer soll unsere
Pensionen zahlen, die sie uns nachschicken hierher in
den Süden? Und ganz später bekommen wir dann beide
vielleicht Alzheimer und lernen uns dadurch täglich neu
kennen. Plötzlich ist es Herbst im Sommerferienlager …

Sommerferienlagerthema aus. Dorfer spricht ins Publikum.

Ich glaube, da war jetzt für jeden von uns etwas dabei.
Und wenn ich »uns« sage, meine ich dieses Pronomen
wahnsinnig ernst. Und Sie haben es gemerkt, meine
Damen und Herren, wie wichtig mir hier die Gruppe ist.
Ist das nicht ungerecht, der Künstler hat hier auf der
Bühne die ungeteilte Aufmerksamkeit. Jeder bringt ihm
Emotionen entgegen, aber wer kümmert sich um Sie?
Um diese vielen Einzelschicksale, die im Dunkeln
bleiben? An guten Tagen kann ich jeden Einzelnen, jede
Einzelne von Ihnen spüren, mit ihren Problemen. Da,
in der zweiten Reihe, spüre ich eine kleine Beziehungs-
krise, aber die vergeht, also die Krise! In der vierten

Reihe spüre ich ein kleines Alkoholproblem. Bis nach hinten spüre ich nicht, das wäre Scharlatanerie, es gibt einen gewissen Spürradius. Atmen wir vielleicht jetzt einmal gemeinsam, in diesen Raum hinein, vielleicht im Dreivierteltakt. Und ich möchte nun, dass Sie ihre persönlichen Phantasien entwickeln, ich möchte Ihnen dafür auf dieser Bühne einen Freiraum geben.

Italienische Musik erklingt.

Vielleicht eine kleine Hilfe: Sonnenuntergang am Meer, leichter Wind, der Sand ist noch warm, das Licht ist schon ganz weich … leises Meeresrauschen …

Beginnt zu singen.

Un tramonto al mare e gli ultimi raggi del sole. Il vento carezza la tua faccia bella. E i capelli tuoi come una bandiera.

Er tritt wieder ins Licht.

Ja, jetzt kann ich Ihre Gefühle hören. »So eine leere Bühne ist aber nicht besonders politisch!« – »Finde ich nicht, gerade so eine leere Bühne sagt viel aus, Demokratie, Aufklärung und Werte und so …« – »Werde ich meine Miete zahlen können?« – »Die Musik ist aber sehr schön, das erinnert mich an den Giorgio, Rimini 1994, das Arschloch!«

Er wechselt wieder in die Rolle Dorfer.

Dorfer   Ich glaube, Sie haben gesehen, was passiert, wenn Sie selbstständig denken. Also mir gefällt die Rolle des Zwischenmenschen …

Peter Herrmann spielt ein wildes, tolles Gitarren-Riff. Die andern beiden (Günther Paal und Lothar Scherpe) schauen nicht begeistert. Dorfer schlüpft nun wieder in die Rolle des Zwischenmenschen.

ZWISCHENMENSCH   Komm, Peter, du weißt genau, dass der Günther das nicht mag, wenn du so laut Gitarre spielst, nimm dir ein Beispiel am Lothar, wie ruhig der dasitzt. Komm, Günther, sag dem Peter, was du dabei empfindest …

PAAL   Mir geht das am Arsch, wenn du so laut spielst.

ZWISCHENMENSCH   Nein, du musst ihm eine klare Botschaft geben, du musst ihm sagen, dass es dich verletzt.

PAAL   Es geht mir furchtbar auf den Arsch, wenn du so einen Krawall machst!

Peter Herrmann spielt erneut sehr laut auf seiner Gitarre.

ZWISCHENMENSCH *zum Publikum*   Bitte ihn zu ignorieren, meine Damen und Herren, er muss merken, dass wir ihm Grenzen setzen, und er wird auch aufhören …

Peter Herrmann hört aber nicht auf. Der Zwischenmensch zieht das Gitarrenkabel aus dem Verstärker, die Musik verstummt.

DORFER   So weit der pädagogische Teil des Abends. Ja, wir sind ja alle auch irgendwie Zwischenmenschen, wir haben auch alle natürlich irgendwie Verstand, und wir alle wollen auch irgendwie kreativ sein, aber wir alle wollen auch etwas haben, etwas besitzen, und so war die vierte, die letzte Sehnsucht am Klo …

Die Callas-Arie ertönt.

… so eine Art Ich-AG, ein Mann der Wirtschaft, und der würde über den Turmbau zu Babel sagen:

Dorfer verwandelt sich in die Ich-AG.

Ich-AG   Das Wichtigste am Turmbau zu Babel sind die Fragen: Wie bauen wir ihn wieder auf und können dabei die Lohnkosten niedrig halten? Wie viele Schwarzarbeiter brauche ich? Wen muss ich bestechen? Und diese Letzte ist ja die männlichste von allen vier Sehnsüchten. Sind wir uns ehrlich, wir Männer wissen nichts, das aber besser. Wir haben keine Ahnung, aber genau das können wir erklären. »Papa, es ist schon dunkel, du hast gesagt, in drei Stunden sind wir am Gipfel!« – »Ja, drei Stunden reine Gehzeit hab ich gemeint! Aber die Erde dreht sich ja von uns weg, das müssen wir noch nachgehen!« Nicht die Wirklichkeit ist interessant, sondern ihre Interpretation. Früher, als die Frauen das Sagen hatten, war die Sachlage klar: Ackerbau, die Erdäpfeln wachsen oder wachsen nicht, da gibt es keine Diskussion. Die kopernikanische Wende im Denken des Patriarchats aber war: Die Erdäpfeln wachsen heuer zwar nicht, aber wir machen einen Erfolg draus! Nicht mehr das Erreichte zählt, sondern das Erzählte reicht! Man hat zum Beispiel festgestellt, dass das Gripperisiko sinkt, wenn man sich viel an der frischen Luft aufhält. Sollten wir nicht unter diesem Aspekt die Obdachlosenfrage nochmals überdenken? Oder ein kleiner Hinweis für die Ökofritzis hier im Publikum: Was da immer gejammert wird über Erderwärmung und Hochwasser, niemand denkt an die Kehrseite: Bei Hochwasser haben die Fische endlich mehr Platz! Oder: Wir leisten uns hier vom wirtschaftlichen Standpunkt aus den Luxus des Frauenwahlrechts. Ist ja o. k., aber schauen wir doch einmal in die Schweiz oder nach Liechtenstein: Wie kurz die erst das Frauenwahlrecht haben, und wo die wirtschaftlich stehen! Jetzt werden einige im Publikum sagen: Was ist das für ein Arschloch auf der Bühne, und ich sage: Richtig! Arschloch ja, aber liberal! Ein nach allen Seiten offenes Arschloch, ein anatomisches Wunder, ein Mann der Wirtschaft. Und nur, damit wir uns nicht missverstehen, ich habe überhaupt nichts dagegen, dass Frauen wählen gehen, weil es aus meiner Sicht gesehen völlig egal ist, wer was wann wo wählt, das ist doch nur Demokratiefolklore. Ich erkläre es kurz: Das Schlimme an der Diktatur ist das Verbot, das ist plump, wir machen das eleganter. In Almería, Spanien, züchten wir die Paradeiser für die EU, auf einer Nähr-stofflösung, also: Sondermüll. Wenn dann die völlig gleichen Paradeiser reif sind, kommen sie in vier unter-schiedliche Kartons. Teuer, billiger, ganz billig, und der letzte Karton ist ganz teuer für die Dämlichen, da steht dann drauf »Bio«. Also, Sie sehen, die Unfreiheit entsteht nicht durchs Verbot, sondern durchs Angebot, und deswegen ist für mich die Demokratie so wichtig, weil sich nur dort die Sache mit den Paradeisern ausgeht. Und nur deswegen gibt es die Demokratie. Jetzt werden einige aufstehen und schreien: »Revolution!« Das ist großartig, weil eine gute Revolution braucht nur zwei Dinge: einen, der bezahlt, und einen Idioten, der vorne steht. Einen Ideologiekasperl, die haben meistens ein kurzes Leben, und dann verkaufen wir T-Shirts mit ihrem Gesicht drauf! Ché! Und dann wird man merken, dass Ideologie nichts anderes ist als eine Sonderform von Geschäft. Wollte jetzt die Stimmung nicht kaputt machen, weil Stimmung ist wichtig für die Wirtschaft! Noch ein kleiner Tipp: Wer wirtschaftlich richtig interpretiert, dem gehört die ganze Welt:

Das Thema »Aufbruch« ertönt.

Aufbruch der Mayflower, herrlicher Spätsommertag in England, also scheißkalt, Regen, Wind. Die Luft erfüllt mit dem Geruch von Fish and Chips, deswegen sind ja viele ausgewandert. Das erklärt den weltweiten Erfolg der Engländer, die können ein Leben lang auskommen ohne das, was wir als Essen bezeichnen. An Bord der Mayflower religiöse Eiferer und andere Verbrecher. Puritaner, ganz streng: »Ich möchte, dass der Mast entfernt wird, wenn meine Frau an Bord kommt, der ist obszön!« Und der Auftrag der Mayflower hieß: Westerweiterung! Das heißt: hinfahren, alles ausrotten! Das funktioniert. Und die Angst der anderen ist der Wind in unseren Segeln …

Die Musik verstummt. Dorfer ist wieder die ursprüngliche Bühnenfigur.

DORFER   Und irgendwann musste ich mich dann für eine Biographie entscheiden. Der Wirtschaftsmann war vom Sympathiewert nicht so meins, beim Zwischenmensch war zu wenig Hirn, beim Verstand war es zu kalt, also hab ich mich dazu entschlossen, das hier zu machen, nämlich Witzeproduzent zu sein für jedermann. Toller Job, tolle Arbeitszeiten, zwei Stunden, von acht bis zehn, finito! Tolle Gagen, viel Tagesfreizeit, wenn ich zum Bäcker gehe, lass ich mich von zwei Asylanten hintragen, und wenn ich ganz viel Zeit habe, beantworte ich die Fragen von Journalisten: »Herr Dorfer, was fällt Ihnen ein zu Mozart?« Dann antworte ich: »Ja, da fällt mir was ein. Unlängst sitz ich zu Hause und höre Musik …

Dorfer und Paal singen aus der Zauberflöte: »Das klinget so herrlich …«

… plötzlich klopft es an meiner Tür, und draußen steht ein mir Unbekannter und sagt, er zahlt mir drei Goldstücke für drei Gags für das Begräbnis seiner Großmutter!

Sie singen die zweite Strophe der Mozart-Arie: »Nie hab ich so etwas gehört und gesehen …«

Ja, das mach ich untertags. Und dann wird es Zeit, die andern drei nicht gelebten Biographien aus der Vorstellung in die Wirklichkeit zu entlassen. Ich bringe sie zum Bahnhof.

Blackout.

Bahnhofsatmosphäre wird hörbar.

DORFER   Ich finde Bahnhöfe immer sehr romantisch, so nah am Leben: eilige Geschäftsleute und andere Junkies …

JUNKIE   »Hast du fünf Euro für mich zum Telefonieren?«

DORFER   »Wieso, ist der Dealer in Übersee?« Die Destinationen wecken Fernweh, Kassel, Paderborn, Attnang-Puchheim. Man stellt sich unwillkürlich

vor, wie es dort wäre in den Fußgängerzonen am
3. November. Das Schönste sind die H & M-Filialen:
für Kinder von Kindern. Reisende, weinende Paare,
die es in fünf Minuten nicht mehr sind, sich umarmende
Ankömmlinge.

*Dorfer wendet sich an sein ALTES EGO vor einem imagi-
nierten Zeitungskiosk.*

Komm, magst du vielleicht eine Reiselektüre?
ALTES EGO   So viele Zeitungen, schade um den Wald!
So viele Bilder, und keines ist von mir.
DORFER   Wieso, es gibt doch ein tolle Auswahl, *Kronen-
Zeitung, Bild*?
ALTES EGO   In Indien machen sie aus Elefantendung
Zeitungspapier und drucken drauf, hier ist das Papier in
Ordnung, aber … gemma!

Sie gehen weiter.

ICH-AG   Ich würde hier den ganzen Zug kaufen und
damit verderbliche Güter transportieren: Flüchtlinge!
Genau! Der Zug führt alle Asylanten durch Europa im
Kreis, und ich lasse mir das von der EU bezahlen. Ein
europäisches Problem weniger – dass auf diese Idee noch
keiner gekommen ist!
ZWISCHENMENSCH   Und ich könnte in diesem Zug sicher
auch nützlich sein … In einem Zug voller Flüchtlinge
wird schon wer dabei sein, der Verständnis braucht.
Und da die Flüchtlingsfamilien ja nie vollzählig sind,
könnte ich Familienaufstellungen machen … Oder ich
könnte für die Flüchtlinge im Speisewagen Kurse
machen in bewusster Ernährung und ihnen sagen, wie

schlecht Alkohol ist, besonders Wein, weil der den
Trauben weggenommen wird und …

DORFER   Und ich als Künstler könnte Liederabende
machen für die 1. Klasse-Flüchtlinge.

Es ertönt eine Art Tango.

Willkommen, meine lieben Flüchtlinge, zu einer kleinen
musikalischen Reise durch jene Länder, die Sie niemals
sehen werden.

*Dorfer und Paal singen nun ein Medley, bestehend aus
bekannten Schlagermelodien verschiedener europäischer
Länder wie »Buona sera signorina«, »Marseillaise«, »God
Save the Queen« etc. …
Nach Beendigung des Medleys zückt Dorfer einen Foto-
apparat, richtet ihn in Richtung Publikum.*

DORFER   Machen wir noch ein letztes Gruppenfoto, stellt
euch zusammen, damit jeder drauf ist.

Er macht ein Foto in Richtung Publikum.

Machen wir noch ein zweites, zur Sicherheit.

Er macht ein zweites Foto des Publikums.

Das geht mir ja am meisten auf den Socken beim Foto-
grafieren. Derselbe Mist noch mal: zur Sicherheit. Wenn
man also dasselbe Foto zweimal macht, wird's dann
sicherer?

PAAL   Mit Fotografie kenn ich mich nicht so aus, aber
mit Sprache hab ich gelegentlich zu tun, und da hab ich
die Beobachtung angestellt, dass es eine bijektive
Zuordnung von Begriff und dem damit benannten

Sachverhalt gibt. Also sicher heißt sicher und nicht »Es könnt schon so, also eher, dass man sagen könnt, aber bitte genau kann man das jetzt so auch wieder nicht, muss man halt schau'n, wie das noch wird«. Ist nicht sicher. Sicher ist sicher und somit eigentlich ja auch nicht steigerbar. Obwohl da dürfte sich eine semantische Tektonik ereignet haben, da ist mir jüngst etwas in der Zeitung untergekommen, was mich irritiert hat. Da stand: »Internetbanking wird sicherer.« Was soll das heißen?! Lenin wird toter? Der Arlbergtunnel ist durcher? Internetbanking wird sicherer; das heißt von drei Euro verschwinden jetzt nur mehr zwei, aber das ist wurscht?

DORFER   Medienmeldungen können aber auch beruhigen. Ich hab im Mittagsjournal gehört, dass im Iran 40 000 ausgebildete Selbstmordattentäter leben, also keine Pfuscher. Wenn sich der neben dir verteilt, ist das professionell gemacht.

PAAL Ich frage mich ja, wie die üben.

Ein Zugsignal ertönt.

DORFER   Los, einsteigen!

Er verabschiedet seine drei gedachten, imaginären Biographien und hilft ihnen beim Einsteigen in den Zug.

Schauen wir, was aus ihnen wird! Und aus mir. Wer bist du?

Der ERSTE BLICK sieht Dorfer an.

ERSTER BLICK   Ich bin dein Erster Blick auf alles.
DORFER   Und wer braucht dich noch? Schau: dieses Foto, was siehst du? Das schau ich mir so oft an, wie ich

112

will, ich kann festhalten, was ich will, solange der Speicher geht.

Sie gehen ein paar Schritte. Saxophon. Dorfer wirft eine Münze in einen imaginären Hut. Das Saxophon verstummt kurz, setzt wieder ein.

Du bist over! Warum glaubst du, wenn du das erste Mal in New York bist, du warst schon da. Warum weißt du, wie ein Mammut aussieht, ohne dass du es je gesehen haben kannst, warum? Weil es Höhlenmalerei gibt, MTV für Neandertalerkinder. Die sind jeden Tag vor demselben Mammut gesessen und haben jeden Tag geglaubt, es ist ein neues. Nur: Es gibt kein Mammut mehr, nur ein Bild davon. Und wenn es von allem ein Bild gibt, hat die Vorstellung Pause.

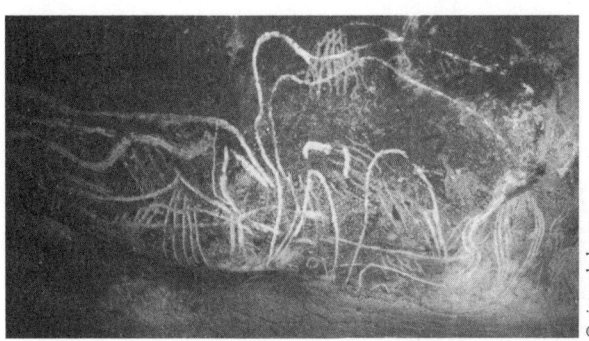

Dorfer verlässt die Bühne, die Musik verstummt.

Pause

2. Akt

Licht an, die Band spielt abermals das Eröffnungsthema des ersten Aktes. Dorfer betritt die Bühne.

DORFER   Was ist nun mit den drei gedachten Biographien geworden aus der ersten Hälfte, was ist aus dem Verstand geworden? »Ich denke, also bin ich«, wo hat sich der heutzutage versteckt? In der ersten Hälfte hatten Sie ja heute die Möglichkeit, sich von jeder Situation ein eigenes Bild zu machen, Sie durften lachen, wann Sie wollten, aber ist das nicht genau unser Problem?
Ich stehe unlängst im Museum vor diesem Bild …

… und denke mir, etwas ist seltsam.

Ich steh also vor diesem Bild und sehe, dass ich selbst drauf bin. Links von mir steht der König, als Bauherr des Turmbaus zu Babel, und ich als österreichischer Baumeister sage ihm: »Das wird nie einstürzen, sicher, keine Sorge!« Ist die Welt also nur das Bild, das ich mir von ihr mache und auf dem ich selbst drauf bin? Sie meinen, das wäre nur mein Problem?

·Und wenn ich mich irre, irrt sich dann die ganze Welt? Und wenn ich gerne Karfiol esse, isst doch sicher jeder gerne Karfiol. Und wenn einer meint, er mag keinen Karfiol, dann verdrängt er das doch nur. Und wenn man diesem Schwachsinn einen neuen Namen gibt – »Karfiolose« zum Beispiel – und dafür eine großartige PR macht, dann verstehen wir, warum man heute von Freud überhaupt noch spricht. Ist die Welt also nur ein Bild von mir? Wenn ich depressiv bin, ist dann dieser Christbaum …

... auch depressiv?

© Elmar Bertsch

Und Sie, sind Sie depressiv?

Deutet auf einen Zuschauer.

Wenn Sie als Nichtdepressiver und ich als Depressiver diesen Christbaum anschauen, für wen wird er sich entscheiden, für mich oder für Sie? Und wenn ich sterbe, verschwindet dann die Welt und Sie mit mir? Was passiert eigentlich, wenn jeder nur sein eigenes Bild sieht, wenn jeder nur seine Sprache spricht?

Der Beethoven-Reggae klingt leise an.

Willkommen, meine Damen und Herren, aber Sie kommen zu spät zu unserer Europaparty – österreichische Ratspräsidentschaft –, die ist leider vorbei!

Ein rauschenden Fest und die Gastgeber – sehr
souverän – die österreichische Bundesregierung, im
Namen unseres Bundeskanzlers, Wolfgang Schüssel,
Schüssel über Europa quasi. Blöd, dass Sie jetzt erst
kommen, die Party war super, tolle Stimmung! Die
deutschen Gäste waren begeistert von diesem Überfluss.
Konnten sich endlich einmal satt essen, es war ja alles
gratis. Wir Österreicher helfen benachbarten Schwellen-
ländern, wo wir können. Es gibt immer mehr deutsche
Studenten bei uns, die es an den deutschen Unis nicht
geschafft haben. Leider bringen die deutschen Kollegen
Unsitten mit, die sie im Neckermannurlaub gelernt
haben. Sie reservieren im Hörsaal ihre Plätze mit
Handtüchern wie die Liegestühle am Pool. Das hat
schon zu Ausschreitungen geführt zwischen österreichischen und deutschen Studenten bei diesem clash of
cultures oder aus deutscher Sicht: clash with culture.
Dort hinten standen die neuen Mitgliedsstaaten, Polen,
Tschechen, Lettauer, Estländer, wie auch immer die
heißen. Muss dann schauen, ob noch alle CDs da

sind, man weiß ja nie. Die Franzosen waren begeistert über die Stimmung, besser noch als bei ihnen in den Vorstädten, haben sie gemeint. Nein, wir haben das gut gemacht. Obwohl, sind wir uns ehrlich, wir sind bei dem Club ja nur dabei, damit man durch uns durchfahren kann. Zwei Schweizer waren da, die haben wir nicht reingelassen, warum auch, das hier ist Europa! Flieg nach Zürich in einer Stunde, bist du raus aus Europa, ohne Jetlag, oder? Super Stimmung. Moment, da ist wer zu spät.

Er öffnet eine imaginäre Tür. Davor stehen zwei Türken, einer davon ist Achmed, und ein Kurde.

ACHMED   Hallo, ich bin Achmed, das isse Ismael und das isse Kurde. Habt ihr super coole Fete, dürfen wir reinkommen?

DORFER   Ja, aber zuerst die Kurdenfrage lösen.
Dann machen wir noch eine Abstimmung drüber.

ACHMED   Hey, Kurdenfrage ist gelöst.

DORFER   Aber ihr wart doch vorher zu dritt?

Er blickt zu Boden und erkennt dort einen imaginierten getöteten Kurden.

Willkommen in der Wertegemeinschaft, kommt rein, und singen wir gleich unsre schöne Europahymne …

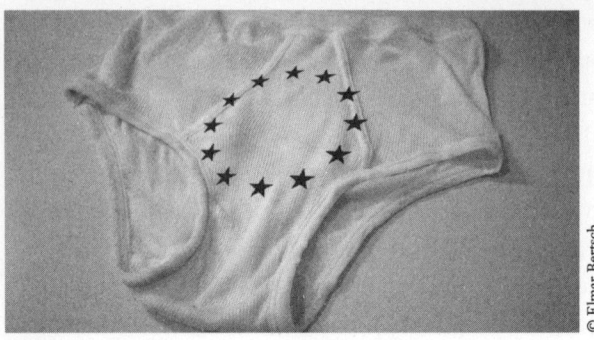

© Elmar Bertsch

»Freude, schöner Götterfunken, Tochter aus Elysium, wir betreten feuertrunken, Himmlische, dein Heiligtum …« Jetzt wird's lustig: »Alle Menschen werden Brüder …«, und was machen dann die Frauen?

Die Musik fadet aus, kleiner Lichtwechsel.

Was sagt der Verstand dazu? Wieso haben gerade wir Österreicher, als ehemalige Weltmacht, solche Probleme mit der EU?

PAAL   Grundsätzlich ist es ja so, dass je größer das System ist, das man betrachtet, umso zuverlässiger sind die Aussagen, zu denen man gelangt. Weil bei einem größeren System der Einzelfall nicht so sehr releviert. Statistisch gesprochen: Bei einem Haufen Klump verspielt sich das Einzelne. Wenn das System, das man betrachtet, sich aber jetzt aus Menschen zusammensetzt, dann wird's halt gern einmal ein bisserl unscharf, weil in der Südkurve der Gauß'schen Normverteilung, also dort, wo man glaubt, dort ist praktisch eh nix mehr, dort ist dann immer irgend so ein Einzelfall, wo man sich denkt: »Hä?! Also, sag einmal, bitte was ist?!« Und das schlägt dann Wellen, und dann wird das ganze Bild ein bisserl zappelig. Jetzt kann man aber, um zu zuverlässigen Aussagen zu gelangen, sich größere Systeme hernehmen, bei denen der Mensch keine Rolle spielt. So etwas gibt es ja. Was sich da sehr anbieten würde, ist zum Beispiel die Himmelsmechanik. Das ist erstens eine größere Geschichte, und der Mensch ist dabei völlig wurscht. Also, die Jupiterbahn wird jetzt sicher kein Schlauferl kriegen, nur weil irgendwer anderer Kanzleramtssekretär geworden ist oder nicht. Das spielt sich von alleine durch, wie es ist. Falsch! Weil nämlich, und zwar gerade bei der Himmelsmechanik, der Mensch als Beobachter eine wirklichkeitsgestaltende Rolle spielt.

DORFER   Aber Galilei hat es verschissen. Damals, als er den Papst überzeugen wollte und gesagt hat:

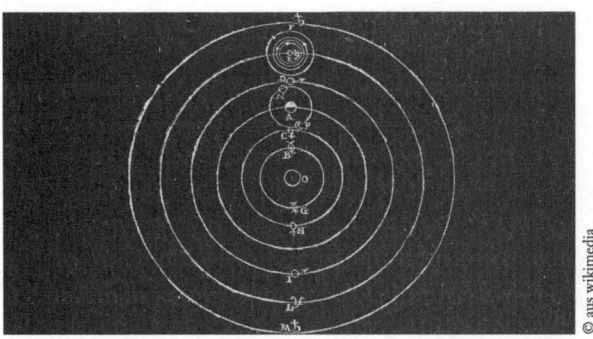

© aus wikimedia

GALILEI   Papa, ascolta mi! O.k., die Erde dreht sich um die Sonne, aber für dich bleibt alles doch gleich, du kannst

121

weiterhin huren und fressen. Hey, Papste, aber du kannste nicht aufehalten die Entwickelung, bald will jeder alles wissen, es wirde Rückschläge geben, o. k. Es wirde eine Papste geben aus die Norden, von die Barbaren, von die Schweinebratenfresser. Der wirde sagen: »Wenn alle eine Gummi nehmen, wer soll denn dann noch AIDS bekommen?« Papste, wir machen eine Deal, wir setzen meine Buche auf Liste der verbotene Bücher, dann wird es eine Besteller, und wir beide machen cinquanta-cinquanta.

DORFER   Der Papst hatte einen anderen Vorschlag.

PAPST   Wir setzen dein Buch auf die Liste, und ich schick dir fünf nette Herren der Inquisition, die dir den Arsch aufreißen, dass dein ganzes Fernrohr hineinpasst, ohne anzustoßen. Wie gefällt dir das, Galileo?

DORFER   Und plötzlich drehte sich kurz die Sonne wieder um die Erde …

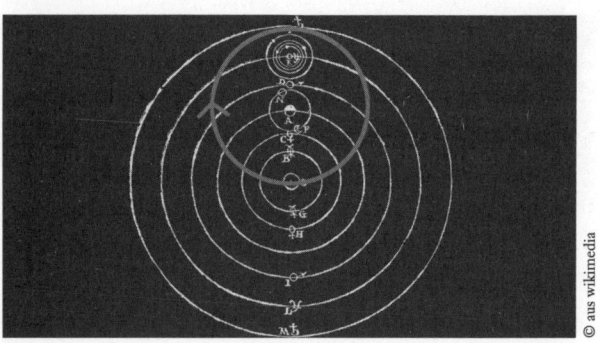

© aus wikimedia

Galilei widerrief, und der Verstand bekam Hausarrest. Aber es war Zeit, etwas zu tun. Damals war zwar die

Alphabetisierungsrate gering, ähnlich wie bei unseren
Schülern heute. Dennoch war auch klar, dass der
Text als Manipulationsmittel Schwächen hatte.
Er ist nicht so sexy. Wer wird schon von so etwas
angeturnt?

ॐ बन्धूककुसुमाभासां पञ्चमुण्डाधिवासिनीम् ।
स्फुरच्चन्द्रकलारत्नमुकुटां मुण्डमालिनीम् ॥
त्रिनेत्रां रक्तवसनां पीनोन्नतघटस्तनीम् ।
पुस्तकं चाक्षमालां च वरं चाभयकं क्रमात् ॥
दधतीं संस्मरेन्नित्यमुत्तराम्नायमानिताम् ।

Obwohl dieser Text aus dem Kamasutra ist. Er
beschreibt jene Stellung, wo die Frau mit dem linken
Bein den Hals des Mannes umfasst und in der rechten
Kniekehle ihr Honigtöpfchen hält. Die rechte Hand
berührt den Plafond und bessert die Tapete aus,
während die linke ein leckeres Tandoori-Hühnchen
zubereitet, na ja. Interessant, aber spröde, da ist das
schon klarer.

Klares Konzept: Scheiß auf den Inhalt, the medium is the message! Und lesen können ist da ja nicht mehr so wichtig.

Man sieht eine Abfolge von Medienbildern aus den letzten fünf Jahrzehnten. Musik.

Zwischenmensch   Sie werden sich sicher gefragt haben: »Wo ist der Publikumsliebling der ersten Hälfte, der Zwischenmensch?« Da bin ich wieder! Und die Frage, die oft an mich gestellt wird, ist, wie wir der Macht der Bilder entgehen können? Was ist die Antwort der Psychologie? Und diese lautet: Unsere Kraft liegt in der Gruppe. Kleines Beispiel: Wenn ich in Österreich den Fußballplatz betrete, dann bin ich auf der Tribüne meist allein …

… aus gutem Grund. Wenn man österreichischen Fußball sieht, dann hat das was von Paralympics. Obwohl wir den Behindertensportlern gegenüber nicht unfair sein wollen. Wenn also die Gruppe überschaubar ist, ungefähr so groß wie ein größerer Stammtisch, dann ist die gleiche Sprache leicht gefunden …

Vom Band ertönt der Roar eines Fußballplatzes.

… und man kennt sich aus. Wenn aber die Gruppe so
groß wird, dass man sie mit Stammtischen nicht mehr
messen kann, wird's gemütlich, eine körperreiche
Masse, und ihr Glück ist, wenn einer für sie was
vordenkt, das man nachdenken kann, und das Nachdenken hat Pause.

Und da müssen wir raus! Wir brauchen keine Menschen,
die sich auf Bühnen stellen und uns etwas vormachen,
vergessen Sie mich! Was wollen Sie einem Menschen
glauben, der das Problem hat, auf einer Bühne stehen zu
müssen, glauben Sie, dass ein normaler Mensch das
nötig hat?

Sie sind das Volk, Sie können entscheiden, was auf
dieser Bühne geschieht, mich interessieren Ihre Gedanken. Wenn Sie Fragen haben zum heutigen Abend,
schreiben Sie mir eine E-Mail, wird vertraulich
behandelt. Ich schreibe auf der Rückseite zurück, das
spart außerdem noch Internettinte. Wir brauchen
keine Bühne, wichtig ist das Publikum, wir alle sind das
Volk, wir können entscheiden. Sie können bestimmen,
was auf dieser Bühne geschieht, bitte! Wenn Sie jetzt
sagen, Richard III., dann wird das heute gespielt.
Probieren wir das einmal aus.

*Plötzlich mit dem Tonfall einer klassischen Shakespeare-
Aufführung.*

RICHARD   Hastings, what thinkest thou, will our friends
prove all true?

HASTINGS   No doubt, my lord.

RICHARD   I had a fearful dream of faces, lurking in
the dark.

HASTINGS   Nay, good, my lord! Be not afraid of shadows.

RICHARD   Who is there?

HASTINGS   Your subjects, gazing up to thee as their king and master.

RICHARD   What are they doing out of light?

HASTINGS   Sleeping, the poisoned, restless sleep of hope, drunken by their dreams of freedom. But, when the early village cock hath twice done salutation to the morn, they will awake in a windy, misty dawn and adore you like a resurrected god.

RICHARD *zum Publikum*   Sleep well!

ZWISCHENMENSCH   War das Shakespeare? Ja und nein, ein bisschen, irgendwie, wurscht! Also österreichisch! Und wenn man diese Kluft zwischen der österreichischen Perspektive und dem, wie es wirklich ist, übertüncht mit positivem Denken, dann spürt man plötzlich, was das für ein Glück sein kann, wenn man gar nichts weiß.

Wellnessmusik ertönt.

Nehmen wir uns bei den Händen, singen wir die österreichische Bundeshymne oder die deutsche, übrigens von einem Österreicher komponiert, so wie die ehemalige DDR-Hymne, alles muss man den Deutschen machen! Und wenn wir dann auseinander-gehen am Ende, quasi das Trennende über das Gemeinsame stellen, dann werden wir zwar eine Masse sein, die sich nicht mehr sieht, aber wir werden eine völlig neue Art von Masse bilden, nämlich jene, die dasselbe sieht. Machen wir etwas aus, ab jetzt schauen wir uns jeden Freitag um 23.00 Uhr den Werbeblock auf Pro 7 an …

… so bleiben wir in Verbindung.

Dorfer betritt wieder als die Künstlerfigur die Bühne.

DORFER   Da möchte ich mich als Künstler noch einmal
zurückmelden. Demokratie in der Kunst ist natürlich
Schwachsinn! Wie klingt denn eine basisdemokratische
Musiknummer?

*Peter Herrmann beginnt das »Kubanische Thema«, Lothar
Scherpe und Günther Paal steigen ein, man hat verschiedene
Auffassungen von diesem Lied. Es entsteht Chaos.*

Und wie klingt es undemokratisch?

Man intoniert das »Kubanische Thema« wie aus einem Guss.

Gracias, muy bien! Das werden wir noch in 40 Jahren
spielen, wenn man uns von Turnsaal zu Turnsaal
schiebt, als »Bueno Vista Comedy Club«. Aber man hat
gesehen, Basisdemokratie funktioniert nicht. Sie
brauchen immer Leute, die Ihre Sache auf der Bühne
vertreten, Publikumsvertreter also. Bitte wählen Sie

also jetzt Ihre Publikumsvertreter, die geeignetste Frau, den geeignetsten Mann, bitte!

Er blickt kurz ins Publikum.

Leider zu spät, dann muss ich einen bestimmen. *In Richtung Paal:* Du vielleicht …

PAAL   Äh, ja, schon, kann man machen, nur denke ich, wir sollten für die Dauer meiner Tätigkeit als Publikumsvertreter vom »Du« zum »Sie« überwechseln, um zumindest halbwegs glaubwürdig den Anschein von Abstand zu simulieren. Als Publikumsvertreter habe ich zwei hauptsächliche Trends geortet; zum Ersten solltest du … Nein! Sollten Sie, entschuldige … entschuldigen Sie, also ich entschuldige mich – mit mir bin ich ja noch per ich –, zum Ersten sollten Sie etwas Spannendes sagen, zum Zweiten etwas Herziges.

DORFER   Erstens: »Gummi« und zweitens »Elektro-kardiogramm«.

PAAL   Ich glaube, das kommt hin. Wenn es keine Einwände gibt, können wir weitermachen.

DORFER   Gerne! *Ins Publikum:* Fühlen Sie sich gut vertreten? Die einzige Chance, die wir haben, ist unsere Kreativität! Wir alle sind Künstler, das gilt für jede Berufsgruppe! Das Potenzial steckt in jedem Job. Sogar Supermarktangestellte können verdorbenes Fleisch neu einpacken und sich ein ganz originelles neues Ablauf-datum einfallen lassen. Kunst im Kühlregal! Oder wird nicht alles ein bisschen menschlicher, wenn der CIA seine Folterzimmer nach dem Fengshui einrichtet? Elektrischer Stuhl o. k.! Aber muss da immer Atomstrom dabei sein? Todesstrafe mit Biostrom, da schließt sich dann der Kreis, der Stromkreis. Ist für die Hühner in Legebatterien nicht gleich alles leichter zu ertragen, wenn man den Hennen »The best of Germany's next topmodel« vorspielt, damit sie sich denken: »Hey, da hab ich's eigentlich eh nicht so schlecht, da hab ich ja lieber Vogelgrippe!« Kann nicht jeder sein eigener Kreativdirektor sein? Alles ist Spaß!

Pause.

Wenn wir dann alle kreativ sind, wird das ganz schnell fad und normal, denn wer sind dann unsere Freaks? Und man wird beginnen, ganz normale Menschen in die Öffentlichkeit zu zerren …

© Richard Boulestreau

Und wir Künstler werden sagen: »Mein Gott, ist der originell, der hat sicher einen Bausparvertrag und schlägt vielleicht seine Frau!« Und das Feuilleton wird schreiben: »Gott sei Dank, endlich ein Star, der nicht säuft, um arbeiten zu können, sondern einer, der arbeitet, um saufen zu können!« Das Normale wird endlich pervers sein dürfen und nicht mehr das Perverse normal. Überall ist Spaß, und plötzlich wird ein Zeichen am Himmel erscheinen …

… und der Spaß ist zu Ende. Beängstigend, schockierend, weil da etwas ist, das nicht zu vermarkten ist. Und wie immer, wenn es drum geht, Gewalt human zu vermitteln, eine Idee des Zwischenmenschen: Wir vermarkten die Angst davor!

Künstlicher Lacher.

Sie erinnern sich, ein bisschen weniger Freiheit, aber ein bisschen mehr Sicherheit. Eine Nagelfeile im Flugzeug ist kein Bürgerrecht. Ich mach das schon bewusst, bei jedem Flug nach Deutschland spende ich dem deutschen Volk eine Nagelfeile als Soli. Terrorismus ist kein Spaß. Auf die Frage eines sächsischen Security-Beamten: »Haben Sie was Spitzes im Gepäck?«, antworte ich: »Ja. Eine spitze Zunge!« Das war dann sehr lustig, als ich nur in Socken und in der Unterhose dreiundzwanzigmal durch dieses Piepsgerät durchgegangen bin. Und draußen hat ganz langsam mein Flieger abgehoben.

© Carlo Savaceni

Die Band intoniert »Odysseus-Thema«.

Und plötzlich sind wieder die Homers von heute gefragt, wie CNN oder al-Dschasira, die überraschenderweise als Nachrichtensender gelten und an guten Tagen das intellektuelle Niveau haben von einem Schisocken. Und da heißt es dann: »Hey, Odysseus, wir brauchen ein neues Pferd ... einen Schimmel, auf dem sitzt ein IQ-benachteiligter Cowboy, der uns den Frieden bringt. Und im Inneren des Pferdes sitzen lauter kleine Heuschrecken mit denselben grauen Anzügen und mit Laptop, die in denselben Hotels untergebracht sind, mit Pay-TV, das sie dann steuerlich absetzen. Öffentlich subventioniertes Wichsen quasi ...«

Ich-AG   Moment, Moment, bevor das zu einem politisch korrekten Anti-Wirtschaftsabend wird, möchte ich mich nochmals zurückmelden. Ich bin's, der Sympathieträger der ersten Hälfte, der mit den Paradeisern. Seien wir bitte nicht kindisch hier! Keine Antwort der Kunst, des Verstandes und des Zwischenmenschlichen. Aus wirtschaftlicher Sicht haben wir nur eine Chance gegen den Terrorismus, und das ist globales Denken ... Wir erinnern uns: Aufbruch der Mayflower ...

Es ertönt das »Aufbruchsthema«.

© picturedesk.com

... nach kurzer Zeit haben die Puritaner an Bord begonnen zu nerven. Stundenlang gebetet an Deck: Vater unser, gar nicht gewusst, dass es da mehrere Strophen gibt. Wenn wir sie von Deck haben wollten, wurde am Abend getanzt und gesungen, und die Texte waren literarisch hochstehend.

Ein Seemannslied wird angestimmt mit schlüpfrigem Text:
»Hey, my darling watch my wick, please, please touch my

*pleasurestick, oh, my maiden, feast your eyes, that takes you
to paradise.«*

Und schon waren die Puritaner unter Deck. Die gute
Stimmung schwand, und Skorbut kam. Da hat man
aufpassen müssen. Wenn man zu abrupt gegähnt hat,
sind die zwei Einser rausgefallen, seither gibt's das
»Ti-eitsch« im Englischen. Mit der Zeit haben dann alle
ausgeschaut wie Eishockeyspieler. Im Nordosten von
Amerika sind dann die Puritaner ausgestiegen. Dort, wo
die Hunde mit dem Arsch bellen. Und das war schnell
fad, und man hat nach neuen Ablenkungen gesucht.

© picturedesk.com

Wenn ich Geld brauche, kann ich Sie vielleicht dazu
bringen, Anteile von mir zu kaufen, die Leber zum
Beispiel. Jetzt werden Sie sagen, wer ist so dämlich und
kauft meine Leber? Aber das funktioniert, einige Däm-
liche gibt es immer, man denke an die Telekom oder die
Bawag. Sie können aber auch Anteile kaufen von meinem
Pelzmantel, den ich den ganzen Abend schon trage.

Er zeigt wie auf dem Laufsteg einen nicht vorhandenen Pelzmantel.

Sie haben sich sicher schon gewundert, ob mir nicht heiß ist auf der Bühne. Wie gefällt Ihnen der? Fein gearbeitet, da haben einige Tiere leiden müssen. Tolles Innenfutter, wie heißt das?

PAAL   Linters! Das sind so hauchdünne, also, ganz zarte, also wirklich ganz … Dieses Material wird Hausstaubmilben abgepresst. Da nimmt man die Kinder der Milben in Geiselhaft und droht den Eltern damit, dass man die Kinder dem Wiedergeburtszyklus zuführt. Und dann machen die fast freiwillig die ganz dünnen Fäden. Grad, dass man's sieht, und das wird dann mit dem Harz der Korkeiche angeflanscht, und deswegen fällt das auch so schön! Linters!

ICH-AG   Wenn ich sehr geschickt bin, kann ich den Mantel vielleicht dreimal verkaufen. Sie werden jetzt sagen, das wäre überzeichnet, und ich werde sagen: »Genau, so heißt das!«

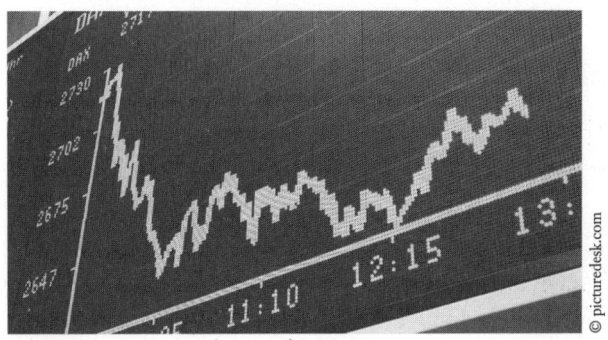

135

Und wenn das mit dem Mantel geht, kann ich ein bisschen keck werden und vielleicht Anteile meiner Atemluft verkaufen. Und je nachdem, was ich gerade gegessen habe, fallen oder steigen die Rates. Ich könnte Ihnen Anteile meiner Gesundheit verkaufen, und je nachdem, wie es mir so geht, schaut es bei Ihnen finanziell aus, also passen Sie auf mich auf. Und dieses System braucht natürlich Sklaven, daher sind wir weitergefahren in die Karibik.

Karibikmusik ertönt.

Die Indios dort …

… keine Meisterarchitekten, offenbar auf die Fenster vergessen. Sie waren auch nicht besonders widerstandsfähig, die meisten sind gestorben an den europäischen Bakterien. Im Kampf galt die Parole: »Spart das Pulver, hustet sie einfach nur an!« Die Holländer hatten dann die Idee: »Nehmen wir Arbeitskräfte aus Afrika, die sind widerstandsfähig und sogar musikalisch.«

Es ertönt ein schneller Gospel.

Wer solche Lieder singt, hat einen schönen Job. Die Sklaven haben sich aber untereinander nicht verständigen können, so ist das Kreolische entstanden, eine Pseudosprache ohne Grammatik. Etwa so, wie man sie heute in deutschen Nachmittagstalkshows hört auf Sat.1 oder Pro 7. *Imitiert Talkshowgäste.* »Komm zu mich zurück, du Schlampe, isch liebe dir, komm zurück, sonst gibt's eins in der Fresse!« Ja, es ist schwer, die Fälle zu unterscheiden, wenn man selbst einer ist. Und plötzlich hatte ein Kollege aus der Wirtschaft die Königsidee: »Wir brauchen keine Sklaven, die Musik machen, wir brauchen Sklaven, die Musik kaufen und glauben, sie sind frei.« Und die Karibik war wieder voll mit vielen neuen Europäern.

© picturedesk.com

Sogar Österreich hatte endlich eine kleine Kolonie. Sehr sympathisch, Herr Pittner aus Amstetten, 150 Kilo, wenn der am Strand gelegen ist und das Licht hat gestimmt, hat er ausgesehen wie ein kleiner gestrandeter Buckelwal. Sehr aufgeschlossen gegenüber dem Neuen, überhaupt nicht provinziell. »Also, wenn's hier dunkel ist, isses wie bei uns in Salzburg.« Und da fragt man sich schon: Wo ist denn der Tsunami, wenn man ihn einmal braucht? Ein kleiner, selektiver Tsunami, nur für Pauschalreisende. »Hey, Elke, schnell, tolle Welle, hol mal die Kamera! Das wird zu Hause der Hit, wenn ich das den Freunden zeige!« Wenn man diese Kamera jemals findet, wird man sagen: »Sein letzter Film war wahrscheinlich sein persön- lichster!«

Die Band intoniert das »Irische Thema«.

DORFER *ins Publikum*   Da wollten Sie mir doch einen
Text dazu liefern, zu spät!
Ist der Tod also das letzte Bild, das wir mitnehmen,
wenn wir langsam auskühlen? Und hören wir, während
wir auskühlen, Chilloutmusik, cool!

Chilloutmusik ertönt.

Ich fühle mich schon ganz durchsichtig, sehen Sie mich noch? Plötzlich sind wieder alle vier Biographien in mir vereint, vielleicht ist der Tod das einzig Identitätsstiftende, das wir haben. Ich befinde mich in einer Wartelounge, einem Chilloutbereich, wo man immer Musik spielt, damit man nicht bemerkt, dass man bereits tot ist. Eine Strategie, die auch von vielen Lokalen verfolgt wird. Und alle laufen herum mit Bildern aus ihrem Leben am Laptop und zeigen dir Fotos, die du nicht sehen willst.

ALTES EGO   Schau, das bin ich als Student, ich wollte einmal Arzt werden.

DORFER   Warum?

ALTES EGO   Um zu helfen!

DORFER   Helfen? Als Arzt!? Das würde doch den anderen Ärzten sofort auffallen. Die meisten werden doch Arzt wegen der Nachtschwestern. Wie viele Patienten eigentlich gestorben sind, weil die Nachtschwester gekommen ist, aber nicht zu ihnen.

ZWISCHENMENSCH   Das ist mein Kaktus, was wir uns unterhalten haben oft nächtelang, die Pflanzen verstehen uns ja genau. Man hat das wissenschaftlich nachgewiesen und Topfpflanzen an Lügendetektoren angeschlossen.

DORFER   Klar, das ist ja eins unserer größten Probleme heute: Zimmerpflanzen, die uns nicht die Wahrheit sagen. Hallo, Ich-AG! Das Auto schaut aber nicht gut aus auf dem Foto.

ICH-AG   Mein letztes Auto! Ich parke es in der Nacht, angesoffen, denk mir nix Böses, steig aus und merke, vor meinem Auto ist eine Bahnschranke. Schaue weiter: Hinter meinem Auto ist auch eine. Dann sehe ich diese drei Lichter vom ICE und denke mir: »Scheiße, das gibt eine Strafe wegen Falschparkens.«

Chilloutmusik aus.

DORFER   Und auf einmal ist die Musik weg, und es passiert was Schlimmes: Man ist mit sich allein.

Neben Dorfer steht der Erste Blick.

ERSTER BLICK   Stimmt nicht.
DORFER   Bis auf unseren kleinen Klugscheißer.

Die Callas-Arie setzt ein.

ERSTER BLICK   Was war dein erster Blick, der erste Mensch, der dir begegnet ist?
DORFER   Der erste Mensch, der mir begegnet ist? Es gibt kein Licht am Ende des Tunnels, nur einen Gynäkologen mit einer Duschhaube. Der dir den Arsch versohlt, obwohl man sich bis dahin ja kaum schlecht benommen haben kann.
ERSTER BLICK   Weißt du noch, dein erster Ton?

© Elmar Bertsch

DORFER Das ist aber klar.

Herztöne sind zu hören.

Und draußen die wilden 60er-Jahre …

Die Band intoniert ein 60er-Jahre-Riff.

Draußen tobt die Geschichte, ich herinnen im Frucht-
wasser, ganz neutral, ganz Österreicher! Vielleicht ist
jeder zuerst Österreicher, bevor er ein Mensch wird …

© Elmar Bertsch

ERSTER BLICK   Was war dein erster Geschmack?

DORFER   Das war Muttermilch mit Sektgeschmack, es war Silvester, aber besoffen sein ist kein Problem, wenn man ohnehin noch nicht gehen kann. Sag, und du bleibst jetzt bei mir?

ERSTER BLICK   Sicher, du hast ja nichts anderes.

DORFER   Stimmt eigentlich, magst ein Eis? Wie damals?

Es ertönt das »Italienische Thema« aus dem 1. Akt. Dorfer verlässt mit dem imaginären Ersten Blick die Bühne.

Un tramonto al mare e gli ultimi raggi del sole.
Il vento carezza la tua faccia bella. E i capelli tuoi
come una bandiera.

Das Licht dimmt.

Auf dem Leuchtkasten wird ein Super-8-Film eingespielt, der Sequenzen aus Dorfers Leben zeigt. Am Ende ist »fine« auf dem Leuchtkasten zu lesen, die Musik klingt aus.

Blackout
Ende

Nachbar in Not

Als gelernter Österreicher kannte man die Deutschen ja nur als Touristen. In Zeiten des Wirtschaftswunders und danach waren sie – sagen wir einmal – etwas übermotivierte Gäste und machten nicht den Eindruck, als ob sie neue Freunde bräuchten. Die Zeiten ändern sich, die deutsche Wiedervereinigung kam ins Land, mit kurzer Euphorie und langer Ernüchterung. Deutschland begann zu straucheln, und wann immer man nun deutsche Urlauber in unseren Bergen sieht, stellt man sich die bange Frage, wie sich die das wohl leisten können. Das Verhältnis änderte sich, und Österreich wurde zur Reserveschweiz, der »bessere Deutsche« wurde geboren, gerne half man den verunsicherten Nachbarn mit Tipps und anderem Entbehrlichen. So wurde ich beauftragt, für die Bundestagswahlen 2005 als Wahlbeobachter zu fungieren.

Feldforschung

22. 8. Heute Aufbruch, von der OECD abberufen als
Wahlbeobachter in ein befreundetes, benachbartes wirt-
schaftliches Schwellenland. Man kennt den Deutschen an
sich ja nicht so richtig. Soll aber im eigenen Land ganz in
Ordnung sein. Koffer packen, schwierig, was kann ich
mitnehmen? Man hört, es gäbe nur »Kaffee« auf der ersten
Silbe betont, für einen Wiener schmeckt das Getränk dann
fast wie »Tee«. München als Basislager, dann Expeditionen
in den Norden, auch der ehemalige Osten soll dabei sein,
über den man sich hier wundersame Dinge erzählt.
»Arbeit, Familie, Vaterland« ist dort ein Slogan – diesmal
von der CDU. Wenn dieser Osten »ehemalig« ist, wo ist
dann jetzt Osten? Rein in den Zug, Abschied vom satten,
voll gefressenen Balkan, Passau, keine Grenze mehr, doch
eine Schwelle, zwischen Arm und Reich. Wenigstens keine
Sprachbarriere, komme hier recht gut durch mit meinem
Deutsch. Der Zug wird langsamer, die ersten Dörfer,
wenig Asphalt, Kinder spielen in Regenlachen, beschämt
blicke ich auf mein neues H & M-T-Shirt, man hat ja schon
einiges gehört über die Produktionsbedingungen der
Großkonzerne. Ich glaube, ich mag dieses Land mit
seinen einfachen, zufriedenen Menschen. – In München
angekommen, schlichtes Quartier, aber sauber. Kaufe
Zeitungen, lese Argumente, Profundes, Seriöses. Wenn

man aus einem Land kommt, wo eine Zeitung auf Augenhöhe mit *Bild* die Meinung bildet, überrascht das. Es gibt es also doch, Medien als Informationstransmitter. Ist vielleicht wie mit dem Kabarett, wenn die wirtschaftliche Situation schlecht ist … In der Zeitung: ein Foto von Herrn Stoiber, ein mitreißender Redner, sagt man, ein Demosthenes unserer Tage – daneben Angela Merkel. Wirkt weniger wie Politik, eher wie Folklore. Sie hat ein Kompetenzteam neuerdings, die Steuer sollte gestern noch flach werden, heute dann doch wieder nicht, die Kompetenz wechselt offensichtlich täglich. Umblättern, man liest, den Deutschen fehle es an Optimismus, blättere zurück auf das Stoiber-Merkel-Foto und verstehe. Dahrendorf fordert eine optimistischere deutsche Politikersprache: statt »Deregulierung« wäre »better regulation«, statt »Reformen« – »Modernisierung« angesagt. Neue Begriffe für alte Inhalte – Psychologie also statt Politik. Ist Optimismus eine Form von Informationsmangel?

Gehe durch die Fußgängerzone und schaue mir die Menschen an. Manche sehen aus wie daheim und doch nicht unsympathisch. Die Krise nur subkutan spürbar, dennoch keine Resignation. Nicht wie in Wien, wo sogar geraunzt würde über Vollbeschäftigung. Fast so was wie Aufbruchsstimmung oder doch nur Optimismus?

24.8. Frühstück in der kleinen Herberge in München, es gibt Kaffee, der müde macht, und Brötchen, das sind keine kleinen Brote, sondern Semmeln. Und eben diese Semmeln, nur kleinere, müsse Deutschland ab jetzt backen, sagt meine Zimmerwirtin. Noch bevor mein Atemholen für eine Zwischenfrage abgeschlossen ist, weiß sie den

Grund: die »Ossis«. Ob sie da im Speziellen Frau Merkel meine, frage ich. Sie – offenbar immunisiert gegen Ironie – klärt nun mich, den Ösi, auf über die Ossis. Wir wissen ja nicht, was das heiße, 15 Millionen Arbeitsscheue hochzu-füttern und so weiter und so weiter … ihre Befreiung, einen generellen Schuldigen gefunden zu haben, sättigt die Luft des Frühstückszimmers. Habe Angela Merkel übrigens im hiesigen Staatsfernsehen gesehen. Letzteres muss betont werden, da in diesem Schwellenland trotz aller wirtschaftlichen Probleme Privatfernsehen existiert. In Österreich heißt »Fernsehen« fast immer »staatlich«, die Mediensituation bei uns ähnelt der in Kasachstan, ist nur nicht ganz so liberal. Private Bilder ohne Einfluss der Politik sind da fast unmöglich. Hier zappt man 30 Kanäle durch, und nur das Logo macht den Unterschied. Die Regel, dass Konkurrenz Vielfalt schaffe, scheint beim Fernsehen seine Ausnahme gefunden zu haben, hier entsteht durch Konkurrenz oft Einfalt. Angela Merkel bei Christiansen also, ein Schauspiel. Merkel spricht Texte von Fremden, die ihr selbst fremd bleiben. Man kennt das von unterdurchschnittlichen Theaterabenden, wo Text und Schauspieler getrennte Wege gehen. Doch Angela ist fleißig, sie ist gebrieft, sie kann ihre Antworten auswendig, besonders die auf Fragen, die man gar nicht stellt. Dumm nur, wenn etwas ungeplant kommt: »Ob sie es auch so weit gebracht hätte mit Kindern?« Ihre Augen zittern. Dann spricht die Kinderlose über die Vereinbarkeit von Job und Kindern, man glaubt ihr wenig. Egal, ob Mehrwertsteuer rauf, die Lohnzusatzkosten runter, Kirchhof und seine Vorschläge. Und die Türkei, wo liegt der Unterschied zwischen Vollmitgliedschaft und privilegierter Partnerschaft? Klingt eher nach emotionalem Ass im Ärmel, wenn der Wahlkampf heiß wird. Was muss sie, die sich George W. Bush anbiederte in Sachen Irakkrieg, dem amerikanischen Bündnispartner bieten? Wir haben's nicht erfahren. Den Kündigungsschutz mit Bürokratieabbau aufzuwiegen, bringt endlich Klarheit, da weiß man, was man hat. Zuversicht wolle sie den Leuten mitgeben und redet alles schlecht. Die Zuversicht der Angela Merkel wirkt wie der ungelenke Zuspruch des Animateurs in einem bereits halb leeren Freizeitclub am 2. November in Mallorca. Armes Deutschland, denke ich, ich habe deine Probleme aus der Entfernung wirklich unterschätzt. Gehe auf die Straße Richtung Viktualienmarkt, es beginnt wieder zu schütten, das ist vielleicht die letzte Chance für Gerd Schröder …

26.8.   Der Papst ist weg und nach ihm die Flut. Süddeutschland zum Teil unter Wasser, Portugal hingegen kann seine Brände nicht mehr löschen ohne fremde Hilfe. Die Umwelt ist ermüdet, aber es keimt Hoffnung: die Rolling Stones – erstmals mit klarer politischer Botschaft in ihren Liedtexten, liest man. Gemeint ist hier nicht »Angie« als Begleitmusik für Merkels Auftritte, obwohl der Text in diesem Fall nicht uninteressant scheint. »Angie, ain't it time we said goodbye. With no loving in our souls, and no money in our coats. You can't say we're satisfied.« Leichtsinnig zu glauben, nur wegen PISA verstünde hier keiner mehr Englisch. Die Stones also erstmals mit klaren politischen Inhalten, das würde man sich auch von Westerwelle wünschen. Weitere Parallelen fallen auf, zumal beider Auftreten nicht unbedingt altersadäquat scheint. Was will Guido eigentlich, fragt man sich. Was weiß man über diese rätsellose Sphinx? Er stellt kein Kompetenzteam vor, wir müssen es uns vorstellen. Wir kennen seine sexuelle Inklination, gut, das wäre aber nicht einmal in Österreich bereits Parteiprogramm. Sein Programm heißt Fun. Merkels Zuversicht und Westerwelles Fun, das ist die Musik für Deutschlands Zukunft, ein Zweitaktergemisch, Beachvolleyball und dazu Rolling Stones, ey! Nein, da muss doch mehr dahinter sein, ich frage meine Zimmerwirtin, ob und wo es Internet gäbe hier in München, sie meint, ja, und zwar in ihrem Laptop. Bin schon wieder meinem Vorurteil gegenüber einem wirtschaftlichen Schwellenland erlegen. Suche also nach Inhalten von Westerwelle. »Freiheit braucht Mut«, lese ich. Welcher Freiheitsbegriff ist hier gemeint, welcher bietet wohl am meisten Spaß? »Wir wollen eine liberale Bürgergesellschaft, in der die Bürger über die Zukunft Deutschlands mit entscheiden und an demokratischen Entscheidungsprozessen teilhaben.« So steht es hier also um die Demokratie, dass man dies alles erst fordern muss, man macht sich Sorgen. Als Gebrauchsanweisung für die politikinteressierte werte Leserin dann noch ein Hinweis, der mich überzeugt.

»Um den Text lesefreundlicher zu gestalten, wird auf eine geschlechterspezifische Unterscheidung verzichtet; so steht beispielsweise der Begriff ›Bürger‹ neutral für Angehörige beider Geschlechter.« Versteht man, »Bürgerin«, »Ärztin« oder »Bäuerin« kostet einfach zu viel Internettinte. Die Zeiten sind schlecht, man muss sparen, wo man kann. Verantwortungsvolle Politikerinnen wie Westerwelle wissen das … Zieh mir eine Jacke an und schlendere in den Englischen Garten, ein englischer

Text geht mir nicht mehr aus dem Kopf. »All the dreams we held so close seemed to all go up in smoke … Angie, Angie.«

27. 8.   Ein paar Sonnenstrahlen durchziehen sanft die Straße des Occam in München. Der alte Nominalist hätte heute seine Freude nicht nur mit dem Wetter, und ich frage mich, ob manche Dinge wirklich nur als Namen existieren. Als Österreicher lebt man ja quasi ständig mit der Diskrepanz, dass Gesagtes und Gemeintes nicht identisch sind. Man hat den Deutschen kürzlich nun erlaubt, vorzeitig zu wählen, und besonders diese Zeiten vor der Wahl produzieren gerne Hülsen. »Vergangenheits-bewältigung« zum Beispiel. Nichts ist in diesem Land der Dichter und der Denker so fatal wie ein falsches Wort. Die falsche Geste, der falsche Blick stören nicht so, man ist hier nicht besonders theatralisch. Vergangenheitsbewältigung aber ist nicht möglich, denke ich, lediglich Gegenwarts-bewältigung, die vor dem Hintergrund einer bestimmten Vergangenheit erfolgt. Doch der Relativsatz ist kein Publi-kumsliebling. Das Schlagwort, wenn auch falsch, triumphiert wie immer. Oder die »Deutsche Einheit«. Die Mauer steht hier nach wie vor, bloß in einem neuen Aggre-gatzustand. Der Osten blieb ein Nachbarstaat, aus dem man gern herüberwandert, abhängig von Transferleistungen, der fast die gleiche Sprache spricht, wenn auch aus einem andern Mund. Und eben diese Sprache verheißt aus den Kehlen der Schönredner zu feierlichen Anlässen sinnlose Durchhalteparolen, die zum einzigen Asyl eben dieser Deutschen Einheit wurden. Die Wahrheit macht ab jetzt Urlaub bis Oktober in irgendeinem Land, wo gerade keine

Wahlen sind. Die Deutsche Einheit ist ein Folgemythos jener »Deutschen Wiedervereinigung«, die unprofessionell und überhastet zwar, doch wirklich stattfand, nur noch nicht in den Köpfen angekommen ist. Diese Ankunft ist im Übrigen auf unbestimmte Zeit verschoben. Deutschland träumt mehr denn je den Traum von einer sozialen Demokratie, die Sozialdemokratie muss darin gar nicht vorkommen. »Die Menschen bezahlen die Vermehrung ihrer Macht mit der Entfremdung von dem, worüber sie die Macht ausüben«, wussten schon Horkheimer und Adorno, doch was der »Doppelclown«, wie Brecht sie nannte, nicht wusste, war, dass es der Wahlslogan von der Union sein könnte für die nächsten Wochen. Die Sonne überlässt Schwabing der Dämmerung, ich biege in die Haimhauser Straße, bekomme Lust auf typisch deutsche Küche. Kaufe mir ein Kebab, das genauso schmeckt, wie es heißt und aussieht. Bin überrascht, und Occam wäre es mit mir.

30.8.   Heute ein Ausflug nach Berlin, besichtige den Gendarmenmarkt, den man hier genauso ausspricht, wie man ihn schreibt. Berlin wirkt eigentlich wie mehrere Städte. Der Reiz dieses Konglomerats besteht offenbar in der Disharmonie jener Teile, die das Bemühte, hier eine Hauptstadt wiedererstehen zu lassen, überstanden haben. Die Menschen hier sind freundlich, was im Bewusstsein eines Wieners sofort als ungewohnt registriert wird. Ich lebe in einer Stadt, wo ernsthaft überlegt wird, die Grantigkeit der Kaffeehausober als Weltkulturerbe anzumelden. Offenbar hat man hier ziemlich schnell versucht, die DDR auszuradieren, doch kehrt sie nun teilweise zurück, zumindest in den Träumen der Sozialromantiker. Die Linke geht hier wieder ein bisschen um, sie macht Parteitag und fordert Mindestrente und Mindestlohn für alle. Die Theorie klingt hier vernünftig, die Praxis wird man nicht bemühen müssen. Mit Lafontaine entstand eine neue Spezies, der Talkshowlinke, brillant, gewandt, ein Großmeister dieser Romantik. Ihm wirft man nun vor, die Hoffnung, sonst eher in der Zukunft wohnhaft, in die Vergangenheit verpflanzt zu haben. Sein Lebensstil wird thematisiert, und nur der Groll gegen den Kanzler treibe ihn politisch an. Alles Vorwürfe weit außerhalb des Arguments, sollen den Politiker schwächen, nicht seine Forderungen. Denn es existieren in diesem Programm der Linken auch illusionsfreie Passagen, wie die Umkehr zu erneuerbaren Energien bis 2050 oder die Abschaffung des Studiengelds. Die Eitelkeit des Oskar Lafontaine wird aufgewogen gegen die Erhöhung der Bildungsausgaben auf 6 Prozent. Dieser Wahlkampf ist bisher gekennzeichnet von einer Berührungsangst mit Inhalten, aber was ist nun wirklich das Problem? Man kann den Linken Wählertäuschung vorwerfen, gut, wem nicht? Man kann ihnen vorhalten, mit Sehnsüchten der Bevölkerung leichtfertig umzugehen, aber auch das ist kein Spezifikum. Vielleicht ist es viel einfacher: Durch die Linke ist die Gefahr der Paralyse gestiegen. Diese Lähmung, besser bekannt unter »Große Koalition«, könnte Deutschland ab Oktober befallen. In Österreich hat sie außer Stillstand unter anderem Jörg Haider hervorgebracht. Ein deutscher Haider hätte mehr als nur lokale Bedeutung. Gehe über den Gendarmenmarkt, sehe ein Plakat der Union und spüre plötzlich eine leichte Lähmung meine linke Gehirnhälfte hinaufkriechen.

31.8.   Heute Kinobesuch, *Sin City*, nachdem sich die Faszination des Formalen gelegt hat und die Wiedersehensfreude mit Mickey Rourke verklungen ist, beginnt die Inhaltsleere der Dialoge und die Sinnlosigkeit der Handlung langsam Erosionserscheinungen meiner Aufmerksamkeit hervorzurufen. Zugegeben, das inhaltliche Nichts ist sehr gut ausgeleuchtet, doch die ästhetizierte Gewalt in Schwarz-Weiß erinnert mich an die Bilder jener Vergangenheit, die dem Gedächtnis vieler Zeitzeugen in Österreich oft schon entschwunden sind. Doch die Zeiten ändern sich. Im selben Maße, wie sich angeblich differente Parteien gleichen, entkoppeln sich Formen und Inhalte. Ich frage mich, ob der Schafspelz des Faschismus die Unterhaltungsindustrie ist und Haltungen immer wieder neue Besitzer finden? Vorgeblich, aber immerhin. So lese ich: »Das Ausmaß der gescheiterten Politik ... zwingt dem Wähler die Erkenntnis auf, dass jetzt eine Umkehr erfolgen muss, wenn Deutschland nicht untergehen soll.« Angie, bist du das? Ich lese weiter: »Die systematische Verarmung breiter Bevölkerungsschichten verhindert zugleich die wirtschaftliche Wiederbelebung in Deutschland. Es kann im Grunde gar nicht anders sein, da sich die etablierten Parteien kaum noch voneinander unterscheiden und sich völlig vom Mehrheitswillen des deutschen Volkes ... entfernt haben.« Oskar, du? Weiter in unserem kleinen Ideologiequiz: »Denn mit Sicherheit will ich ein rechtsstaatliches, demokratisches, soziales Deutschland. Deshalb ist nach meiner Überzeugung das Grundgesetz die ideale Verfassung, die den Rechtsstaat garantiert und Rechtsbrüche der Herrschenden in Grenzen hält. Auch die von uns angestrebte direkte Demokratie nach Schweizer Muster ist von der Verfassung gedeckt.« Wenn man den Verfassungsbogen etwas überspannt, haben darin auch jene Platz, die im entspannten Zustand draußen bleiben müssten. Morgen geht es in den Pott, bin noch nie dort gewesen, soll nicht so rosig sein, angeblich große Unzufriedenheit und Überdruss … Schlendere die dunkle, aber kontrastreich ausgeleuchtete Leopoldstraße entlang, bin verwirrt nach diesem Film.

Die vorigen Aussagen stammen übrigens von Dr. Gerhard Frey, dem Vorsitzenden der DVU.

2.9. Telefoniere mit Wien, der Feinstaub ist dort wieder einmal Thema. Man glaubt bei uns, er wäre fast ausschließlich ein Importgut aus dem Osten. Kaum denkbar, wir als Umweltmusterland wären daran beteiligt. Und in der Gemeinschaft, die sich europäisch nennt, muss der Weg frei sein für den Warenverkehr, die Wege für den Atem scheinen sekundär.

New Orleans seit Tagen unter Wasser, man darf gespannt sein auf den Schuldigen. Einmal mehr der internationale Terror oder nur das Wetter prinzipiell?

Es fällt auf, dass Umweltschutz nicht wirklich vorkommt in diesem inhaltsscheuen Wahlkampf. Ein kleines Aperçu der Linkspartei in Richtung erneuerbare Energie, sonst nichts?

Naturschutz, als Begriff so hip wie Musikkassetten oder Kopfwaschpulver, schließt noch den Selbstschutz dessen ein, der abhängig war vom Schützenswerten. Umweltschutz hingegen trennt Untrennbares, nämlich Mensch und Umwelt. Die Erosion nagt aber nicht nur an Begriffen und Natur, auch jener Star, der mit dem Umweltschutz zu leuchten begann, erodiert fleißig mit. Joschka Fischer ist selbst Programm, mit einer Fraktion im Rücken, die dem Betrachter und ihm selbst nicht ganz so wichtig scheinen. Fischer, in Österreich unliebsam bekannt als Säule jener EU-Sanktionen, auf die man bei Berlusconi später verzichtete. Diese Maßnahmen hatten neben einigen Nachteilen besonders die Dummheit als Begleiter, da sie jene stärkten, gegen die sie hätten gerichtet sein sollen. Nun soll aber Joschka nicht in Österreich gewählt werden, sondern in Deutschland, wo er das Meinungsmeer stürmisch teilt. Er zieht durchs Land, der Begriff »Tournee« drängt sich hier auf. Man erinnert sich an die vielen Meinungen, die er schon vertrat, wie an die Rollen eines Mimen. Er ist ein Politikerdarsteller im gefährlichen Alter. Mir fällt auf, dass bis auf Merkel alle Spitzenkandidaten Männer im oder kurz vor dem Wechsel sind. Da wird das Ich leicht zum Universum, das bekanntlich expandiert. Allemal, ein charismatischer Egotrip als Abschiedsabend ist besser als das Vakuum Westerwell'schen Ausmaßes als Preview.

Wird er uns fehlen? Es wird ein Comeback geben, eine Lesetour mit seinem neuen Buch, dessen Inhalt jetzt schon klar ist: Joschka Fischer.

3.9.   Um mein geplantes Frühstück informativ zu gestalten, erstehe ich eine deutsche Qualitätszeitung und frage den Verkäufer, wem diese wohl gehöre. »Jetzt Ihnen!«, antwortet er und widerlegt das hartnäckige Gerücht vom humoristischen Schwellenland. Im Ernst sagt er, das wisse man nicht so genau, besonders nach den neuesten Ereignissen. Ein neuer Koloss ist im Entstehen, die Folge sei eine Konzentration im deutschen Meinungsgeschäft. Wir Österreicher finden es sowieso sehr übersichtlich, wenn alles wenigen gehört. Bei uns, wo jede Fernsehredaktion, jedes Gemeindeamt ein kleiner Fürstenhof ist, und wo jeder Bahnschrankenwärter wie ein Baron über Zeit und Befinden aller von ihm Abhängigen bestimmen kann und seine »job description« auch genauso sieht, ist der Kampf der Meinungen, die Qualität von Diskurs nicht nötig. Hier begleicht nun der Springerverlag eine alte Rechnung mit Herrn Kirch und kann nun extensiver gedruckt und elektronisch Meinung machen. Die Demokratie stünde vor einer großen Herausforderung ob dieser Konzentration, stand zu lesen. »Nun seien wir doch nicht albern!«, würde man in Deutschland sagen. Kaum jemand kauft sich eine Zeitung oder sieht fern um der Wahrheit willen. Es geht um Meinung, ihre Bildung im idealen Fall, im schlechten Fall um Imitation, man lässt meinen in den Medien, man lässt denken und meint und denkt dann das Empfangene nach. Dieses Nach-denken hat mit seinem Namensvetter wenig gemeinsam. Dennoch wird die Mimesis oft nicht erkannt und mit Eigenständigkeit verwechselt. Es soll aber vorkommen, dass zwei verschiedene Medien völlig verschiedene Meinungen vertreten und beider Überschuss finanziell denselben Aktionären zugutekommt. Der neue Geldadel bestellt das Feld, lässt es umpflügen und verdient: egal, wie die Meinungsernte ausfällt. Und als ob die Posse nicht schon schlecht genug wäre, heißt der Chef der Deutschen Bank noch Ackermann und ist aus der Schweiz. So verkündet er jüngst in eben diesem Dialekt, der die zweite Lautverschiebung nicht mitgemacht hat, die beste Bilanz seit langem, die seltsamerweise Entlassung für

Tausende bedeutet, und zwar netto. Der Protest leidet an Laryngitis, die Stimmbänder sind, so scheint's, angeschlagen, man hört ihn kaum.

Beim Verlassen des Zeitungsladens sehe ich im Augenwinkel ein Pornoheft und frage mich, ob dessen Aktionäre bei meinem Zeitungskauf auch mitverdient haben ...

6. 9.: Gehe durch die Münchner City, es fällt auf, dass die bairische Sprache hier ein rares Hörerlebnis ist. Durchs österreichische Prisma der Klischees und Vorurteile betrachtet, handelt es sich ja bei den Bayern grundsätzlich nicht um Deutsche. Dieser Logik folgend sind nun in der Innenstadt der bayrischen Metropole prozentual bedeutend mehr Deutsche als Bayern anzutreffen. Nun ist das mit den Prozenten so eine Sache. Während man sich einig ist, dass 98,7 Prozent im Falle der Übereinstimmung der Genome von Menschen und Schimpansen als beängstigend viel erachtet wird, sind Edmund Stoibers 93 Prozent beim CSU-Parteitag enttäuschend, und dafür kann man nicht nur die Wahlhilfe von Österreichs Bundeskanzler Schüssel verantwortlich machen.

Man muss natürlich den Demokratiegedanken im Sinne der freien Meinungsäußerung bei solchen Parteitagen hintanstellen, besonders bei jenem der CSU. Umso mehr fällt unter diesen Voraussetzungen auf, dass Stoiber offenbar Kredit verspielt hat. Nicht bundesweit, da gab es kaum etwas zu verspielen, sondern im eigenen Revier. Dabei hatte er sich so viel Mühe gegeben im Spagat zwischen der Bedienung dumpfen lokalen Klientelgedankens und dem Versuch, bundesweiten Einfluss der CSU zu restaurieren. Die Schizophrenie zwischen staatstragender Bemühung und eigennütziger Intrige hat wohl zu jener Ossi-Injurie geführt, die ihm sehr Wohlmeinende als Strategie auslegten. Die Wunde der letzten Bundestagswahl heilt nur langsam, und Angelas Wahlsieg wäre Salz darin. Ein Rheinländer erzählte mir vor drei Jahren, dass ein Bayer niemals Kanzler würde in Deutschland, dies werde man zu verhindern wissen. Das Interessante daran war, dass es sich bei jenem Rheinländer um einen CDU-Wähler handelte. Dabei sind die Bayern den übrigen Deutschen nicht unähnlicher als etwa die Sachsen oder Hanseaten, aber es gibt eben keine sächsische oder hanseatische CSU. Diese Besonderheit macht offenbar Stoibers Reststärke aus und ist ihm Hybris zugleich. Er wird nach eigenen Angaben zu 50 Prozent nach Berlin wechseln und zu 50 Prozent bayrischer Ministerpräsident bleiben. Sollte er prozentuell besser als die FDP abschneiden, könnte er als Secundus inter Pares eine Art schwerfälliges Zünglein an Angelas Waage spielen. Sonst würde er dem Vernehmen nach einen Wasserträger nach Berlin schicken, um selbst vom Süden aus gegen die Regierung polemisieren zu können, als wäre er Opposition. Wie auch immer, es scheint, als würde das bairische Idiom in der neuen Bundesregierung genauso wenig zu hören sein wie in der Münchner Innenstadt.

7.9.   Habe nun in einer Kneipe in Dresden das große, spannende TV-Duell gesehen, und wie beim Fußball hatte man danach bei einigen Kommentatoren den Eindruck, sie wären bei einem anderen Match gewesen. Samy Molcho zum Beispiel füllte vier Minuten Sendezeit, aber der Zusammenhang mit dem vorangegangenen Duell wollte sich nicht einstellen. Angela Merkel gegen Gerd Schröder also, ein Schauspiel. Man hat hier in weiser Voraussicht auf den Frauenfaktor verzichtet und das Geschlecht der CDU-Spitzenkandidatin nicht thematisiert. Sonst nicht viel Neues, außer dass sie mittlerweile doch den Unterschied zwischen »brutto« und »netto« zu kennen scheint. Bei der Frage nach der etwaigen Führungsschwäche der Bush-Administration bezüglich New Orleans hoffte man für Deutschland, dass sie die Außenpolitik Kompetenteren überlassen würde. Angela Merkel hat die letzten Tage etwas Zuversicht geübt, die Mundwinkel tendieren leicht aufwärts, für ausgesprochene Fans vielleicht sogar glaubwürdig. Auf der anderen Seite Schröder mit der Entspanntheit des sicheren Verlierers, mit kontrollierter Arroganz, doch die ist echt. Die Hand, die Molcho später als »Gefühlshand« bezeichnen wird, verweilt im Hosensack. Die Sozialdemokratie der Aufsichtsräte scheint gescheitert, der Dritte Weg, er führt ins Holz, Genossen! In unerklärlicher Generosität verschweigt er die Funktion der konservativen Mehrheit im deutschen Bundesrat, der, anders als der österreichische, Funktion und Bedeutung hat. Die Paralyse der Großen Koalition wurde hier bereits geprobt. Rätselhaft auch der unterbliebene Hinweis auf den Verantwortlichen für die Miseren der Wiedervereinigung, Helmut Kohl. Das alles scheint Schröder schon länger nicht mehr zu interessieren, dafür erfuhren wir Näheres über seine private Gefühlskonstellation, was wiederum uns nur mäßig interessierte. Dieses Duell war nicht entscheidend, der Zug schon abgefahren. Die Medien haben die Wende längst herbeigeschrieben, man wird sich an Merkels Körpersprache gewöhnen müssen.

Die Erotik von Rot-Grün ist für die Sensationsindustrie
verblasst, die Blässe von Schwarz-Gelb ist immerhin
neu. Es war Schröders hervorragende Abschiedsgala, doch
die Gefühlshand blieb bei dieser Vorstellung bei den
meisten von uns wohl im Hosensack.

9.9. Gehe wieder zu meinem Zeitungsladen in
Schwabing und erwarte Diskursives über das TV-Duell
zu lesen. Mit seltener Einmütigkeit aber wird die überraschend gute Performance der zukünftigen Bundeskanzlerin
erwähnt, und ich denke mir, quasi von außen betrachtet,
dass angesichts ihrer realen Performance bei dieser
Konfrontation die Erwartungen ziemlich weit im Süden
des Descartes'schen Koordinatensystems angesiedelt sein
mussten. Anleihen ausgerechnet bei Ronald Reagan zu
nehmen, verheißt nichts Gutes. Abgesehen vom Content
keimt da die Befürchtung auf, dass sich künftig wie beim
Vorbild Vergesslichkeit in Bezug auf Wahlversprechen
einstellen könnte. Man kann von Schröder, dem histori-
schen Totengräber Rot-Grüner Kombinationen, halten,
was man will, aber wäre nur aufgrund dieses Fernseh-
spektakels der Bundeskanzler zu küren gewesen, gäbe es
wohl keinen Zweifel. Zu wünschen ist der Kanzlergattin
aufrichtig, dass die von Schröder zitierte Liebe zu ihr
mithalten kann mit seiner offenkundigen tiefen Zuneigung
den Fernsehkameras gegenüber. Die Kommunikationswissenschafter aber, so steht zu lesen, messen der eigentlichen
Konfrontation weniger Bedeutung bei als der anschlie-
ßenden Interpretation der Fachleute, unter denen sich
überraschenderweise auch Kommunikationswissenschafter
befinden. Man kann das unter Arbeitsplatzbeschaffung

einreihen, doch so leicht sollte man es sich nicht machen, denn jene Wissenschaft, die als Rechtfertigung für die eigene Existenz die eigene Meinung über die Notwendigkeit einer solchen heranzieht, bildet den Anfang und das Ende der Bedeutungsspirale. Wenn also jener, der Bedürfnisse weckt, diese gleichzeitig auch beurteilt und befriedigt, entsteht eine Art Meinungsmonopol. Nun wissen wir, dass die entscheidenden Fragen bei Expertisen dieser Art nicht den Inhalt betreffen, sondern den Auftraggeber. Wer also bezahlt die veröffentlichten Meinungen? Präziser gefragt: Wird hier der Unterschied zwischen öffentlicher Meinung und ihrer weitschichtigen Verwandten, der veröffentlichten Meinung, durch die Unterstützung der Wissenschaftslüge unmerklich kongruent gemacht? Die vermeintliche Notwendigkeit der bezahlten Interpretation geht mit der Entmündigung der Wählerschaft einher. Verlasse den Zeitungsladen und stehe nun vor der Entscheidung, ob der Hunger bereits groß genug ist, um ihn mit konkreter Nahrungsaufnahme zu bekämpfen. Ich verzichte darauf, eine Expertise in Auftrag zu geben, und schlendere in Richtung Osterwaldgarten.

12.9. Ein Theaterbesuch wäre schön, denke ich und blättere in Feuilletonteilen, um das Angebot mit meinen Interessen abzustimmen. Die prinzipielle Lust am Theater kommt einem ja im Laufe des Theaterwissenschaftsstudiums etwas abhanden, und das sogenannte Regietheater tut das Übrige, um sie nicht wieder anzuheizen. Wenn nun »die Inszenierung von allen am Theater vertretenen Künsten die am wenigsten kunstvolle ist«, wie Aristoteles uns hinterließ, bestand also das Theater des ausklingenden vorigen Jahrhunderts weitgehend aus falscher Fokussierung? Wenn nun aber nicht einmal mehr der Regisseur in Erscheinung tritt und weder der gesprochene Text noch die behandelten Inhalte des Gezeigten von Bedeutung sind, befindet man sich auf der Bühne der Politik. Lediglich das wechselnde Casting bietet Unterhaltung, die Darsteller treten in Gruppen auf, die man »Parteien« nennt. »Chor« wäre falsch, da Einmütigkeit und Taktgefühl fehlen. Ein Nebenschauplatz, den man für uns schön ausleuchtet, doch das Bühnenbild ist aus Pappe. Bei Tageslicht betrachtet wird der Fake offenkundig, und man begreift langsam, dass diese Form des Entertainments unsere Aufmerksamkeit von den Aktivitäten im Schnürboden ablenken soll. Das Stück »Demokratie« wird gegeben, ein Drama in einem Akt, und dieser soll human motiviert sein, ist es aber ebenso wenig, wie es die Aufhebung der Sklaverei war. Das Stück lebt von der Illusion der Freiheit, die in Wahrheit an der Börse notiert. Inszeniert wird oligarchisch, und ob die Darsteller nun aprikotfarbene Blazer tragen oder sich kaum von den Personenschützern abheben, die sie rund um die Uhr bewachen müssen, ob sie also Merkel, Schröder, Stoiber, Fischer, Schüssel oder Haider heißen, bleibt sekundär. Ich lese noch etwas über Verschwörungstheorien im Chronikteil und entscheide mich dann für ein Shakespeare-Stück. Im Foyer studiere ich akribisch das Programmheft und versuche von der Besetzung auf das Stück zu schließen, vergeblich.

14.9. Fahre mit der Deutschen Bahn durchs Land, und die Monotonie des Zuggeräuschs hält gut mit jener der tagespolitischen Themen mit. Der Blick schweift über die Landschaft, und ich sehe eine Kleinstadt, deren Einwohner laut demographischer Prognosen in einem Jahr nicht mehr existieren werden. 200 000 Deutsche verschwinden pro Jahr, die Schuldigen sind rasch gefunden. Es liegt zwar kein Verbrechen vor, doch Kinderlosigkeit und unsere Endlichkeit grassieren. Der Zug rollt weiter durch ein sich entvölkerndes Deutschland. Nicht Krieg oder Naturkatastrophen wüten hier, nein, Pille, Kondome und Ängste um die materielle Existenz. Der Papst hatte uns immer gewarnt, doch er macht es sich leicht, denn laut Statistik verschwindet so ein Papst nur alle 200 000 Jahre. Die Wahrscheinlichkeitsrechnung macht mir langsam Spaß, ich verzehre ein lasches Brötchen aus dem Speisewagen, wir passieren Regensburg. Ich sehe mich durch seine Altstadt taumeln, hungrig an viele Türen klopfen, nichts … Ich rufe durch die Gassen: »Ich bin kein Deutscher, für mich gilt diese Statistik nicht, ich will leben!« Doch keiner macht mir auf, die wenigen Überlebenden des Geburtenrückgangs sind froh, noch statistisch erfasst werden zu können, und verschließen ihre Türen. Ich schreie in das Echo der Altstadt, dass dies nur der Anfang sei und in 30, 40 Jahren, wenn dann die letzten geburtenstarken Jahrgänge weggestorben seien, die Gesamtbevölkerung überhaupt dramatisch sinken würde und weite Teile Deutschlands dann brachlägen, entvölkert. Leere Städte mit vollen Geschäften, aber keine Kunden, und dann wäre Heulen und Zähneknirschen über die Versäumnisse bei Kinderbetreuungsplätzen und Vereinbarkeit von Job und Familie. Die verbliebenen 500 000 Deutschen würden sich zusammenrotten und einen Arterhaltungsplan schaffen müssen,

ähnlich dem für vom Aussterben bedrohte Pandabären.
Man wird vorschlagen, die leer stehenden Städte an
Chinesen zu vermieten. Würzburg wäre dann taiwanesisch
oder Hannover, wo man früher mal das beste Deutsch
sprach. »Die Fahrkarten bitte!«, holt mich aus diesem
Traum, und als der Schaffner das Abteil verlassen hat, sehe
ich mir gegenüber eine Frau sitzen. Ich will sie schon
fragen, ob sie Kinder hat, und wenn nicht, ob sie sich denn
nicht schäme und ihrer Verantwortung nicht bewusst sei
und Würzburg den Chinesen überlassen wolle. Im letzten
Augenblick halte ich mich schweißperlend zurück, nehme
wieder meine Zeitung und merke, dass ich über einem
Artikel von Kirchhof eingenickt war.

16.9.   Kurzer Abstecher nach Wien, sehe dort ein
ungleiches Duell zwischen dem milliardenschweren österreichischen Meister Rapid und Bayern München. Eine
Überraschung liegt in der Luft, der budgetär benachtei-
ligte Außenseiter führt durch ein Tor des »Deutschen«
Guerrero. Fußball hatte immer schon eine Pionierrolle in
puncto Akzeptanz ausländischer Arbeitskräfte mit überle-
genem Know-how. Seltsam allerdings, wenn im Falle der
Bayern von einer »deutschen« Mannschaft gesprochen
wird. Seltsam auch, dass Nationalismus und Stolz gerade
hier auftauchen, wo es sich nur mehr um zusammengewür-
felte Gladiatorentruppen handelt, ohne Todesgefahr zwar,
dafür mit hoher Gage und niedrigem Identifikationsfaktor.
In unzähligen Diskussionen des deutschen Wahlkampfes
wurde der Zusammenhalt und die gemeinsame Kraft der
Vergangenheit beschworen, um aus der Krise zu kommen.
Mit Hilfe eines Gespenstes wurde versucht, Phlegma und

Mutlosigkeit aufzuschrecken, Mythos schien der geeigneten Weg statt klarer Worte und ebensolcher Rezepte. Deutschland ist laut einer jüngsten Studie noch immer das fünftreichste Land der Welt, doch was nützt es, wenn dies für die Bevölkerung bloß eine Zahl ist. Was nützt es, wenn Wachstum, sollte es sich jemals einstellen, keine Arbeitsplätze bringt. »Jobless growth« ist längst ein schlecht gehütetes Geheimnis geworden, und der Bote, der das verkünden soll, jener innenpolitische Hiob, bleibt einstweilen noch im Dunkeln. Gleichzeitig erfährt man, dass die Bildungsausgaben Deutschlands in Korrelation zu anderen Industrienationen hinterherhinken. Das scheint vernünftig, eine Bevölkerung mit hohem Bildungsstandard reagiert politisch paradoxerweise brisanter als eine Population, die sich mit nationaler Emotion im Stadion kurzweilige Glücksmomente schafft. Der aufklärerische Anspruch der allgemeinen Bildung, der im Übrigen auf die Jesuiten zurückgeht, wird nur mehr in Reservaten als Relikt hochgehalten, in Hoffnungsghettos geträumt. Passive Identifikation mit transparenten Phänomenen wie Fußball oder Fernsehen, Spiele zwar, doch immer weniger Brot, das ist der Mix des Sedativums mit unerwünschten Nebenwirkungen auf den demokratischen Prozess. Plötzlich schrecke ich aus diesen Gedanken hoch, alles wird nebensächlich, es gibt Elfer für Rapid ...

17.9.   Wieder zurück in München, morgen wird es spannend, meine Zimmerwirtin hat den Sekt schon eingekühlt, wie auch immer, meint sie, die CSU würde das schon machen. Frage sie, ob sie im Falle eines Sieges wie Edmund Stoiber vor drei Jahren ein *Glas* Champagner öffnen wolle, doch in puncto Stoiber gibt es keinen Spaß, sogar den CSU-Wahlwerbespot mit ihm goutiert sie, wo dem bayrischen Ministerpräsident der richtige Wahltermin beinahe nicht einfallen will. Er käme so wie im richtigen Leben. Diese Wirklichkeit wird mir dann fast etwas unheimlich, nehme ein Buch und schlendere vorbei am mir wohlvertrauten Lustspielhaus, wo mir bewusst wird, dass den professionellen Kabarettisten große Konkurrenz erwächst durch dilettierende Spaßmacher wie den Gestaltern des FDP-Wahlspots mit der Zweitstimme, der so dumm ist, dass seine Veröffentlichung bereits eine Mutfrage darstellt. Setze meinen Weg fort in Richtung Englischer Garten mit Schrödingers *Was ist Leben?* unterm Arm. Der Physiker untersucht darin die Frage, ob sich das wirkliche Leben nach den Gesetzen der Physik verhalte. Er war da etwas optimistischer als ich, da ich den CDU-Spot mit Frau Merkel sah, die ja die Gesetze der Physik kennen sollte, selbst aber nicht nach den Gesetzen des täglichen Lebens spricht, sondern ihre Schlussworte mit der Glaubwürdigkeit des Laienspiels abliefert. Schröder hingegen, der Schrödingers Überlegungen wahrscheinlich als sekundär erachtet und eher den Gesetzen der optimalen Kamerapositionen und Lichtsetzungen im Studio zugeneigt scheint, dürfte durch Überkonsum an Hollywoodthrillern zur Darstellung in seinem Werbefilmchen inspiriert worden sein. Aber eine Bundestagswahl erinnert höchstens von der inhaltlichen Leere her an Hollywood, und wie immer es ausgeht, am Schluss steht kein Happy End. Die Spots der andern Parteien sind um nichts besser, und ich wundere mich, wie es möglich ist, intellektuelle Hohlräume zu bebildern, die Imaginierung des Nichts

quasi als perzeptive Revolution. Der Werbeindustrie ist
also ein epochaler Schritt gelungen, nämlich die end-
gültige Emanzipation der Form vom Inhalt. Setze mich auf
eine Bank im Englischen Garten und hoffe im Sinne
Schrödingers, dass es irgendwann einmal selbstständiges
lichtempfindliches Material geben wird, das seine Belich-
tung verweigert, wenn der Inhalt des Gezeigten unter ein
bestimmtes Level rutscht. Elektronische Wahlwerbung
würde damit endgültig der Vergangenheit angehören, bis
dahin tröste ich mich mit dem Gedanken, dass übermorgen
der Spuk vorbei ist, sofern man nicht spontan erneute
Neuwahlen ausruft. Amüsiert hänge ich diesem Gedanken
nach und blinzle in die Frühherbstsonne ...

18.9.   Sonntagabends, die Rechnungen gehen hoch
und beenden formal den Wahlkampf. War es seit jeher in
der menschlichen Zivilisation üblich, dass Kämpfe stets
Sieger und Verlierer produzierten, schafft es diese
Bundestagswahl, ausschließlich Sieger hervorzubringen.
Welch ein berührender, euphorischer Abend! Angela
Merkels Sieg über das Charisma in der Politik beschert ihr
den knappen ersten Platz in der Arithmetik, während
Schröder die Meinungsforscher besiegt und daraus die
Kanzlerlegitimation ableitet. Auch Stoiber kann seine
Genugtuung über Merkels schlechtes Abschneiden kaum
verbergen und sieht sein Ergebnis von 2002 a posteriori als
Triumph, bleibt nur die Frage, wer ihm das formulieren
wird. Westerwelles Sieg besteht im ewigen Glanz der
Leere, im Sieg über Inhalte, während die Linkspartei über
ihre wieder erreichte Fraktionsstärke frohlockt. Die
Grünen hingegen fühlen sich auch ein bisschen als Sieger

über eine Regierungsmehrheit von Schwarz-Gelb und ihr Mauerblümchendasein, wenn auch nur für einen Abend. Eine der vielen Siegerinnen des rauschenden Abends ist die Spekulation über mögliche Regierungsformen, egal ob sie nun Schwampel, Jamaika oder Große Koalition heißen. Doch plötzlich wird in der allgemeinen Siegeslaune klar, dass es durch die verhinderte Liebesheirat der Union mit der FDP doch eine kleine Enttäuschung gibt, eine kleine Trübung des Siegeshimmels über Berlin. Der Börsenfachmann erwähnt dies in einem Nebensatz, und retrospektiv wird klar, in wessen Interesse der politische Wechsel wäre. So steht auch am Ende dieses Gedankens der Sieg der selbständigen Wählerschaft, und die Mediendemokratie bleibt in ihrer Absolutheit Legende. Im allgemeinen Siegesrausch packe ich meine Sachen, gehe durchs nächtliche München in Richtung Bahnhof, tue quasi meine letzten Schritte als Wahlbeobachter. Vier Wochen, wie im Flug vergangen, denke ich fast wehmütig, das Land hat seine Qualitäten.

Das Wundern von Berlin

Eine Hoffnung für die deutsche Krisenregion besteht in der
bevorstehenden Fußball-WM, und der Gastgeber ist bescheiden. Prinzipiell gibt es ja nur eine Motivation für die
Hoffnung, dass Deutschland Weltmeister werden sollte: Man
muss Deutsche oder Deutscher sein. Wer den Fußball liebt
als Kunstform, hält zu Brasilien, Frankreich, Holland, Argen-
tinien oder ist, wenn man wie beim Krimi zu den bösen Buben
hält, bei England oder in letzter Zeit auch Italien besser
aufgehoben. Mal sehen, ob sich die Squadra Azzura diesmal
bis in Semifinale wetten kann. Doch ich möchte auch dem
fußballerischen Abstinenzland Österreich Trost spenden:
Ich glaube fest, dass Deutschland diesmal Weltmeister wird.
Natürlich sind rein vom Sportlichen her betrachtet Ecuador
oder Costa Rica übermächtig. Aber eventuell kann man, falls
man nur Dritter wird, schnell mit Blatter eine neue FIFA-
Regel aushandeln. Dass etwa der Gruppendritte, falls er aus
Mitteleuropa kommt und zufällig Veranstalter ist, dem
Gruppenzweiten vorgezogen wird, vorausgesetzt, er gewinnt
den Fairplay-Cup in den Straßenschlachten der Hooligans
gegen Polen (der eigentliche Knüller dieser Gruppe).
Und Blatter, als Schweizer natürlich bestechungsimmun,
darf noch weitere 30 Jahre Präsident bleiben.

Zudem gibt es die alte Binsenweisheit von der sich
steigernden Turniermannschaft. Außerdem hatten die

deutschen Kicker eine wesentlich kürzere Saison als die Weltklasse. Deutschland konnte ja in die Europacup-entscheidungen nur über die Wettbüros eingreifen.

Zu guter Letzt wissen wir, dass Klassefußball immer aus Krisengebieten kommt. Nicht nur die Erinnerung an 1954 soll hier wachgerufen werden (Deutschland Erster, Öster-reich als Dritter heimlicher Weltmeister), sondern auch die Gegenwart, die angesichts der Wirtschaftsdaten Deutsch-lands Anlass zur Hoffnung bietet.

Und Österreich wird Europameister

Licht an. Ein deutscher und ein österreichischer Fußballfan sitzen in einem Café auf dem Alexanderplatz. Man ist in puncto Alkohol vom Gesetz her nicht mehr fahrtauglich, die Fußball-WM ist auch an diesem Tisch Thema und vereint die Nationen.

DEUTSCHER FAN   Na, ihr seid ja bei unserer WM nicht wirklich dabei, wenn man von André Heller absieht.

ÖSTERREICHISCHER FAN   Ja, eine Fußball-WM ist für Österreicher ungefähr so wie eine Schi-WM für Deutsche, man schaut zu, denkt sich: Da können andere etwas, was wir nicht können, und ist beein-druckt.

DEUTSCHER FAN   Nicht ablenken, ihr seid bei eurer EM doch nur dabei, weil ihr Veranstalter seid.

ÖSTERREICHISCHER FAN   Und welche Rolle hat Deutsch-land bei dieser WM? Gratuliere übrigens zu diesem tollen WM-Logo, warum sollen das immer Profis machen?

DEUTSCHER FAN   Na ja, dieses Logo ist nicht gerade das Gelbe vom Ei, sieht irgendwie aus wie von einer McDonald's-Geburtstagsparty.

ÖSTERREICHISCHER FAN   In Österreich gibt es das Gerücht, Franz Beckenbauer selbst hätte dieses Logo gemalt bei der Bayern-Weihnachtsfeier. Allerdings mit den Füßen, da er keine andere Gliedmaße mehr frei hatte.

DEUTSCHER FAN   Sagen Sie, warum können die Österreicher eigentlich nicht kicken, ist das ein Gendefekt, oder ist euch das, wie ihr sagt, wirklich so »wurscht«?

ÖSTERREICHISCHER FAN   Es ist uns vollkommen »wurscht«, vollkommen! Aber das mit dem Gendefekt könnte stimmen, der deutsche Fußball hat sich ja auch erst nach den Nazis so richtig etabliert, und Hitler war ja …

DEUTSCHER FAN   Österreicher!

ÖSTERREICHISCHER FAN   Na ja, eigentlich war er fast schon Bayer.

DEUTSCHER FAN *ironisch*   Na klar, weil der Inn damals woanders geflossen ist, seid ihr natürlich nicht dabei gewesen, so wie bei unserer Fußball-WM.

ÖSTERREICHISCHER FAN   Es gibt offensichtlich zwei Sorten von »Nicht-dabei-gewesen«. Einerseits wie Österreich bei der Fußball-WM nicht dabei ist und andererseits wie Deutschland beim Irakkrieg nicht dabei war.

DEUTSCHER FAN   Kommen Sie mir jetzt nicht mit Politik! Warum sind die Österreicher eigentlich so untalentiert, sobald sie keine Bretter auf den Füßen haben?

ÖSTERREICHISCHER FAN   Es gab Zeiten, da war die
Deutsche Nationalmannschaft für uns ein Jausengegner,
in den 30er-Jahren …

DEUTSCHER FAN   Na gut, aber nur weil ihr ein Team
hattet mit lauter Tschechen: Sindelar, Sesta …

ÖSTERREICHISCHER FAN   So wie Ballack?

DEUTSCHER FAN   Na ja, Ballack, aber denken Sie an
Scholl …

ÖSTERREICHISCHER FAN   Mehmet Scholl?

DEUTSCHER FAN   Oder an Kahn oder Schweinsteiger
von den Bayern …

ÖSTERREICHISCHER FAN   Bayern? Ist das nicht diese
französisch-südamerikanische Auswahl, mit zwei
Deutschen und einem Torwart aus dem Niemands-
land?

DEUTSCHER FAN   Championsleaguesieger …

ÖSTERREICHISCHER FAN   Trotz dieser beiden Deutschen,
beachtlich!

DEUTSCHER FAN   Sie können sich nicht rausreden
trotz Ihres »Schmähs«, wir werden Weltmeister, und
ihr könnt höchstens die Balljungen machen.

ÖSTERREICHISCHER FAN   Sie meinen, Deutschland wird
Weltmeister …

DEUTSCHER FAN   Na klar!

ÖSTERREICHISCHER FAN   Und in welcher Sportart?

DEUTSCHER FAN   Na im Fußball, dieses Jahr beim großen
Finale in Berlin!

Der Kellner bringt weitere Biere.

ÖSTERREICHISCHER FAN   Danke! Wird das Stadion so
lange halten, denken Sie?

DEUTSCHER FAN   Das ist doch nur Panikmache, in
Südamerika stürzen andauernd Stadien ein, und die
Leute sind immer noch fußballverrückt, aber:
Unsere Stadien halten!

ÖSTERREICHISCHER FAN   Wie ist es mit dem Rasen?
Musste nicht die Eröffnungsfeier abgesagt werden, weil
man den Rasen nicht betreten sollte?

DEUTSCHER FAN   Es macht doch einen Unterschied,
wenn 23 Mann, sportlich und durchtrainiert, über den
Rasen tänzeln, oder wenn wie bei dieser Eröffnungsfeier
500 Tänzer oder so was Ähnliches drauf rumtrampeln,
das wird Ihnen doch einleuchten!

ÖSTERREICHISCHER FAN   Gibt's jetzt eine Eröffnungsfeier?

DEUTSCHER FAN   Ist doch egal, Hauptsache, es gibt
ein Finale, und gegen wen wir da antreten, ist Neben-
sache.

ÖSTERREICHISCHER FAN   Sagen wir einmal, es wären die
Brasilos …

DEUTSCHER FAN   Schlagen wir!

ÖSTERREICHISCHER FAN   Wie? Wollt ihr ihnen literweise
deutschen Kaffee einflößen, damit sie müde werden?

DEUTSCHER FAN   Nicht mit Kaffee, mit den deutschen
Tugenden: Kampf, Laufkraft, Kondition …

ÖSTERREICHISCHER FAN   Und wenn es die Engländer sind,
die diese Tugenden auch haben?

DEUTSCHER FAN   Die Engländer haben wir immer noch
geschlagen.

ÖSTERREICHISCHER FAN   Wie war das 1966 in Wembley?

DEUTSCHER FAN   Erinnern Sie mich nicht! Da hat der
Russe die Regeln nicht kapiert, die Querlatte gilt nicht
als Tor! Und jetzt kommen Sie mir wahrscheinlich auch

gleich mit Cordoba, diesem österreichischen National-
feiertag, die Rache für Königgrätz …

ÖSTERREICHISCHER FAN   Wollte ich gar nicht, aber jetzt,
wo Sie es ansprechen. War doch schön, oder?

DEUTSCHER FAN   Das ist eben der Unterschied, ihr zehrt
von einer Eintagsfliege, wir waren dreimal Weltmeister,
unzählige Male im Finale, immer vorne dabei …

ÖSTERREICHISCHER FAN   Die Auslosung für dieses Mal ist
ja sehr angenehm, war sicher nicht billig.

DEUTSCHER FAN   Für uns ist jede Auslosung angenehm,
weil wir zu Hause nicht verlieren können.

ÖSTERREICHISCHER FAN   Wegen des Zuschauerinteresses?
Weil man immer gerne den Veranstalter lange im
Turnier hält, wie damals Südkorea?

DEUTSCHER FAN   Sie wollen doch nicht sagen, dass hier
auf deutschem Boden im Fußball geschoben wird?

ÖSTERREICHISCHER FAN   Nein, natürlich nicht. Die
deutschen Spiele werden ja nicht von deutschen Schieds-
richtern geleitet.

DEUTSCHER FAN   Wir werden Weltmeister, auch ohne
deutsche Schiedsrichter.

ÖSTERREICHISCHER FAN   Aber mit wäre sicherer, oder?

*Die Sprache der beiden wir zusehends unverständlicher, der
Alkohol tut seine Wirkung.*

ÖSTERREICHISCHER FAN   Und wenn … und wenn nicht?

DEUTSCHER FAN   Wenn nicht, was?

ÖSTERREICHISCHER FAN   Nicht Weltmeister Deutschland …?

DEUTSCHER FAN   Wird aber, wird sicher, wenn wir uns das
bis Juni ganz oft vorsagen, wird das. Das hilft …

Der deutsche Fan nickt ein, der österreichische Fan wankt aufs Klo und murmelt leise.

Österreichischer Fan   Österreich wird Europameister, Österreich wird sicher Europameister …

Licht langsam aus.

Musik fürs ganze Leben

Erdnüsse und Musik fürs ganze Leben, ein Zitat, eine
Hingabe, ein kleiner Abschied für die große Ingeborg
Bachmann. Zwei Taxis, die sich immer wieder begegnen,
nur wir werden nicht mehr darinnen sein. Die Zimmer in
den Hotels immer höher hinauf. Bis die Wirklichkeit
verschwindend wird, zu klein, um wichtig zu sein, man
geht immer seltener hinaus. »Sag es niemanden.« Jan und
Jennifer, am Schluss gesprengt, er hat sie nicht einmal
begraben. Ein Bahnhof hier wie dort, zwei Menschen
laufen aufeinander zu, ein kurzer Halt, vielleicht mit
Umstiegsmöglichkeit. Nicht New York diesmal, es ist
Italien. Eine Berührung – auch körperlich – ohne Kontakt.
Der gute Gott von Manhattan stand Pate, und es wurde
»Planlos«.

Planlos

Ein Stück von Alfred Dorfer & Eva Billisisch

PERSONEN:

Heidi
Ian
Bahnhofswärter/Mann

ORT DER HANDLUNG:

Futuristische Bahnhofswartehalle, im Hintergrund ein Allzweckapparat für Fahrkarten, Getränke, Auskunft etc. Eine Schwingtüre, eine Bank.

Auf der Bank – in einen Schlafsack gewickelt – die Tramperin
Heidi. Man hört italienische Zugansagen. Gestört durch den
Lärm bewegt sich Heidi auf der Bank, dreht sich, kratzt sich …
Der Phantasie sind keine Grenzen gesetzt. Sie murmelt den
Anfang eines Gedichtes, schläft weiter. Der Bahnhofswärter tritt
auf, schlecht aufgelegt, beäugt Heidi von allen Seiten, riecht an
ihren Zehen, weckt sie mit einem unsanften Schlag auf den
Kopfteil der Bank, verschwindet wieder. Sie erwacht, kann
niemand ausmachen, schläft weiter. Bahnhofswärter kommt
zurück, mit Besen, Kübel, Mistschaufel, knallt die Schaufel auf
die Bank.

BAHNHOFSWÄRTER Signorina, si alzi, non è un dormitorio
pubblico. Devo pulire qui, ogni giorno la stessa cosa.
Pulire, pulire, pulire. Devo pagare la bolletta della luce.
signora, ora basta, si alzi, io … 5 bambini, pagare,
pagare, pagare, questi turisti puzzano proprio. Mica ha
fatto la pipi qui. Turisti, tutti delinquenti, tutti puzzo-
lenti hanno fatto bene a Venezia … it is shit … porca
miseria, Madonna mia …

Der italienische Text ist nach Belieben, Können und Origina-
lität auszubauen. Unter stetigem Schimpfen und Brabbeln,
teilweise zum Publikum, verschwindet der Bahnhofswärter.
Heidi schaut ihm nach.

HEIDI Arschloch.

Sie richtet sich ein zum Weiterschlafen, da quietscht die
Schwingtüre wieder. Ian, beladen mit Koffern, stürmt herein,
bemerkt Heidi nicht, lässt seine Bermudas herunter und
beginnt hektisch und genüsslich seine Gelsenstiche zu

kratzen … die Beine auf und ab, unter der Hose, in der
Hose … Heidi sieht zu, mit offenem Mund, fassungslos.
Er bemerkt Heidi, öffnet ebenfalls den Mund, ertappt.

HEIDI Buon giorno.

Unendlich langsam greift Ian nach seinen am Boden
liegenden Hosen, den Blick immer starr auf Heidi gerichtet.

IAN Buon giorno.

Ian entfaltet einen riesigen Plan, studiert ihn, Heidi startet
einen weiteren Schlummerversuch. Ian pfeift, Heidi ist
gestört, pfeift mit, wütend, er bemerkt es nicht, sie springt
auf, kratzt sich ebenfalls die Beine, angelt einen Elektro-
rasierer aus ihrem runden Koffer, rasiert sich die Beine. Ian
nimmt das Geräusch wahr, sucht die Quelle, folgt Heidi
hinter seinem Plan, sie ist gebückt, er geht auf die Knie, um
ihr unter den Rock zu schauen. Heidi bemerkt dies, springt
schnaubend auf, zieht ihre schmutzigen Socken hoch und
nimmt auf der Bank Platz, um ihre Morgengymnastik
abzuhalten. Während sie sämtliche Körperteile in alle
möglichen Richtungen verdreht und verrenkt, studiert Ian
weiterhin seinen Plan. Als dies Heidi zu langweilig wird,
spricht sie in sauber artikuliertem Italienisch, unter Weiter-
führung ihrer Übungen.

HEIDI Le posso dare una mano?

Keine Antwort.

HEIDI *lauter* Le posso dare una mano?
IAN Hä?
HEIDI *ungeduldig, in sauberstem Englisch* You are looking
  for something in your map, aren't you?

IAN   Yes.

HEIDI   Can I help you?

IAN   Yes. Can you tell me where Pisa is?

HEIDI   Yes. It's near. First you go to Florence and there you change the train and go directly to Pisa. *Beginnt sich zu schminken.*

IAN   Excuse me, is that Florence close to Lillehammer?

HEIDI   Lille-what?

IAN   Lillehammer.

HEIDI   Lillehammer?

Ian kommt näher, zeigt Plan.

HEIDI   Excuse me. But this is a map of Norway.

IAN   Wrong map. Wrong map. What the hell, how could that happen?! *Kramt in seinem Koffer, zwischen anderen Plänen fördert er den richtigen zutage. Triumphierend*: Italy!

Heidi schmiert sich Rot auf Wangen, Orange auf Augenlider.

IAN *hinter dem Plan*   Where do you come from?

HEIDI *schminkt die Lippen, lässt sich Zeit.*   Austria.

IAN *hinter dem Plan*   I don't like Austrians.

HEIDI *indigniert*   Where do you come from?

IAN   Austria … Pöggstall.

HEIDI *begeistert*   Pöggstall?! What a Zufall! I am from the Waldviertel too. – Heidenreichstein.

IAN   I don't like Heidenreichstein.

HEIDI   Is there anything in the world you like?

IAN   I like your socks.

Heidi hebt den Fuß, besieht den Socken mit ungläubigem Blick, zupft, dann geschmeichelt.

180

HEIDI   Will you stay here for long?

IAN   No, I am on the through-way.

Heidi bewegt Füße samt Socken kokett hin und her.

IAN   Mein Zug geht in 1 ½ Stunden.

HEIDI   Urlaub schon aus?

IAN   Ja.

HEIDI   Ich hab noch fünf Tage.

IAN   Wie schön für Sie. Auf Wiedersehen.

HEIDI *beleidigt*   Auf Wiedersehen.

Unter lieblichem Singsang zieht sie ihre Socken aus und schlüpft in ihre Schuhe.

IAN   Wie alt sind Sie eigentlich?

HEIDI   23. *Betont langsam oder lispelnd*: Und Sie?

IAN   23. Äh … 32. Und was machen Sie so, beruflich und so und überhaupt und so …

HEIDI   Eigentlich mach ich gar nix. Ich hab einen reichen Vater. So! Und jetzt hol ich mir Kaffee.

Geht zum Allzweckapparat, schlägt mit dem Fuß dagegen, Geräusche, es arbeitet, sie schiebt eine Klappe nach oben, entnimmt zwei Kaffeebecher, schiebt die Klappe wieder nach unten, ein Schrei ertönt, Ian erschrickt, Heidi lächelt.

Für ein paar Lire bekommt man Musik und Kaffee fürs ganze Leben. *Bringt ihm den Kaffee.*

IAN   Was bekommen Sie für den Kaffee?

HEIDI   Gar nix.

Ian nimmt einen Schluck, kriegt ihn nicht runter, steht ratlos da, mit aufgeblähten Backen.

HEIDI   Ich hab auch noch ein paar Kipferl. *Nimmt zwei
   aus dem Koffer, vergleicht die Größe, wählt das kleinere
   für Ian, entdeckt einen Fleck auf seinem Kipferl, spuckt drauf,
   wischt ihn weg, überreicht es.* Bitte.
IAN *Würgt den Kaffee hinunter, lächelt gewollt, beißt ins
   Kipferl, es ist steinhart.*   Haben Sie auch eine Kreissäge?
HEIDI   Bitte? *Sie macht es sich auf der Bank gemütlich,
   zündet sich eine Zigarette an, knirscht mit dem Kipferl,
   schlürft Kaffee, die Welt ist in Ordnung.* Kipferl, Kaffee,
   Tschik!

*Es beginnt eine Art Slapstick-Szene: Der Kampf mit der
Materie, Ian versucht, Kaffee und Kipferl loszuwerden.
Zum Beispiel bedient er eine Müllklappe im Allzweckapparat,
als er sich aufrichtet, öffnet sich über ihm blitzschnell ein
kleines Fenster und streckt ihn zu Boden. In der Folge ver-
sucht er mit Karateschlägen das Kipferl kleinzukriegen.
Als er es zuletzt mit Schwung ins Off befördert, regnet es
als Antwort Kipferlstücke von dort zurück.
Blickwechsel: Ian schaut auf Heidis Knie. Heidi schlägt sie
übereinander. Ian schaut. Heidi überschlägt sie in die andere
Richtung. Ian schaut. Heidi stellt die Beine nebeneinander.
Ian schaut. Heidi klappt die Beine schnell weit auseinander
und wieder zusammen. Ian macht sich zum Verlassen der
Wartehalle bereit.*

HEIDI   Sagen Sie, kennen Sie eigentlich Minestrone?
IAN   Nein.
HEIDI   Doch. Das ist diese Gemüsesuppe. Mit den
   Karottenstückchen drin und den Fisolenstückchen und
   den Lauchstückchen und den …
IAN   Nougatstückchen.

HEIDI   Mir scheint, Sie sind ein Scherzküberl. Und Zuppa
Pavese, kennen Sie die?

IAN   Nein.

HEIDI   Das ist die mit dem gerösteten Brot. Und oben
drüber dieser Käse. Dieser Parmesan. Das Brot ist oben
noch so knusprig und braun. Und unten, da wo es in
der Suppe schwimmt, da ist es schon ganz weich und
aufgequollen, vollgesogen wie ein Schwamm!

IAN   Und die Fettaugen, die einen anblinzeln.

HEIDI   Ich seh, ich seh, was du nicht siehst, und das ist
rot. Paradeisrot! *Klettert auf die Bank und beugt sich über
ihren Koffer.* Da schwimmen in einer roten Sauce mit
feingehackten Zwiebeln Paradeiser, dicke Paradeiser,
und die sind aufgeschlitzt und vollgestopft mit Reis,
Faschiertem, Gewürzen, hm … *Währenddessen taucht sie
mit dem gesamten Oberkörper in den Koffer, Hinterteil und
Beine auf der Bank.*

IAN   Ach ja?

HEIDI   Na, auf was stehen Sie denn?

IAN   Bei einem Tafelspitz sag ich nicht nein.

HEIDI   Und was noch?

IAN   Etwas Salz und Pfeffer. Kren.

HEIDI   Kren? Das füllt doch keinen Mäusebauch. Ich will
einen Vorspeisenteller, mit Butterkringel, Käseröllchen,
ungarischer Salami, hauchdünn aufgeschnitten, Schne-
cken, die kriechen dann noch so über die Salatgarnitur,
ein paar Olivchen in Knoblauchmarinade, ein paar
Scheibchen von diesem exquisiten Parmaschinken …

IAN   Ich hab einmal einen Freund gehabt, der hat,
wenn er Gnocchi wollte, immer Notschi bestellt, er
hat natürlich nie bekommen, was er wollte. Haha.

HEIDI   Ha! Was seh ich! *Steht auf der Bank*. Da kommt ja
schon meine Meeresfrüchteplatte! Ist die groß! Sehen
Sie! Muscheln, blaue blank polierte Schalen, alle auf
Eis, und der Hummer, da hinten, welche Zangen hat
der, das ist das Prunkstück der ganzen Tafel! Gleich
daneben Beluga-Kaviar, erste Qualität. Sagen Sie, sehen
Sie überhaupt etwas von da, wo Sie stehen? Kommen
Sie! *Zieht ihn zu sich auf die Bank*. Schauen Sie sich diese
Riesen-Calamari an! Zitronenscheibchen drauf. Da
drüben Shrimps-Cocktail mit Obers. Und da: diese
Seeigel zum Ausschlürfen!

IAN   Moment mal! Ist das da hinten nicht ein Seegurken-
Parfait? Kennen Sie das?

HEIDI   Nein, hab ich noch nie probiert.

IAN   Ist herrlich! Oder den Taleggio, diesen fetten italie-
nischen Nachspeisenkäse, kennen Sie den?

HEIDI   Nein, ich steh mehr auf diesen ordinären
Österzola!

IAN   Na, wenn der so warm ist und über den Tisch
kriecht. Mit Trauben dazu und oh! … da kommt ja
schon meine Früchteplatte. Mit Bananen, Hawaii-
Ananas, Granatäpfeln. *Pfeift, hüpft unter allen möglichen
Verrenkungen und Schreien von der Bank, zuckt aus,
bemerkt nach einiger Zeit Heidi, die ihn erstaunt betrachtet.*
Verzeihen Sie. Es ist mit mir durchgegangen. Das war
nicht ich. Normalerweise passiert mir das nicht. Äh …
Es soll hier ein Etrusker-Museum geben in der Stadt,
Via Garibaldi, 10–17 Uhr geöffnet.

HEIDI   Das werden Sie gar nicht mehr besichtigen
können, Sie armer Wurm!

IAN   Nein!

HEIDI   Aber ich!

IAN   Ja!

HEIDI   Haben Sie einen Stadtplan?

IAN   Nein!

HEIDI   Aber ich!

IAN   Was, Sie haben einen Stadtplan? *Aufgeregt.* Bitte,
wo haben Sie den her, ich war in zwölf Geschäften! *Heidi
kramt im Koffer, fördert Plan zutage.* Ha, ein Michelin-
Plan. 1 : 400 000. Huhu! Da! Hier ist der Hauptplatz.
Da hab ich die zwölf Japaner fotografiert. Hier, Via
Garibaldi mit dem Museum. Und es muss noch eine
Reptilien-Schau geben, hier im oberen Teil der Stadt.
Ich glaube hier oder hier. *Ian berührt durch den Plan, der
über Heidis Brust und Bauch ausgebreitet liegt, ihre Brüste.
Heidi klopft ihm auf die Finger.*

HEIDI   Das Berühren der ausgestellten Objekte ist
verboten!

IAN   Entschuldigen Sie. Heute ist nicht mein Tag! Auf
Wiedersehen. Hat mich sehr gefreut!

HEIDI   Auf Wiedersehen!

*Heidi packt ihre Sachen, Ian läuft hin und her, um die
Abfahrtszeiten der Züge auf zwei Plänen miteinander zu
vergleichen.*

IAN   He, ich hab einen Zug nach Pisa! 17 Uhr 30 hin,
um 18 Uhr 15 in Pisa. Anschlusszug von Pisa
9 Uhr 30 Törl Maglan, bin um 22 Uhr 10 in Wien,
um 23 Uhr 10 geht die U-Bahn. Na hervorragend.
Franz-Josefs-Bahnhof. Moment! Rekapituliere:
17 Uhr 30, 18 Uhr 15, 22 Uhr 50, nein 22 Uhr 10
bis 23 Uhr 10 Franz-Josefs-Bahn…

Heidi ist reisefertig, nimmt ihren Koffer, dreht sich um und rammt Ian ihren Koffer in eine empfindliche Stelle.

HEIDI *irritiert*   Ich muss jetzt telefonieren.

Geht zu einer Klappe im Allzweckapparat und entnimmt ihr einen Telefonhörer, lauscht hinein. Ian versucht durch meditative Übungen den Schmerz zu vertreiben. Heidi winkt ihn näher, jeder hält einen Hörer ans Ohr. Es folgen Stadtbeschreibungen über Band auf Italienisch, Englisch, Schwedisch und Japanisch, zu denen Heidi und Ian synchron die Köpfe nach vorne, hinten und zur Seite bewegen, bei der dritten Durchsage kommen sie durcheinander. Es ertönt Glockengeläute und Taubengegurre. Ein Mann mit Nylonsackerl tritt auf, lockt und füttert Tauben.

HEIDI *zu Ian*   Na, bereuen Sie's?

IAN   Nein, aber den Zug um 17 Uhr nehme ich. *Entdeckt den Mann, verfüttert den Rest seines Kipferls, setzt sich zu ihm.* Pigioni, belli, hm, pigioni!

MANN   Si, si!

IAN   Il mio papa, Taubenzucht in Pöggstall, capisci? *Spielt Taube.*

MANN   Ah, si si.

IAN   Molto bello, questo, mit der Halskrause.

MANN   Ah si, Mussolini.

IAN   Mussolini, bello, bello, putputput, Mussolini, come to me … Scusi, signore, ist es mehr gugurugu oder putiputiputiput?

MANN   Häh?

IAN   Mehr gugurugu oder putiputiputiput?

MANN   Ah! Grugru. *Lehrt Ian das Gurren, Ian ahmt nach, Heidi steht abseits.*

HEIDI   Gehen wir in den Dom?

IAN   Später.

HEIDI   Dann gehen wir ins Museum.

IAN   Gleich, gleich.

HEIDI   Ich kauf uns jetzt ein Eis!

IAN   Danke, ich mag kein Eis.

HEIDI   Und ich mag keine Tauben! *Stürzt auf die Bank zu und verjagt alle.* Schschschsch!

IAN   Mögen Sie keine Tauben?

HEIDI   Wie kommen Sie darauf?

MANN   Das sind doch welche der letzten Lebewesen in der Stadt.

HEIDI   Sie sind fett und unrein!

IAN *zum Mann*   Verzeihen Sie, ich kenne die Frau überhaupt nicht.

HEIDI   So! Ich gehe jetzt!

IAN *zu Heidi*   Warten Sie, ich lade Sie auf ein Eis ein!

MANN   Ja, sehr lieb! Schoko, Vanille, bitte! … Ein paar Lire tun's auch. Dann kann ich mir's ja selber besorgen. Das Eis, meine ich.

IAN   Tut mir leid, ich bin vollkommen abgebrannt. *Heidi klopft an seine Jackentasche, fördert ein paar Münzen zutage, bringt sie dem Mann.*

HEIDI   Sind wir ein Geizkragerl? *Zum Mann*: Bitte!

MANN   Danke, signorina, sehr freundlich!

IAN   Man tut, was man kann. Auf Wiedersehen.

HEIDI   Auf Wiedersehen.

MANN   Sagen Sie, möchten Sie nicht vielleicht noch eine Geschichte hören?

IAN   Nein, danke.

HEIDI   Welche?

MANN Eine der schönsten Liebesgeschichten der Welt vielleicht, hm?

IAN Nein, danke.

HEIDI Ja! Liebesgeschichten!

MANN Romeo und Julia! Eine Nacht voller Vogelgezwitscher, Liebesschwüre am Balkon, und das alles im dunklen Verona, und schließlich das süße Sterben des schönen Romeo und seiner heiß geliebten Julia. Oder die Versteinerung Euridikes, ihre Abberufung ins Totenreich, und Orpheus, der Sänger, schmerzzerissen, begibt sich auf die Suche nach seiner Geliebten. Wohin? – Ins Schattenreich!

Heidi beginnt die Erzählung zu illustrieren.

Dummerweise bricht er ein Gebot, dreht sich um, und weg war sie, für immer. Haha. Oder die Geschichte der langhaarigen Königin Isolde und ihrem Helden Tristan, mit Segeln im Wind, einer brennenden Fackel in der Nacht und fiebernder Ungeduld, bis die Fackel erlischt. Plötzlich – eine fürchterliche Entdeckung! Tristan, nein! Er ist tot, schwimmt im eigenen Blut, und über seinem Leichnam haucht auch Isolde ihre Seele aus.

Ian fühlt sich von Heidis Spielen zusehends genervt.

Oder die Geschichte des Mohrenkönigs Othello und seiner engelsgleichen Gattin Desdemona! Zuerst Hochzeitsglocken, dann ein Fluch, und im Gefolge ein von Neid und Eifersucht zerfressener Mann. Und Desdemona hingerichtet … *Sie nimmt die Hände von Ian, der zunächst widerwillig mitmacht, dann aber die Kontrolle verliert* … von ihrem eigenen Mann mit eigenen Händen

in ihrem eigenen Bett! *Das Spiel ist ernst geworden:*
Ian würgt Heidi, bis sie zu Boden sinkt. Er ist wie wegge-
treten. Mann ab. Eine italienische Zugansage bringt Ian
wieder in die Realität zurück.

IAN Stehen Sie auf! Hilfe, Hilfe, Hilfe! Stehen Sie auf!
Medico, polizia, es war nicht so gemeint … *Er versucht sie*
aufzurichten, klatscht ihr auf die Wange, Heidi erwacht und
schlägt zurück. Ian testet, ob sein Gehör noch in Ordnung ist.

IAN Test, Test … eins, zwo …

HEIDI Wo ist der Mann?

IAN Häh? Test, Test …

HEIDI Der Geschichtenerzähler, wo ist er?

IAN Der ist weg mit seinen Tauben!

HEIDI Ich habe Durst!

IAN Häh?

HEIDI Durst!!!

IAN Moment. Ganz ruhig. Aqua minerale? *Holt es aus dem*
Allzweckapparat, Schiebefach.

HEIDI No, normale.

IAN *wirft Becher in Müllklappe, Schiebefach.* Aqua normale!
Bringt es.

HEIDI Nein, lieber Coca-Cola. *Müllklappe, Schiebefach.*

IAN Coca-Cola!

HEIDI Nein, lieber Batida mit Milch! *Müllklappe, Schiebe-*
fach.

IAN Batida mit Milch! *Im Schiebefach erscheint ein – weiß*
behandschuhter – ausgestreckter Mittelfinger. Äh! Batida
ist aus. Zur Wahl stehen noch Ballantines, Four Roses
oder Jim Beam.

HEIDI In dem Fall nehme ich Martini, bianco, secco, con
ghiaccio e limone, ma subito! *Im Schiebefach erscheint ein*

wunderschönes Glas mit Strohhalm. Ian und Heidi sind platt.
Finden Sie nicht auch, es ist furchtbar vornehm hier?
Die Kellner in ihren Fracks und die Kerzen auf den
Tischen und die Männer, alle so glatt rasiert, mit ihren
Krawatten. Wo ist Ihre Krawatte?

IAN   Ich habe keine Krawatte.

HEIDI   Haben Sie keine Krawatte im Gepäck?

IAN   Nein, ich habe keine Krawatte!

HEIDI   Dann knöpfen Sie wenigstens das Sakko zu!
Kennen Sie die da hinten, in Schwarz, am Klavier?
Das ist die Poldi Pointner. Die Ärmste hat unlängst das
dritte Kind verloren.

IAN   Kein Wunder, wie es bei ihr in der Wohnung immer
aussieht.

HEIDI   Das ist doch nicht die Möglichkeit! Nein, unverschämt ist das, schauen Sie mal, der Kerl da drüben, der
glotzt mir immer auf die Beine!

IAN   Das Schwein!

HEIDI   Wollen Sie ihn sich vorknöpfen?

IAN   Wenn ich meine Krawatte gefunden habe.

HEIDI   Und die Musik …

IAN   Was?

HEIDI   Vivaldi!

IAN   Wie wer?

HEIDI   Vivaldi!

IAN   Und der Wind, der hereinkommt und durch die
Lüster klinkert.

HEIDI   Ich mach mich jetzt ein bisschen frisch.

IAN   Heißt es eigentlich Lüster oder Luster?

HEIDI *im Abgehen* Lüster, glaub ich. *Und nochmals betont*:
Natürlich: Lüster. *Ab.*

IAN *Ahmt sie nach, mehrmals.*   Lüster, natürlich: Lüster …
Zieht Postkarte heraus, schreibt. Musik. Liebe Hedi. Ich
sitze hier im Strandcafé und denk an dich. Komme
wahrscheinlich ein paar Tage später, du kennst ja die
Italiener. Streik. Ich liebe dich, umarme und küsse
dich. Grüße auch an unser Pipsi. Dein dich liebender
Iantschi.

Heidi tritt auf, umgezogen auf große Dame, setzt sich.

IAN   Tanzen Sie? *Heidi erhebt sich, Ian ebenfalls.* Ich nicht.
Sie setzen sich.
HEIDI   Warum haben Sie mich dann gefragt?
IAN   Ich hab gehofft, Sie können auch nicht tanzen.
HEIDI   Eigentlich mag ich sowieso gar nicht mit Ihnen
tanzen.
IAN   Wieso nicht?
HEIDI   Weil Ihr Zug bald abfährt.
IAN   Aber den nehm ich doch nicht. Ich nehm den
Nachtzug.
HEIDI   Ehrlich?
IAN   Ja! Darauf trinken wir einen, gut? *Zieht einen
Flachmann heraus.*
HEIDI   Ist das scharf? *Sie prosten sich zu. Das Licht flackert
erst, erlischt.*
IAN   Hohohoho? Alla salute!
HEIDI   He! Die drehen das Licht aus!
IAN   Schweine!
HEIDI   He, Geschäftsführer! Ich glaub, die wollen uns
da rausschmeißen!
IAN   Mit uns nicht!
HEIDI   Los, beschwer dich!

IAN Wenn ich meine Krawatte gefunden habe. *Beide ziemlich angeheitert.*

HEIDI *singt* Arrividerci Franz, du hast den längsten Schwanz, das Licht geht aus im Lokal, drum küss mich noch mal, bevor wir auseinandergehen … *Licht geht an.*

IAN Was machst du sonst um diese Zeit?

HEIDI Na was ein anständiges Mädchen eben so macht um diese Zeit: schlafen! Außer es ist ein Fest, dann schlaf ich natürlich nicht, dann tanz ich die ganze Nacht mit Oskar oder Ferdinand oder Fritz. Und wenn die Party vorüber ist, dann bringt mich Oskar nach Hause. Oskar hat ein Cabrio. Oskar hat ein rotes Cabrio. Im Regal. Fritz hat kein Cabrio. Aber Fritz, der hat dafür so einen … nein, so einen … Hamster. Hast du noch nie gesehen! Ferdinand hat kein Cabrio, der hat auch keinen Hamster, aber Ferdinand, der ist gut im Bett. Und wenn mich Ferdinand nach Hause bringt, dann krieg ich einen Gutenachtkuss, mindestens! – Du dürftest mir auch einen Gutenachtkuss geben, wenn du mich nach Hause bringen würdest.

IAN Ich glaube, das ist eher etwas für Ferdinand, Gustl, Kurtl oder Horstl. Ich für meinen Teil habe für derlei Blödheiten keine Zeit. Ich bin Lehrer.

HEIDI Ich serviere. Im »Paradiesvogel«. Ist auch nicht viel besser.

IAN Ich hab gedacht, Sie haben einen reichen Vater.

HEIDI Hab ich auch. Aber der gibt mir kein Geld. Was unterrichten Sie eigentlich?

IAN Musik und Xylophon! *Holt ein Reisexylophon aus dem Koffer.* Und da hab ich auch genau das Richtige für Sie! *Spielt Hänschen klein.*

HEIDI Ich bin beeindruckt.

Ian spielt beschwingten Rhythmus, Heidi tanzt, er ebenfalls,
sie bemerken, dass die Musik aufgehört hat, setzen sich.

IAN Was halten Sie von einer Eigenkomposition von mir?
HEIDI Bitte!
IAN *singt*

Jo, i bin der Huaber Franzl
und i bin a fescher Bua – jo
bind ma d'Bichserl iba d'Ochsl
und geh der Alma zua …
Jodler als Mittelteil.
Jo, i zoag dir a mei Kammer
und i zoag dir a mei Bett – jo
und du kunnst a bei mir schlofa,
oba sogn deafst es net.
Jodler.

Ian und Heidi tanzen, das Xylophon zwischen ihnen ein-
geklemmt, Ian spielt. Als sie sich küssen wollen, klappt
der Deckel zu und klemmt Ians Finger ein. Er läuft hinaus,
schreit draußen, kommt wieder, hätschelt seine Finger.

HEIDI Hoffentlich ist nichts gebrochen. *Keine Reaktion.*
Es soll hier einen Park geben ganz in der Nähe.
IAN Sie meinen die Bahnhofsböschung.
HEIDI Nein, nein, ich spreche vom Bahnhofsge-
büschspark.
IAN Bahnhofsgebüschspark?
HEIDI Ob es dort Schlangen gibt?
IAN Wir können ja nachsehen, ob es da Schlangen gibt.
Geht vor, verliert seine Postkarte, Heidi findet sie, liest, geht

zu Ian und klatscht ihm mit der flachen Hand aufs Hirn.
Schon wieder!?

HEIDI   Eine Gelse!

IAN   Tun Sie's weg!

HEIDI   Ih! Auf Ihrer Stirn klebt auch noch Blut!

IAN   Schnell, tun Sie's weg! Wer weiß, was man sich im
Süden alles holen kann. Na schnell! Na äh! *Heidi lässt
sich Zeit, kratzt ihn dann an der Stirn und wischt den Finger
an seinem Sakko ab.*

IAN   Au! … Was ist denn los?

HEIDI *liest laut die Postkarte.*   Liebe Hedi. Ich sitze hier
im Strandcafé und denk an dich. Komme wahrscheinlich ein paar Tage später, du kennst ja die
Italiener. Streik. Ich liebe dich, umarme und küsse
dich. Grüße auch an unser Pipsi. Dein dich liebender
Iantschi.

IAN   Iantschi, von Ian.

HEIDI   Angenehm. Heidi von Heidemarie.

IAN   Geben Sie mir die Karte wieder?

HEIDI   Ich denke überhaupt nicht daran. Ein so origi-
neller Text fällt Ihnen bestimmt bald wieder ein.

IAN   Aber ich hab sie schon frankiert!

HEIDI   Die … Lire schenke ich Ihnen!

IAN   Hedi ist eine gute Freundin von mir. Sie fehlt mir
eben.

HEIDI   Traurig!

IAN   Außerdem sind wir verheiratet.

HEIDI   Was? Und was wird jetzt?

IAN   Wieso?

HEIDI   Ja, was soll jetzt werden?

IAN   Wieso?

HEIDI   Wieso! – Wieso fahren Sie nicht zu Ihrer Hedi,
wenn Sie Ihnen so fehlt!?

IAN   Na, so sehr auch wieder nicht …

HEIDI   Wann fährt der nächste Zug?

IAN   Keine Ahnung!

HEIDI   Wo ist ein Plan? Sie haben doch für alles Ihre
Pläne!

IAN   Da im Koffer!

HEIDI   Das haben wir gleich … *Wühlt in seinem Koffer,
wirft dabei den Inhalt im Wartesaal umher.*

IAN   Was regen Sie sich denn so auf? Ich kapier überhaupt
nichts mehr. Was ist denn los mit Ihnen? Na he,
Moment mal … meine Dessous … warten Sie … sind
Sie verrückt?

HEIDI   So, da haben wir's! Wohin wollen Sie überhaupt?
Nach Pöggstall?

IAN   Ja, Pöggstall.

HEIDI   Da gibt's ja überhaupt keinen Anschluss in dieses
gottverdammte Pöggstall!

IAN   Jetzt reicht's! *Knallt den Plan auf den Boden. Schweigen.*

HEIDI   Und warum fahren Sie nicht wirklich nach Hause?

IAN   Immer wartet jemand. Eine Beziehung löst die
andere ab. Man wird überhaupt nur weitergereicht.

HEIDI   Und was werden Sie sagen?

IAN   Nichts.

HEIDI   Nichts?

IAN   Nichts.

HEIDI   Ja, Sie haben Recht. Es gibt ja eigentlich auch gar
nichts zu sagen … bis jetzt.

IAN   Und wenn ich Sie jetzt küssen würde … gäb's dann
auch nichts zu sagen?

HEIDI   Für mich nicht, für Sie kann ich ja nicht sprechen.
Langsam nähern sich ihre Köpfe. Draußen reinigt der
Bahnhofswärter die Scheiben der Schwingtüre. Die Sprüh-
flasche erzeugt ein deutliches Geräusch.

HEIDI   Warum keuchen Sie?

IAN   Wer? Ich?

HEIDI   Ja, wer sonst?

IAN   Ich keuch doch nicht. Keuch ich?

HEIDI   Ich hör deutlich, wie Sie keuchen.

IAN   Das müssen Sie sein, wenn überhaupt … *Heidi*
entdeckt den Bahnhofswärter, kreischt. Was ist?

HEIDI   Da ist jemand!

IAN   Wo?

HEIDI   Hinter der Scheibe! *Bahnhofswärter duckt sich.*

IAN   Da ist niemand! Schauen Sie doch genau hin, da ist
kein Mensch.

HEIDI   Doch, doch, doch.

IAN   Nein! *Bahnhofswärter taucht auf.*

HEIDI   Natürlich ist da jemand, sind Sie blind? *Bahnhofs-*
wärter verschwindet.

IAN   Nein, bin ich nicht! Bitte schauen Sie doch genau,
hinter der Scheibe, kein Mensch, nessuno, nobody!
Seien Sie nicht hysterisch! *Bahnhofswärter taucht auf.*

HEIDI   Da ist niemand?

IAN   Nein!

HEIDI   Ich bin hysterisch?

IAN   Ja!

HEIDI   So! Mir reicht's! *Packt ihren Koffer.*

IAN   Wo wollen Sie hin?

HEIDI   Ich gehe! Mir reicht's.

IAN   Warten Sie, wo wollen Sie hin?

HEIDI   Das hält ja überhaupt kein Mensch aus mit Ihnen.

IAN   Warten Sie!

HEIDI   Ich hab genug! *Geht ab. Ian entdeckt den Bahnhofswärter, öffnet die Schwingtür, der Bahnhofswärter sprüht
ihm ins Gesicht, lacht, geht ab. Italienische Zugansage –
»Vienna« –, Ian packt hektisch seine Koffer, will hinaus,
Heidi erscheint.* Eigentlich wollte ich mit Ihnen fort-
fahren!

IAN   Ja!! Wohin?

HEIDI   Irgendwohin. Hinaus aus der Stadt … wo die
Luft noch frisch ist und die Wiesen grün. In einem alten
Opel Kadett … mit durchgerosteter Bodenplatte … und
wir haben eine alte Hupe mit Blasebalg, die macht …
trötrö, und wir fahren ganz schnell, viel schneller als
erlaubt … und in der Kurve, da stellt's uns auf, auf zwei
Räder, aber Sie brauchen sich nicht zu fürchten, weil
es gibt keinen Sicherheitsgurt, der Sie würgen könnte,
und ich hab auch keinen Führerschein!

IAN   Hören Sie, mein Nachtzug ist gerade abgefahren,
wegen Ihnen abgefahren … fitifitifitifit!

HEIDI   Ja, dann haben Sie ja Zeit, kommen Sie, steigen
Sie ein. Wir fahren los! Da! Eine Burgruine … altes
Gemäuer. Wir machen eine Wanderung hinauf …

IAN   Ja, ich nehm Wurstbrote mit.

HEIDI   Ja, gute Idee! Die essen wir dann oben. Da breiten
wir eine Decke aus und schauen uns den Sonnenuntergang an. Und dann … dann treten wir einen
Felsblock los und schauen zu, wie er ins Tal rollt …
und wie er rollt und rollt und rollt und alles mit sich
reißt! …

IAN   Ja, vielleicht sogar einen Wanderer!

HEIDI   Das, das wäre ja furchtbar! Kommen Sie, steigen Sie schon ein, wir müssen weg von da! Die verhaften uns! Kommen Sie!

IAN   O.k. O.k. O.k. O.k.

HEIDI   Kommen Sie!

IAN   O.k. Ist ja gut!

HEIDI   Legen Sie eine CD ein!

IAN   Eine CD! *Spielt mit, sucht aus.*

HEIDI   Ja, was Beruhigendes!

IAN   Was Beruhigendes! *Er legt eine italienische Ballade ein.* Was ist das für ein Knopf? *Drückt imaginären Knopf, Heidi spielt Scheibenwischer.*

HEIDI   Können Sie das nicht abstellen? Danke! Und was ist das für ein Knopf? *Drückt Knopf, Ian spielt Schleudersitz.*

IAN   Und was ist das für einer? *Heidi lässt ganz schnell ihre Zunge aus- und einfahren.* Was war das?

HEIDI   Äh … Fliegenfänger …

IAN   Ein Melonenfeld! Stehlen wir eine?

HEIDI   Ja! Die größte! *Ian will aussteigen.* Moment, ich muss erst bremsen! *Bremst quietschend, Ian stiehlt Melone, Heidi hupt.* Hinten herum! Schnell! Der Bauer kommt! *Ian hüpft ins Auto, Heidi fährt los, italienische Musik, längere beschwingte Autofahrt, sie toben sich aus.*

IAN   Ein Dorfgasthaus! *Liest*: Camere – was heißt das?

HEIDI   Zimmer …

IAN   Sollen wir eins nehmen?

HEIDI   Warum nicht? *Ian will aussteigen.* Moment! Ich muss erst bremsen! *Quietscht ohrenbetäubend.* Die Frau hinterm Fenster schaut unheimlich aus – bleiben wir trotzdem? *Ian nickt, Heidi klopft.* Scusi, signora, c'è una camera per due? – Schwerhörig ist sie auch noch!

IAN   Due, due! *Zeigt es mit allen Fingern.* Was hat sie gesagt?

HEIDI   Sie fragt, ob wir verheiratet sind!

IAN   Naturalemente si! *Er zeigt seinen Ehering.*

HEIDI   Naturalemente si! … Ein enger Korridor …

IAN   Die Treppen knarren …

HEIDI   An den Wänden Bilder in verstaubten Rahmen …

IAN   Pisa.

HEIDI   San Gimignano.

IAN   Firenze.

HEIDI   San Gimignano mit alten Türmchen …

IAN   Michelangelo. Wo ist das?

HEIDI   Zimmer Nr. 6.

IAN   Bitte nach Ihnen.

HEIDI   Danke.

IAN   Eine Nachttischlampe.

HEIDI   Spinnweben in den Zimmerecken.

IAN   Das Bett ist ja wie eine Hängematte!

HEIDI   Wonach riecht's hier?

IAN *Riecht an seinen Achseln.*   Das kommt von draußen.

HEIDI   Haben Sie was dagegen, wenn ich das Fenster aufmache?

IAN   Nein, haben Sie was dagegen, wenn ich eine Dusche nehme? *Duscht, singt eine Arie.*

HEIDI *ruft*   Haben Sie ein Handtuch im Bad?

IAN   Jaa!

HEIDI   Darf ich Ihnen den Rücken abtrocknen?

IAN   Ja.

HEIDI   Sie haben eine ganz weiche Haut. *Sie kommt nicht näher, die gesamte folgende Szene bleiben sie auf Distanz.*

IAN   Ah ja?

HEIDI   Waren Sie in der Sonne?

IAN Wieso?

HEIDI Ich meine wegen der blonden Härchen ...
und die Haut ist leicht gerötet.

IAN Sie haben ganz dunkle Augen. Darf ich Ihnen
die Bluse aufmachen?

HEIDI Ja!

IAN Was, kein BH?

HEIDI Wozu?

IAN Na ja, Hängebusen oder so ...

HEIDI Sie tragen bestimmt so spezielle Unterhosen
gegen Hängepimmel ... Sind Sie mir böse?

IAN *beleidigt* Oh ...

HEIDI Ich küsse Sie auf die Schulter ... auf den Hals ...
hinters Ohr ...

IAN Ich nehme Ihre Hände, küsse Ihre Finger, jeden
einzeln ...

HEIDI Ihr Haar ist noch nass, und Wassertropfen fallen
in Ihren Nacken und ziehen feuchte Spuren Ihren
Rücken entlang. Ich fahre sie mit den Fingern nach. Bis
zu den Hüften ... und löse den Knoten Ihres Handtuchs.
Es fällt zu Boden. Sie stehen vor mir ... ganz nackt.

IAN Ich streiche Ihnen langsam den Rücken hinauf und
wieder hinunter. Gehen wir aufs Bett?

HEIDI Nein, wieso aufs Bett?

IAN Wieso nicht aufs Bett?

HEIDI Nein, lieber in die Dusche.

IAN Nein, da ist es glitschig!

HEIDI Dann auf den Balkon.

IAN Nein, unter uns ist eine Trattoria!

HEIDI Auf den Teppich!

IAN Na gut, auf den Teppich!

HEIDI   Ich reibe mein Gesicht an Ihrem Gesicht.

IAN   Ich küsse Sie in den Mundwinkel.

HEIDI   Ihre Bartstoppeln kitzeln mich.

IAN   Ich nehme Ihren Kopf in meine Hände und wiege
ihn langsam hin und her …

HEIDI   Mit der Zunge wandere ich über Ihren Körper,
über Augen, Nase, Mund, Hals, Brust, Bauch …

IAN   Ich spüre Ihre Lippen warm und weich und küsse
Ihre Brüste, fühle Ihre Brustwarzen steifer werden in
meinem Mund und sauge sanft daran.

HEIDI   Mir wird heiß. Ich ziehe Sie fester an mich,
umfasse Ihren Hintern, er ist weich und mit zwei
Fingern fahr ich tiefer den Spalt entlang …

IAN   Nimm ihn in den Mund.

HEIDI   Ja. Ich will auf dich.

IAN   Komm!

HEIDI   Langsam …

IAN   So gut?

HEIDI   Sehr gut.

IAN   Nass und warm!

HEIDI   Leck mir das Ohr!

IAN   Wühl in meinen Haaren!

HEIDI   Halt mich an den Hüften!

IAN   Ich flieg auf und ab!

HEIDI   Küss mich.

IAN   Ja. Schön.

HEIDI   Schneller.

IAN   Tiefer.

HEIDI   Gleich.

IAN   Jetzt.

HEIDI   Ja.

IAN   Sag was!

HEIDI   Was?

IAN   Sag was!

HEIDI   Was?

IAN   Irgendwas!

HEIDI   Idiot!

IAN   Ja!

HEIDI   Idiot!

IAN   Ja ja!

HEIDI   Idiot! Idiot! Idiot! Idiot!

IAN   Ja ja ja ja ja ja!

BAHNHOFSWÄRTER *Erscheint kehrend.*   Questi turisti! *Ab.*

IAN   Ich ... ich ... ich glaube, ich werde meine Fahrkarte zurückgeben.

HEIDI   Das ist nicht Ihr Ernst!

IAN   Doch! Wartest duSieduSiedu auf mich?

HEIDI   Ja.

Heidi ab. Ian geht zum Allzweckapparat – Schalter, Klappe öffnet sich, dahinter der Bahnhofswärter.

IAN   Buon giorno, signora. Parla tedesco?

BAHNHOFSWÄRTER   No. Parla italiano?

IAN   No.

BAHNHOFSWÄRTER   Pech.

IAN *Zückt einen Geldschein.*   Parla tedesco?

BAHNHOFSWÄRTER   Aha.

IAN   Ich möchte meine Fahrkarte zurückgeben.

BAHNHOFSWÄRTER   Warum?

IAN   Weil ich das Geld brauche.

BAHNHOFSWÄRTER   Aha.

IAN   Weil ich hierbleiben möchte.

BAHNHOFSWÄRTER   Warum?

IAN   Weil ich nicht nach Hause möchte.

BAHNHOFSWÄRTER   Aha. Das geht leider nicht.

IAN   Aha. Warum?

BAHNHOFSWÄRTER   Wenn Sie die Karte nicht benutzen, verfällt sie. Es wird kein Geld rückerstattet.

IAN   Aha. Danke. *Will gehen.*

BAHNHOFSWÄRTER   Warum wollen Sie denn hierbleiben? Italien ist doch nicht schön im Winter … im Sommer ja, mare, amore, sole … im Winter trostlos …

IAN   Mag sein, aber …

BAHNHOFSWÄRTER   Haben Sie keine Familie?

IAN   Nein.

BAHNHOFSWÄRTER   Frau?

IAN   Nein.

BAHNHOFSWÄRTER   Kinder?

IAN   Nein.

BAHNHOFSWÄRTER *brüllt*   Was wollen Sie denn im Bahnhofsgebüschspark? Sie sind doch keine 17 mehr! *Wieder sanft.* Überlegen Sie sich's. Sie hätten Glück. In fünf Minuten geht ein Zug.

IAN   Hä? Was?

BAHNHOFSWÄRTER   Sie wollen doch nach Wien, oder?

IAN   Ja, wieso wissen Sie …?

BAHNHOFSWÄRTER   Abfahrt Gleis 2.

IAN   Gleis 3?

BAHNHOFSWÄRTER   Gleis 2.

IAN   Na dann … vielen Dank.

BAHNHOFSWÄRTER   Nichts zu danken. *Klappe zu, Ian ab. Italienische Zugansage, Heidi tritt auf, hört »Vienna«, die Klappe öffnet sich, dahinter der Bahnhofswärter.*

HEIDI   Buon giorno!

BAHNHOFSWÄRTER   Buon giorno!

HEIDI   Io … have you seen a man? Uomo? Grande
cosi … Haare, capelli rossi …

BAHNHOFSWÄRTER   Nein.

HEIDI   Doch, er muss hier gewesen sein. Er wollte die
Fahrkarte zurückgeben, verstehen Sie? Er trägt kurze
Hosen, bis hierher. Und Sandalen mit dicken Sohlen …
und Krawatte … er isst gern Tafelspitz, nicht zu
üppig … und er hat ganz schlanke Finger, blaue
Augen … und er singt unter der Dusche, wunder-
schön, aber er würde bestimmt ein Flinserl tragen,
wenn er sich trauen würde …

BAHNHOFSWÄRTER   Er war hier.

HEIDI   Ja?

BAHNHOFSWÄRTER   Er ist abgefahren.

HEIDI   Nein!

BAHNHOFSWÄRTER   Hätte ich ihn nicht heimschicken
sollen? Was wäre dann aus Ihnen geworden in zwei, drei
Jahren? Meinetwegen auch vier, sieben Jahren? Das ist ja
jetzt irrelevant. Sie wären wahrscheinlich von einem
Dorfgasthaus ins andere gezogen, hätten wahrscheinlich
100 Portionen Tafelspitz gegessen, quasi ein Lotter-
oder Zigeunerleben geführt, zehn oder 14 Kinder
gezeugt. Das ist doch verantwortungslos. Wer hätte
denn das alles bezahlt, hm? Eben! Sie wären stehlen
gegangen, in den Supermarkt! Pampers womöglich!
Freut euch, Leute, heute! Er hätte wahrscheinlich Frau,
Kind und sogar seinen Beruf aufgegeben, einfach ohne
jegliche Skrupel seiner ungehemmten Zügellosigkeit
freien Lauf gelassen. Seien wir ehrlich! Die Welt wäre

ihrer einzigen Stütze beraubt, die sie derzeit noch hat: einer gesunden Ordnung! Wenn das jeder machen würde, wenn das jeder machen würde …

Lacht irre, ab. Heidi deprimiert und zusammengesunken auf der Bank, Zugansagen, Zuggeräusche. Lichtwechsel. Ian tritt auf.

IAN   Waren Sie schon einmal in Agios Nikolaos? Dort, wo einem die Hunde nachlaufen am Strand, wenn man sie einmal gefüttert hat? Und die Griechen, die reiten da herum auf ihren Eseln, die füttert man gleich mit. Wir mieten uns dort eine Höhle am Strand oder ein Surfbrett mit Kajüte …

HEIDI   Und mit Kombüse, ich hab nämlich immer Hunger.

IAN   Ja, kennen Sie vielleicht Minestrone? Das ist diese Gemüsesuppe mit den Karottenstückchen und den Lauchstückchen …

HEIDI   … und den Nougatstückchen.

Ihre Köpfe berühren sich fast.

Ende

Teil 3

Aus der Zeit

Die Zeit

Dorfer betritt die Bühne mit einem Metronom, die Musiker beginnen mit einer langsamen Melodie, Dorfer blickt ins Publikum, nichts passiert für einige Zeit.

DORFER   Das ist oft so, die Zeit vergeht, man erwartet sich was, aber es passiert nix. Zuerst lacht man drüber, klar, man ist ja noch jung. Da hat man Zeit, inflationär. Dann denkt man sich: »Das gibt's ja nicht!«, und dann gleich: »Gibt's das? Wozu gehe ich arbeiten? Wozu zahl ich hier Eintritt?«
Und dann passiert etwas. Du spürst es kommen, von ganz weit weg. Du weißt nicht, was es sein wird, aber du freust dich, weil wenn es passiert ist, wird dein Leben verändert sein. Das berühmte österreichische »Aber dann!«. Und dann ist dieses Langersehnte endlich da.

Die Musiker stehen auf und spielen einen falschen Ton.

Und man ist enttäuscht. Dann wird man unruhig. Die Zeit vergeht, du wirst 40, 45, Midlifecrisis, zweite Akne. Die einzigen Vorfälle, die's jetzt noch gibt, kommen von den Bandscheiben. Dann beschließt man: Heute lass ich die Sau heraus. Heute lass ich die Sau heraus, heute stehle ich die *Sonntagskrone*. Dann kommt man drauf, die ist ohnehin gratis. Sonntag ist ja der einzige Tag, an

dem die *Kronen Zeitung* ihr Geld wert ist. Wieder ein
Abenteuer weniger. Dann denkt man sich: »O. k., jetzt
klappt's nicht, aber dann in der Pension!« Aber: Wenn
wir alle die Pension erleben würden und so lange leben
würden, so dass wir sie auch genießen könnten, dann
wären die Versicherungen nicht in diesen tollen Glas-
palästen untergebracht, sondern in Einmannzelten.
Dann ist sie da, die Pension. Du sitzt auf einer Parkbank
in der Novembersonne, hast einen Dackel, weil dein
Enkerl nie kommt. Viel ist dir nicht geblieben, nur der
Sechser rechts unten und der schnürt auch schon sein
Ränzlein in Richtung Zahnarzt.
Du hast viele Erfahrungen gesammelt. Du blickst zurück
auf ein Leben voller Enttäuschungen, aber auch auf
schlechte Zeiten. Du sitzt auf deinem Parkbankerl,
die Novembersonne brennt herunter, die Zeit vergeht.
Du wartest nur mehr aufs Ende vom Lied.

Die Musiker beenden ihr Stück.

Und da ist es auch schon.

Blackout

Brenneis

Der Musiklehrer Robert Brenneis will feiern. 30 Jahre wird er alt, und alle sollen sie kommen, seine Lehrerkollegen, Schulfreunde, Verflossene und Verwandte, um die Kulisse für jenen Mittelpunkt abzugeben, den er für sich auserkoren hat: als Sänger einer eigens engagierten Band. Noch einmal soll er das sein, was er einmal sein sollte. Der Popstar. Das Leben hat an seinem Traum vorbeigesehen, bis jetzt. Die Girlanden hängen, das Buffet ist bescheiden, die Instrumente sind gestimmt, die Stimme in Form, die Frisur perfekt. Der Konjunktiv war stets seine stärkste Seite, aber heute wird es anders, das spürt man.

Alles Gute

Tragikomödie

PERSONEN:

Robert Brenneis, Lehrer
Kurt Staudinger, Musiker
Peter Herrmann, Musiker
Karl Pauer, Musiker
Wolfgang Cerny, Entertainer

1. Akt

Herrmann und Staudinger sitzen auf der Bühne und stimmen ihre Instrumente. Brenneis kommt hinzu, überprüft die Mikros.

BRENNEIS   So, jetzt bitte die Gitarre.

Herrmann spielt das »Big-Ben-Thema«.

BRENNEIS *Blickt auf die Uhr.*   Ja, das passt.

Der Keyboarder hastet herein.

BRENNEIS   Grüße Sie, Brenneis.
PAUER   Pauer.
BRENNEIS   Mit »P« oder »B«?
PAUER   Mit »Au«.
BRENNEIS   Sehr schön, wir beginnen mit Lied Nummer zwei, und ich passe mich dazu.

Sie beginnen »Whatever you want« von Status Quo zu spielen. Es klingt nicht sehr sauber.

BRENNEIS   So, ich glaub, das klingt schon sehr gut, tun wir es nicht kaputt proben. Wir machen dann weiter mit Lied Nummer drei, ich mach dazu eine englische Ansage, schreckt euch nicht. *Geht zum Mikro.* Hello everyone, well, our next song is a song about a lady, yeah, you know, what I mean, we were very young, when we got to know each other, and afterwards she left me immediately, I couldn't understand why, I was very unhappy indeed, because she was the very very best in blowing the horn …

Er beginnt »Sylvia's Mother« zu singen, am Ende versucht er ein erbärmliches Solo dranzuhängen, die Musiker stutzen, hören auf zu spielen und starren ihn an.

BRENNEIS Stimmt schon, stimmt schon, ich spiel es nur ein bisschen anders als im Original. O.k., tun wir es nicht kaputt proben, ich sag auch meinen Schülern immer, wenn ihr musiziert, probt es nicht, sondern spürt es! Weil worauf es ankommt in der Musik, das kann man nicht lernen, das ist einfach da oder nicht.

STAUDINGER Oder nicht.

BRENNEIS Richtig, ich spreche da von Feeling, Groove, Rhysm …

STAUDINGER Rhythm.

BRENNEIS Ja ja, ich sag es halt mehr im Slang. Oder glauben Sie, der Mozart hat geübt? Oder der Beethoven, der war taub, der hat ganz andere Sorgen gehabt. Auch wir bei den »Violets«, wir haben nie was geprobt, und trotzdem ist aus uns nichts geworden. *Er tritt an die Rampe und spricht mit dem Lichttechniker.* O.k., das Licht gefällt mir schon sehr gut, aber es bleibt eh nicht so, gell? Ich hab mir da so was Showmäßiges vorgestellt, zeigen S' mir das, ich schau es mir an. *Der Techniker stellt eine katastrophale Lichtstimmung ein.* Ich glaub, wir meinen zwei verschiedene Shows. O.k., das lassen wir weg.

Er wendet sich wieder den Musikern zu. Sagen Sie, Herr Staudinger, Frage. Sie sitzen immer beim Musizieren, ich mein wegen dem Groove, ich möcht Sie nicht belehren, aber hören Sie sich einmal den Unterschied an. *Er spielt denselben Akkord im Stehen und im Sitzen, der Unterschied ist nicht zu hören.* Im Stehen hat es einfach mehr Drive, es muss ja einen Grund haben, warum die Neger in den Baumwollfeldern niemals sitzen. *Blickt auf die Uhr.* Uh, schon so spät, bitte Lied Nummer fünf.

Die Band intoniert das »A-Moll-Thema«.

BRENNEIS Kinder, Kinder, seid lieb, hörts zu. Bei der Feier nachher, das ist mein 30. Geburtstag, und da kommen alle wichtigen Leute aus meinem Leben, also der Schulwart, der Direktor von meiner Schule, die Kolleginnen vom Lehrkörper, meine Frau und auch mein kleiner Bub kommen, das ist ganz wichtig und natürlich die ehemaligen Bandmitglieder von den »Violets«. Und ich möchte, dass das heute so gut klingt, damit sich die alle in den Hintern beißen vor Zorn, wenn das anatomisch möglich wäre. Ah ja, der ehemalige Keyboarder kommt auch, der ist auch immer zu spät gekommen, das dürft eine Keyboarderkrankheit sein, na ja, jetzt isses wurscht, wann er kommt, jetzt fährt er für die Rettung. Also »A moll Groove« bitte!

Die Band intoniert abermals das »A-Moll-Thema«. Brenneis unterbricht wieder.

BRENNEIS Früher, wie ich noch professionell musiziert hab, da war eigentlich nur wichtig, was man können hat, da war das Equipment nicht so entscheidend. Wir haben total harte Bedingungen gehabt, wir haben manchmal gespielt vor drei Erwachsenen und einem Hund, auf Einnahmenbeteiligung. Ah, das ist interessant, dass ich das jetzt anspreche, das Buffet hat mich nämlich

ein bisschen mehr gekostet, als ich geglaubt habe, da
müssen wir noch über Ihre Gage reden, konkret über
deren Höhe, also Tiefe …

*Der Techniker beginnt mit den Scheinwerfern auf der Bühne
zu flackern.*

BRENNEIS   Wozu ich den bezahle, weiß ich zwar nicht,
aber … sagt's, habt ihr einen Tusch im Programm?

Die Band spielt einen Tusch.

BRENNEIS   Aha, geht das ein bissel lustiger?

Die Band spielt denselben Tusch.

BRENNEIS   Mhm, noch lustiger?

Die Band spielt nochmals denselben Tusch.

BRENNEIS   Nein, ist mir schon zu ausgelassen, wir nehmen
den zweiten.

*Er wendet sich dem Lichttechniker zu, der die Tuschs mit
Lichtflackern begleitete.*

BRENNEIS   Kann ich das noch einmal sehn?

Der Lichttechniker wiederholt das Flackern.

BRENNEIS   Ah, ich wollte mich nur vergewissern, ob
das ein Effekt war oder ein Wackelkontakt, also: lassen
wir ebenfalls weg.
Gut, ich mache am Anfang der Feier so eine kleine
Ansprache, hauptsächlich verbal, wo ich alle wichtigen
Gäste begrüßen werde, und da bräuchte ich was drunter,
so eine Art musikalischer Teppich. Ich probiere einmal

die Rede, und ihr seid so lieb und tut was dazu improvisieren, bitte!

Die Band spielt einen Swingteppich, Brenneis versucht dazu krampfhaft seine Rede vorzutragen.

BRENNEIS   Ja guten Tag, meine Damen und Herren, es begrüßt Sie Ihr Robert Brenneis zu unserer kleinen, bescheidenen Feier, yeah! Ich möchte auch gleich die Band vorstellen, es ist die Violets-Revivalband, »The Dead Violets«, Applaus für die »Dead Violets«, danke schön! Und um … äh … Scheiße, wo ist mein Zettel. *Er sucht sein Manuskript, die Band beendet den Swingteppich, Brenneis ist etwas betreten.* Mhm, das ist mehr Jazz. Das Problem, was ich hab beim Jazz, er ist relativ intellektuell, aber heute kommen fast nur Lehrer und andere Akademiker. Da müssen wir ein bissel tiefer ansetzen. Ich hab mir Gott sei Dank was vorbereitet, ich komponiere nämlich auch ein bisschen. Also, ich mach die Rede ohne Musik, da hört man vielleicht den Text, wenn ich ihn einmal kann, und euer Stichwort zum Einsatz wäre dann: »… und um die Stimmung zum Siedepunkt zu bringen, ein paar selbstverfasste Couplets.« Ist zwar Französisch, aber merkbar, glaub ich, auch für Musiker. Dann fang ich mit der Musik an, und ihr passt euch dazu, hoffentlich ist es nicht zu kompliziert.

Er beginnt eine primitive Akkordfolge auf der Akustikgitarre zu spielen, das »Begrüßungsthema«, es klingt wie ein Schunkellied. Staudinger spielt dazu den »Vogerltanz«.

STAUDINGER   *Der* Groove?

BRENNEIS   Ja, sehr gut! Von Ihnen?

STAUDINGER Jo, ich komponiere auch ein bissel.

BRENNEIS Ich begrüß den Herrn Direktor, der was immer recht lieb zu mir war. Tusch!

Die Band spielt den Tusch.

BRENNEIS Scharf, aber witzig, was? Ich begrüß den »Violets«-Gitarrist, obwohl er inzwischen schon dicker ist. Tusch!

Die Band spielt einen Tusch in Moll.

BRENNEIS O.k., der Zweizeiler hinkt noch ein bissel, aber ich hab noch 36 andere.

Die Band spielt nun in Doubletime.

BRENNEIS O.k., verstanden, wie könnten wir diesen Groove beenden?

Die Band spielt das Walküren-Thema von Richard Wagner.

BRENNEIS Ist eine Möglichkeit, wir nehmen aber eine andere.
Es darf natürlich nicht nur gelacht, sondern auch getanzt werden, un, dos, un dos tres …

Die Band spielt nun eine südamerikanische Nummer, Staudinger setzt mit einem Saxophonsolo fort.

BRENNEIS O.k., o.k., tolles Solo, aber des können wir uns vorstellen: Sagt's, findet ihr nicht auch, dass unsere Dekoration ein bisschen linkslastig ist?

Auf der linken Rückseite der Bühne hängt ein einziger Luftballon.

BRENNEIS   Ich glaub, da müssen wir noch einen Luftballon aufhängen. *Er beginnt einen Luftballon aufzublasen.*
Das nächste Lied ist das Lied Nummer sechs, für meine
Frau, die Sylvia, kennengelernt hab ich sie am Schikurs,
beim Tanzabend. Bin ich zu ihr hingegangen und hab
gesagt: »Senorita, ein Tanz kann Ihr Leben verändern.«
Sie hat gesagt: »Hahaha!« Na ja, schlagfertig, dann
haben wir getanzt. *Er steigt auf eine Leiter und wendet
sich an Staudinger, der gerade einen Schluck Bier aus der
Flasche nimmt.* Sie trinken Bier, gell?

STAUDINGER *sarkastisch*   Sieht man des?

BRENNEIS   Ich bin ja weg davon, von Bier und diesen
Sachen, des war schon ziemlich arg mit mir, da bin ich
einmal in die Schule kommen, nach so einer Promille-
nacht, und hab mir gedacht, bist du gelähmt, die sind alle
gewachsen, war ich so lange im Koma? Nein, es war
Elternsprechtag. Ja, immer besoffen ist auch ein regel-
mäßiges Leben. Dann hab ich mir gesagt: Aus! Kein
Alkohol, kein Nikotin, also geraucht hab ich eh nie und
hab sofort vegetarisch gegessen, da hat man dann ein
halbes Jahr Durchfall, aber das gehört dazu, siehe
Wiederkäuer und so, also Kühe, wann S' da in so eine
Fladen hineinsteigen, das ist auch nicht hart in dem Sinn.

STAUDINGER   Interessant, reden wir ein bissel drüber.

BRENNEIS   Wie ist das bei Ihnen?

STAUDINGER   Jo, ich esse Fleisch, aber ich steig selten
ins Klo.

BRENNEIS   Ja, das ist interessant, gell. Ja, angesprochen
hab ich meine Frau bei »Samba pa ti«. *Der Gitarrist
Herrmann spielt das Thema an.* Mhm, der schnelle Finger.
Aber das spielen wir nicht, da ist kein Gesang dabei,

wir spielen das andere, Lied Nummer sechs, bei dem ich
aus mir herausgehen werde, da hab ich es ja nicht weit.
Die Band intoniert »I can't help falling in love«, Brenneis
singt dazu, Staudinger die zweite Stimme.
Wise men say only fools rush in
but I can't help falling in love with you.
Shall I say, would it be a sin
if I can't help falling in love with you.

Brenneis erinnert sich plötzlich, quasi als Rückblende steht
er im Spot und geht auf die imaginäre Sylvia zu.

BRENNEIS   Tanzen wir? Was? Wirklich? Scheiße! Ich kann
ja gar nicht …

Das Licht wechselt wieder auf die normale Bühnensituation,
Brenneis ist wieder im Hier und Jetzt und singt.

Take my hand, take my whole life, too,
for I can't help falling in love with you
for I can't help falling in love with you.
Kennengelernt am Schikurs, im Kino der erste Kuss,
bei *Frankenstein Junior*, den Maturaball eröffnet, da hab
ich gewusst, sie ist es, sind wir zusammengezogen, in
eine Neubauwohnung. Sie wissen eh, das sind die mit
den »hohen« Räumen, wo man sich nur kniend duschen
kann, in der Früh um fünf sind die LKW vorbeige-
fahren, und am Sonntag haben wir immer gelüftet. Aber
das Zusammenwohnen war von Anfang an Spitze. *Er*
setzt fort mit der Dekoration. Toll, wir haben harmoniert,
wann ich mit dem Schachcomputer gespielt hab, hat
sie zum Beispiel ganz allein die Wohnung gesaugt. So
haben wir total Zeit gespart, oder wenn sie sich

geschminkt hat zum Fortgehen, hab ich derweil, ich war ja immer früher fertig, die Schachfiguren aus dem Staubsaugersack herausgeholt. Toll auch das Schlafzimmer, Futonmatratze, die muss man täglich zusammenrollen, sonst wird sie kaputt, einmal hab ich sie zusammengerollt, da war die Sylvia noch drinnen, und da ist ihr das erste Mal der Verdacht kommen, dass meine Aufmerksamkeit ein bissel nachgelassen hat. Na, ich war schon extrem, ich bin mit ihr im Mai immer in den Süden gefahren, wenn alles blüht, sie hat eine Pollenallergie gehabt. Ja, das Schlafzimmer, da haben Orgien stattgefunden, caligulamäßig. Manchmal hat sie mich ein bisschen kritisiert. Zum Beispiel, dass ich zu wenig zärtlich bin im Bett nachher. Nachher! Leidenschaftlich sollst sein, ausdauernd und zärtlich, was soll des sein, ein Genitaltriathlon? Oder, dass ich kein Morgenmensch bin. Ich steh immer auf in der Früh, und mein Kreislauf bleibt liegen. Aber sonst war sie ja eher freundlich, von ihrem Beruf her schon. Sie war Kellnerin bei der AUA, also Stewardess. Mit Leib und Seele, wenn es in unserer Beziehung Turbulenzen gegeben hat, hat sie immer gesagt, ich soll das Rauchen einstellen. Aber Sie werden sie ja eh dann kennenlernen und meinen kleinen Buben auch.

Das Handy läutet.

Herr Staudinger, geben Sie mir einmal das Handy.

Staudinger reicht es ihm.

Ja, hallo, Spotzel. *Zu Staudinger*: Es ist der Keyboarder der »Violets«. *Wieder ins Telefon*: Du kommst später.

Überraschend, was nur eine halbe Stunde, wo bist denn? München, aha, du, ich hab da was für dich:

Er hält das Handy zum Keyboardverstärker, Pauer spielt am Keyboard eine Rockimprovisation.

Nicht schlecht, was? Aber der spielt das mit einer Hand, in der anderen hat er eine Sachertorte. Also, verfahr dich nicht, bei Salzburg links, ciao. Du nimmst eh deinen Hund nicht mit, wegen der Vibrations, also servus. *Er legt auf.* Der hat eine Dogge, bei uns in der Neubausiedlung hat es einen Kinderspielplatz geben, der war unbenützbar oder nur auf Stelzen, nur Hundescheiße. Bei uns in Wien wäre es überhaupt gescheiter, wir hätten eine Hundebeihilfe und eine Kindersteuer. Die Siedlung war überhaupt toll. Der Umgangston in der Siedlung war eher rau: »Wennst dich auf meinen Parkplatz stellst, fahrt dein Zahnbürstel morgen ins Leere.« Die Siedlung war voll mit Kommunikationsgenies. Da gab es so einen pensionierten Beamten: »Heute regnet es, hihi.« Das war sein längster Monolog. Er ist immer um den Kinderspielplatz herumgeschlichen und hat die kleinen Mädeln fotografiert, außer am Sonntag, er war praktizierender Katholik. Wie gesagt, der Ton war ein bissel rüde und die sozialen Aussichten auch nicht so toll, die meisten wurden Diebe, Räuber, Immobilienmakler. Wenn ich als Brillenträger in der Siedlung unterwegs war, hab ich immer ein zweites Paar mitgehabt. Es waren aber auch wahre Künstler unter ihnen. Wennst freihändig gefahren bist mit dem Rad, kurz weggeschaut hast, war der Lenker weg. Die kleineren Kinder haben andere Sorgen gehabt, die haben oft nicht nach Haus gefunden. Ein Dreijähriger ist einmal eine Wochen herumgeirrt. Zu Hause ist er nicht abgegangen, die waren im Vollrausch und haben geglaubt, er ist beim Bundesheer. Ja, aber die Hunde waren die absoluten Kings in der Siedlung, da hat es einen gegeben, der hat sein Dackel nur getragen. Der hat auch so einen Trachtenanzug angehabt, der Dackel. Wieso tragt man eigentlich an Hund? Bitte, der hat vier Füße, zwei mehr als ich. Unser Nachbar hat an Pudel gehabt, dem hab ich immer was gegeben, wenn was übergeblieben ist vom Chili con Carne. Ja, die Nachbarn, die haben immer gerauft, weil beim Neubau, da hört man ja alles durch, da gibt es ja praktisch keine Wände, nur so Tapeten-halter. Die haben sich dann überraschenderweise getrennt. Ich hab dann ein Lied für den verlassenen Nachbarn geschrieben.

Die Musiker sehen betreten zu Boden. Brenneis ohne Zögern:
O.k., ich sing es Ihnen vor. *Er kommt von der Leiter und singt.*

»Gestern bist du fortgegangen für immer sicherlich. Nur eine Packung ob-normal, die am Klo steht, erinnert an dich. Sind wir nicht alle Piraten, nein das sind wir nicht.« *Die Musiker sind betreten. Brenneis ignoriert es.* Da gibt's noch eine zweite Strophe. *Der Gitarrist sieht ihn panisch an.* Vielleicht später, wenn Zeit ist. Ja, das waren die Nachbarn, er hat sich dann eine Thailänderin gekauft. Das ist auch hochver-nünftig, so eine Thailänderin passt auch größenmäßig besser in eine Neubauwohnung. Jetzt haut er die Thailänderin, aber zum Hund ist er immer sehr nett, das ist Wien. Ich versteh das nicht, wieso sind die

meisten Menschen, die einen Hund haben, eigentlich
ein bissel vertrottelt?

STAUDINGER Ich weiß net, ich hab meinen erst seit drei
Jahren, aber wenn ich es weiß, sag ich's Ihnen.

BRENNEIS Fettnäpfchen! Tun wir geschwind weiter, das
nächste Lied ist das Lied Nummer acht, das spielen wir
für den Herrn Direktor, das hat er besonders gern, wenn
er was gesoffen hat, es heißt »Dahoam«. *Er nimmt die
Ziehharmonika und singt:*
Wos Büchserl knallt und der Gamsbock fallt
und die Sennerin a fallt, weils der Senner fest knallt
Ja, da bin i dahoam, leck orsch und aus
Weil wo i net z'haus bin, da bin i net z'haus.
Holaraididü
Und wenn ana fremd is, dann is er net von da
und wenn er net von da is, dann is ma wurscht von wo
und wann er von wo is und doch bei uns do is
dann schau i, dass so is, dass er net lang bei uns froh is.
Holaraididü
Mir schunkeln im Bierzelt, kann sein, dass es uns im
Hirn fehlt
aber dahoam is dahoam, und des is des, was zählt.

Der Landler endet mit einer Tanzeinlage von Brenneis.

STAUDINGER Kann ich mir einmal Ihr Handy aus-
borgen?

BRENNEIS Wozu?

STAUDINGER Is a Zwölferfrage.

BRENNEIS *versteht* Ah, telefonieren, aber Sie kennen
die drei Grundregeln des Handytelefonierens: Kurz,
kurz und kurz.

Staudinger nimmt das Handy und wählt sehr lange.

BRENNEIS Wo rufen Sie an, am Mars? Nein, das geht
nicht, das ist das Handy von unserm Turnlehrer,
der würgt mich. Draußen ist ein Münzfernsprecher,
der nimmt alles und ist sicher kaputt. *Staudinger geht
hinaus.* So, bis der Herr Staudinger zurück ist, werden
wir uns ein bissel entspannen …

Herrmann spielt leise ein Bach-Thema an.

BRENNEIS *zu sich* Das spiele ich meinen Schülern oft vor.
Wieder Lichtwechsel, quasi in die Erinnerung. So meine
Herrschaften. *Er legt eine imaginäre CD ein.* Das ist ein
Musikbeispiel. Wer kann mir sagen, was es ist? Gut, ich
helfe euch, es ist ein Gitarrenkonzert. Johann Sebastian
Bach 1685 bis? … Wurscht … Jetzt möchte ich doch
ganz gern wissen, was ihr dazu zu sagen habt. Viel-
leicht die bei mir in Musik maturieren wollen, Gruner?
»Scheiße«, mhm, kannst du das argumentell unter-
mauern? »Altmodische Scheiße«, sehr schön, gibt es
Gegentheorien? Leiser da hinten mit den Schiübertra-
gungen. Blagojevic, weg mit dem Springmesser bitte …

*Das Telefon bringt Brenneis in die Gegenwart zurück,
Lichtwechsel.*

Ja, Brenneis, hallo Mutti, wieso hast du die Nummer?
Rufumleitung, Scheiße! Ja danke, nein ich brauche keine
Hilfe, es ist eigentlich schon alles erledigt, des Buffet
und so, ja es gibt Brötchen. Das ist schon was Ordentliches, es gibt auch was Warmes, Kürbiscremebouillon.
Bitte? Ah, du hast es schon wieder mit der Hüfte, es ist
eh so a Wetter, sei froh, dass du nicht mehr rauskannst.

Wo ich bin? Du, ich hab jetzt die Adresse nicht da.
Ich hab jetzt Stress, ja, am Sonntag komm ich, es ist mir
egal, was du kochst. Ja, auch Gansl mit Rotkraut, was
Leichtes. Nein, keinen Guglhupf nachher, Gnade! O.k.
bis Sonntag, bitte, ja wir fahren auch zum Grab vom
Papa, du überlebst uns noch alle, und ich bin im Stress.
Bitte? Du magst wieder eine Orchidee am Sonntag?
Gut, weißt was, kauf dir eine, ich zahle es dir. Dann hast
sie schneller, also Bussi. *Legt auf, zu Herrmann:* Meine
Mutter kocht super, altböhmische Küche. Mich wundert
es, dass ich noch keinen künstlichen Darmausgang hab.
Erneut Telefonläuten. Ja, hallo Mutti. Nein, ich mag auch
keine Malakofftorte, baba. *Legt auf, Staudinger kommt
zurück, teilt Biere an die andern beiden Musiker aus.* Herr
Staudinger, haben Sie was Alkoholfreies für mich?

STAUDINGER   Warten S', ich trink schnell aus.

BRENNEIS   Humor, haben Sie schon einen Bandnamen?
»Humoriden« wäre passend. So, wir machen noch
einmal den Schluss vom Landler, damit ich reinkomm.
Eins zwo drei, zwo, zwo, drei.

Die Band spielt nur einen Ton.

Was ist? Schauts, ich kann des ja verstehen, bei der
Musik, aber, ich mein, ich hab auch gern anspruchs-
vollere Sachen, Brecht oder Weill. Ich geh auch gern
ins Kabarett, diese Gegenöffentlichkeit, meistens
gekoppelt mit einem Superbier, unlängst war ich bei
einem bayerischen Kabarettisten, den kann ich übrigens
sehr gut nachmachen. *Betretenes Schweigen der Musiker.*
O.k., überredet. Da bräuchte ich einen Spot. *Der
Techniker gibt ihm einen faden Spot, Brenneis setzt sich mit*

einer Akustikgitarre. Der sitzt immer auf der Bühne und ist voll mit Hasch und Marihuana, also eingepufft wie ein Pueblo bei der Sonnwendfeier. *Setzt sich, nimmt einen schlecht gemachten bayrischen Dialekt an:* I rauch jetz an Traunsteiner Südhang, der macht a bissel langsam. Es is scho vorkemma, dass i a Liad fertiggspuit hab, und dann hab i erst zum Singa ogfangt, oba des possiert heit net. Des nächste Liad is a Liad über die Flüchtlingswelle und hoaßt »Warum soll oana bloß a Orschloch sei«. Auf geht's.

Er beginnt Gitarre zu spielen.

Vertrieben vo dahoam, einegstopft in Lastwagen
A Ehepaar und beide achtzg Jahr alt
Seit Wocha nix zum Fressen und vui zwenig zum Oziagn
Ja die Winter do herom bei uns san kalt
Im Zug no draamt der oide Mo, der kaum no mehr was sigt
davo, wias fria war und woant dabei und lacht
I muaß mi wegdrahn, sonst kriag i mei schlechts Gwissen
Oh Mann mia hams scho wirkli zu was bracht
Warum soll oana deswegn bloß a Orschloch sei,
bloß weil er anders ausschaugt und anders is als mia
Warum soll oana deswegen bloß ka Orschloch sei,
bloß weil er genau so is, jo genauso is wia mia.

Brenneis legt die Gitarre weg und tritt wieder zu den Musikern.

Das sind halt Inhalte. Leider haben diese Lieder eine Wirkung wie ein Furz, der nicht stinkt, man hört sie zwar, lächelt, geniert sich für die anderen, aber drei Minuten später hast sie vergessen …

STAUDINGER   Wollen wir net weitermachen, ich mein nur, es ist drei viertel …

BRENNEIS   Drei viertel, pfau, na ja, da gehen sich noch zwei Sachen aus zum Proben, die Mitternachtseinlage und das Lied für meinen behinderten Trafikanten. Die Kisten hier wären noch zum Wegräumen. *Ruft zum Techniker*. Oder soll ich es vielleicht machen? *Schweigen*. Hätte nicht fragen dürfen. *Er trägt die Kisten hinter die Bühne*. Ja, der Trafikant, wir lachen immer, ich kaufe immer Zigaretten bei ihm, immer vom obersten Regal, wir lachen immer, also er ein bissel weniger, konkret gar nicht. Aber der hat Humor, der steckt des weg, auf jeden Fall hab ich ein kleines aufmunterndes Lied für ihn, Nummer zwölf. *Die Band intoniert eine Art Rock and Roll, Brenneis singt dazu*.

Wenn einer deinen Rollstuhl klaut
Sich damit über die Häuser haut
Und wenn dann die Batterie leer ist
Ihn stehn lässt und sich rasch vertschüsst
Dann gilt für dich

Sei doch nicht behindert, sei doch nicht gelähmt
Weil dich das im täglichen Leben wirklich hemmt
Sei nicht blind, nicht taub, nicht stumm
Sei nicht mongoloid, kurzum
Sei einfach ganz normal
Das bringt's total.

Das Telefon unterbricht die Darbietung. Brenneis hebt ab.

Ja, hallo Sylvia, wie geht's? Gut. Ja, mir auch und wie geht's dir? Immer noch gut, klar. Fein, mir geht's … ja,

eh! Du kommst? Du kommst nicht. Wieso? Ah, der
Bub ist krank. Was hat er, Schnupfen? Ja, aber … na, ich
sag ja nur. Na schade, und wie geht's dir? Ah hamma
schon, na dann ruf ich nächste … nicht! Gut, vielleicht
treffen wir uns zufällig mal im Supermarkt, also lass den
Buben. *Sylvia hat schon aufgelegt.* Das war meine Frau.
Würde wahnsinnig gerne kommen, aber der Robert ist
ziemlich krank, der Robert, mein Sohn. Ja, er heißt
Robert, wie ich, aber nicht wegen mir, sondern wegen
meiner Frau …

STAUDINGER Die heißt auch Robert?

BRENNEIS Also mein Bub, der ist a Wahnsinn, mit seine
drei Jahren, der ist so vif. Wenn es an der Tür läutet,
er geht nicht zum Telefon! Er ruft auch selbsttätig oft
wo an, einmal haben wir das Wasserwerk da gehabt,
weil sie geglaubt haben, es ist ein Rohrbruch. Und er
ist ein Clown, er nimmt sich immer einen Sessel, stellt
ihn zu den Heizkörpern und uriniert in die Behälter
vom Luftbefeuchter, da kommst nicht drauf! Ich hab
immer unsern 80-jährigen Nachbarn verdächtigt,
und der war schon längst im Heim, da bin ich erst
draufkommen, dass das unser Bub war, weil es weiter
gestunken hat. Alte Frauen mag er nicht so gerne, und
er hat es ja schwer, sein Leben hat begonnen mit einem
Geburtstrauma, deswegen will er auch keinen Roll-
kragenpullover anziehen, weil er glaubt, wenn er durch
ist, wartet ganz was Böses auf ihn.

STAUDINGER Wie geht die Mitternachtseinlage?

BRENNEIS Die Mitternachtseinlage, da muss ich ein bissel
ausholen. *Die Musiker langweilen sich.* Das war immer
ein Riesenerfolg, so beim Feuerwehrball oder bei diesen

Heizdeckenwerbefahrten. Da bräuchte ich ein lustiges Licht. *Der Techniker beleuchtet nur seine Füße.* Waren Sie früher Beleuchter bei der Orthopädie? O. k., lassen wir auch weg. So, Sie, Herr Staudinger, bitte lesen Sie diese Ansage vor, die ich geschrieben hab, aber mit Pepp, gell? Ich werde versuchen, schon bei der Probe aus mir herauszugehn, da hab ich's ja nicht weit. Gott sei Dank hab ich noch die Originaladjustierung von den »Violets« dabei, wenn Sie die bitte anlegen wollen, damit ich sehen kann, ob noch innere Rochaden vonnöten sind. *Er setzt den Musikern Faschingsmasken und -hüte auf.* Herr Staudinger, könnten Sie vielleicht ihre Maske aufsetzen? *Staudinger hat die Maske aber schon auf und blickt böse.* Ach so, Sie haben schon. Gut, also Sie, Herr Staudinger, sind so nett und lesen vor, ihr groovts euch ein, und ich bin so nett und zieh mich um. *Er geht hinter die Bühne.*

STAUDINGER *Die Band spielt die Intro von »Sex Machine«.* Ladies und Gentlemen, I like to introduce to you, Mister Negafunk, was? Negafunk?

BRENNEIS *von draußen* Megafunk, da hab ich mich vertippt, mein Gott!

STAUDINGER The animal, the beast, the burning spear, yes, yes I am talking about the sex machine from Floridsdorf! Mister Robby Brenneis, heißt des jetzt Robby oder doch Bobby?

BRENNEIS Improvisieren S' was.

STAUDINGER *Franz* Brenneis.

BRENNEIS *Tritt auf und ist ebenfalls sehr blöde maskiert.* Shall I move it?

STAUDINGER Jo.

BRENNEIS Shall I groove it?

STAUDINGER   Jo.

BRENNEIS   Shall I do it?

STAUDINGER   Von mir aus.

BRENNEIS   Right here on the stage?

STAUDINGER   Is ma wurscht.

BRENNEIS   Being like a sex machine?

STAUDINGER   Scheiß di nix.

BRENNEIS   One two three four five six seven, get up,
get up …

*Er beginnt seltsam ungelenke Bewegungen zu vollführen
in der fälschlichen Annahme, es wäre erotisch.*

Also, da zieh ich mir dann die Hose aus, und unter
der Unterhose ist noch eine zweite, auf der steht
dann irgendwas wahnsinnig Lustiges wie »Ausfahrt
freihalten«. Da haben sie immer sehr gelacht,
die besoffenen Arschlöcher. *Er blickt auf die Uhr.*
O.k., es ist höchste Zeit, es kommen gleich die ersten
Gäste. So, bitte, wegräumen, stimmen, umziehen.
Ein bissel was rauchen, vielleicht eingrooven, aber
ich spüre, das wird total gut, das hat total viel Pepp,
ich freue mich.

*Während der letzten Worte verlassen alle die Bühne,
langsames Fadeout.*

Pause

2. Akt

Die Musiker sind festlich gekleidet, so auch Brenneis, sie intonieren zum wiederholten Male »Sex Machine«. Man ist nicht mehr ganz nüchtern. Langsam verebbt die Nummer.

STAUDINGER   Shall we take it to the bridge?
BRENNEIS   Ja gut, es ist noch keiner da, aber die werden schon kommen. Die machen sich bestimmt einen Spaß und kommen absichtlich eine Stunde später, *zu sich* aber die kennen sich ja gar nicht untereinander. Spielt was, aber was Feines!

Die Band spielt einen Walzer.

Nein, nicht so was oder ja, ist ja wurscht! Feiern wir halt allein, man wird nur einmal 30. Stimmung!
Zieht eine Tröte aus dem Sakkosack und bläst hinein. Es begrüßt Sie Ihr Robby Brenneis, bekannt als Entertainer von Feuerwehrbällen und Heizdeckenfahrten, Stimmung! Wie ich den Karneval hasse! Im Jänner, Feber erwacht die ganze Stadt aus ihrem Frust und tut auf lustig. Sogar beim Bäcker haben sie diese Masken auf und drunter sind sie unfreundlich. »Guten Morgen, was wollen wir heute, ein Punschbeugerl, ein Nusskipferl oder ein Marzipanzwutschkerl?« Und ich kriege dann immer so Visionen: Zuckerprohibition in Österreich. Torten nur am Schwarzmarkt, geheime Kuchenpuffs. Gugelhupfjunkies. Vier Jahre Haft für eine Sachertorte. Die Zahnärzte müssen Schnee schaufeln.

Oder in der Bank sitzt der Groucho Marx und sagt: »Reden Sie mit uns, wir haben günstigen Kredit.« Dabei war unser erster Auftritt gar nicht auf einem Ball, unser erster Auftritt war im Altersheim, da sind wir von Zimmer zu Zimmer gegangen, den Verstärker haben wir auf so einem Infusionswagerl drauf gehabt, und haben gespielt »Du kannst nicht immer siebzehn sein«. *Schrickt hoch*. He, da kommt wer! Äh, Lied Nummer neun, Rock and Roll, Licht!

Man beginnt »Cadillac« zu singen, begleitet von einer farbigen, aber mickrigen Lichtshow. Brenneis sieht immer zur Türe, aber niemand kommt.

Es war nur der Rosenverkäufer. Des war immer unser erstes Lied auf Benefizkonzerten. Ich mein, beim Benefiz kriegt man zwar kein Geld, dafür sind die Bedingungen umso beschissener, kein Licht, kein Ton, keine Zuschauer. Einmal haben wir ein Benefiz gespielt für die Freiwillige Feuerwehr in Kaumberg, ein riesiges Bierzelt, 500 Leute, davon 490 Besoffene, der Rest Kinder. Und du spürst die Leute total, sie kotzen dir auf den Verstärker. Nein, da bin ich lieber Lehrer, das ist zwar auch sinnlos, aber du kriegst wenigstens eine Pension.

Er nimmt einen kräftigen Schluck aus der Bierflasche.

STAUDINGER Ich dachte, Sie trinken nichts mehr.
BRENNEIS Dachten Sie das? Machen wir halt eine kleine Ausnahme. *Das Telefon läutet.*
Ja hallo, *zu Staudinger* der Gitarrist von den »Violets«. Was ist? Ah, du bist krank! Du musst lauter reden, es ist die Hölle los. *Er beginnt nun so zu tun, als wäre er auf*

einer überlauten Party mit vielen Gästen. »Geh, nehmt euch vom Buffet.« *Ins Telefon:* Wart, ich geh wohin, wo es leiser ist. *Er imitiert nun Schritte, die Musiker sind erstaunt.* So, eine Spur besser. Du, ich kann mich nicht kümmern. *Ruft wieder in den vermeintlich überfüllten Partyraum.* »Nehmt euch vom Buffet vom Kaviar, was soll ich damit machen, wenn er übrig bleibt, ausbrüten auf einer Fischfarm?« *Wieder ins Telefon:* Du, ich muss Schluss machen, kuriere dich aus. Weißt eh: Besser arm dran als Bein ab. Also ciao. *Legt auf.*

Das war der Gitarrist, das ärgert ihn mit dem Kaviar, weil den kann er sich nicht leisten. Apropos, ich hab was gerettet für Sie vor den Gästen, Brote, die sind gesund, rechts drehend! *Er nimmt ein Tablett mit einigen wenigen verhungerten Brötchen und hält sie den Musikern unter die Nase.* Aber erst später, wenn das Betragen dementsprechend ist …

Zu sich: Jetzt feiere ich meinen Geburtstag doch tatsächlich allein. Ich mein, ich hab nichts gegen das Alleinsein, ich bin nur manchmal ein bisschen allein dabei. Ich bin nämlich ein totaler Gruppenmensch, pfau, was wir damals alles gemacht haben auf der Uni im Proseminar mit dem Schorsch. *Imitiert Schorsch:* »Brenneis, komm her, wir machen jetzt Unsichtbares Theater, verstehst, wir müssen die Bürger wachrütteln, sie müssen wieder sensibel werden für die Umwelt, verstehst, wir gehen jetzt zum Supermarkt und prügeln uns.« Ich hab ihn schon fast mit der Gulaschdose erschlagen, aber die Bürger sind weitergegangen, verstehst! Oder experimentelles Theater auf der Uni, eine leere Bühne, nein, nicht ganz leer: Im linken Eck steht ein Schizophrener und furzt. Dann läuft er geschwind ins rechte Eck und sagt: »He du, das können wir doch nicht machen!« Da haben sie gewackelt, die Tabus. Was willst du verändern mit dem Experimentellen bitte! Was willst du verändern, wem willst du helfen? Den Bettlern vielleicht, die immer sitzen beim Bankomaten, warum eigentlich immer beim Bankomaten? Glauben sie, dass er undicht wird? Diese ganzen Lügen wie die multikulturelle Gesellschaft. Multikulturell ist nix, ich hab drei Türken in der Klasse, was willst du denen vorspielen, Bach? Mozart? Na geh. Was willst du denen vorspielen? Die Top Ten der Muezzins? *Er ist jetzt schon ziemlich betrunken.* Ja, multikulturell ist schon super. Rotwein aus Spanien, da kannst was verändern, wenn du willst.

Lichtwechsel, wieder Rückblende, Brenneis vor Jahren bei einem Benefizkonzert, er steht beim Mikro, unter seinen Worten ist ein zarter Reggaerhythmus zu hören.

Hallo, ich bin der Bobby Brenneis, und ich find das wirklich toll, dass ihr heute alle da seid bei unserm Benefiz und zwar beide! Das sind die »Original-Violets«, heute in einer andern Besetzung, zwei fehlen. Der eine ist krank, und der andere spürt es heute nicht, und wenn man es nicht spürt, da muss man ehrlich sein, da darf man auch nicht kommen. Wir finden des wirklich beschissen, die Sache mit dem Hunger in der Dritten Welt, da müssen wir was dagegen tun! Kauft euch die Vollkornkuchen hinten bei der Irmi an der Kassa, die kommen auch wem zugute, wem? Der Irmi. Das nächste Lied ist ein Lied. Es heißt: »Super ist die

Dritte Welt«, und es ist ein Reggae. Das Wichtigste
beim Reggae ist, dass man immer in Bewegung bleibt,
sonst fließt er nicht. Aber sparsam, weil der Reggae
kommt aus einer Gegend, wo es total heiß ist, da
kann jede Bewegung tödlich sein. *Er beginnt zu singen.*
Ich schau gern auf die Fotos von den hungernden
Kindern
Super ist die dritte Welt
Weil ohne Schnitzel lebst halt auch nicht gesünder
Super ist die dritte Welt
Im Gegenteil, aufgebläht wirst geschwinder
Super ist die dritte Welt.

*Ein Saxsolo beginnt, das Handy läutet, Brenneis ist wieder
in der Gegenwart, aber immer noch betrunken.*

BRENNEIS *hebt ab, schreit hinein.*   Brauche niemanden!
*Legt auf, er triumphiert, das Handy läutet abermals, er hebt
erneut ab.*
Ja hallo? Herr Direktor, grüße Sie, war eine kleine
Störung vorhin, bitte? Morgen erste Stunde einspringen.
Ja gerne, wollt ich schon selber vorschlagen, wollt ich
schon selber anrufen, ja, da komm ich ein bisschen
früher, kann ich mich vorbereiten und bleibe länger,
dann kann ich mich nachbereiten, alles klar. Schönen
Abend noch, Sie kommen nicht, schade, ich hätte was
für Sie, ein Lied extra … alles klar. Danke, vielleicht
nächstes Jahr oder übernächstes … Wiederhören.
Schreit ins Handy: Arschloch! *Merkt, dass er vergessen hat
abzudrehen.* Wurscht, sollen sie mich kündigen, ich
fahr fort! Bin ein großer Fortfahrer. Am besten in den
Süden. Womit fahr ich? Fliegen mag ich nicht, die

Arbeitslosen, die armen Hunde, die sollen fliegen, ich
hab ein bisschen was gespart, ich fahr mit der Bahn,
das leiste ich mir. Mit dem Schlafwagen in den Süden.
Lichtwechsel, er steigt in ein viel zu kleines Schlafwagenabteil.
Bequem. Waschbecken, sehr schön. Na, wenigstens der
Tisch ist geräumig, ah, das ist das Bett. Der Schaffner
kommt. »Wollen Sie vielleicht noch einen Drink?« Ich
antworte: »Ja, aber intravenös, weil für a Glas ist kein
Platz!« Aber das macht mir nichts, die Anfangseuphorie
der Reise ist riesengroß, heute werde ich sicher gut
träumen, ich träume in letzter Zeit oft so schlecht.
Immer den gleichen Traum. Ich stehe auf einer Wiese,
und eine wunderschöne Frau kommt auf mich zu,
zieht sich aus und legt sich mir zu Füßen, und ich kann
nichts machen, weil ich ein Apfelbaum bin. Ich war
immer im Süden, schon als Kind, schrecklich: jedes Jahr
Griechenland. Immer auf denselben Platz, super, da
kennen dich die Kellner schon und sind trotzdem
unfreundlich, oder deshalb. Man isst gesund, alles mit
einem Kilo Knoblauch, wenn du in der Früh aufwachst,
hast einen Gifthauch wie der Basilisk. Aber des gleicht
man dann aus mit Eis. Was heißt das? Durchfall, obwohl dein Dickdarm eigentlich schon eine Hornhaut
haben müsste von der Wiener Küche. Nein, schwerer
Durchfall, da triffst du von zwei Metern in eine Metaxa-
flasche, jassu! Und es gibt keine vernünftigen Klos,
nur diese Stehklos. *Er hockt sich hin und imitiert einige
Stellungen altgriechischer Plastiken.* Der Kulturfachmann
wird erkennen, das waren die eigentlichen Vorbilder für
die altgriechische Bildhauerei. Toll, so am Strand: Ein
pinkfarbener Engländer liegt seit zehn Stunden in der

Sonne, medium. Jetzt tragen sie ihn weg, verschmolzen mit seiner Luftmatratze. Dort hinten ein Schweizer, nicht ganz so neutral wie sonst. *Übergibt sich.* Großartig der Süden, ich liebe ihn! Später dann: Interrail. Ein Monat Konservendosen, das hältst du nur als Junger aus. Konservendosen, Erbswurstsuppen, Kekse! Gott sei Dank hast du nur einen Monat fahren dürfen, ich hab einen gekannt, der ist zwei Monate gefahren, der ist mit Skorbut zurückgekommen. Und diese Campingkocher, wo man für eine Kartoffel einen Tag braucht und vier Kartuschen. Drei Wochen nicht waschen, na klar, du willst ein eigenes Zugabteil, das Blöde ist, die anderen haben die Idee auch gehabt. Da stehen deine Socken von allein, und wenn du nicht aufpasst, machen sie einen Fluchtversuch.

Oder die Mädels. In einer spanischen Bar ist eine auf mich zugekommen und hat gesagt: »Mensch, dich fick ich gleich vom Hocker.« Die Deutschen haben schon Recht, im Sommer schicken sie die ganzen psychischen Sozialfälle über Europa, damit sie zu Hause Ruhe haben, des sollten wir auch machen, aber wer bliebe dann zu Hause? Nein, der Süden! Wenn du aussteigst aus dem Zug, und es stinkt nach Sonnencreme, das kann ich nicht leiden. Ich war dann immer in Norwegen, da steigst aus, und es stinkt nach Fisch, aber das ist ehrlich. Norwegen, da geht die Sonne nie unter oder sie tut zumindest so als ob. Da frühstückst du um zehn am Abend und du merkst nur, dass Nacht ist, weil kein Bus kommt. Stehst da und denkst dir: »Seltsam, seit zehn Stunden kein Bus.« Stehst natürlich bucklig. 25 Kilo Konservendosen im Rucksack. Die darfst du nicht abstellen wegen dem

Grundwasser. Endlich nach elf Stunden kommt ein Bus, da steigen fünf Stück Wiener aus: »Kurtl, hast no a Banane?« Wir haben nur einen Vorteil gegenüber den Deutschen, wir sind weniger! Oder Irland: kilometerlange Sandstrände, keiner badet, klar: zwölf Grad.
Und die Mädels dort: rot und katholisch. Das ist selten, die sind so katholisch dort, die haben nicht einmal noch Gummireifen auf den Autos. Aber es wäre nicht gegangen, ich hab damals schon meine Frau gehabt, die Sylvia, und die war irgendwie unlocker. Sind wir uns ehrlich, die Frauen werden relativ unattraktiv in der Ehe, bekommen lange Arme von den schweren Einkaufstüten. Man könnte ihnen helfen, aber wer will schon lange Arme? Die Männer verblöden vorm Fernsehen. Aber ich war manchmal Schilehrer in Tirol, und meine Frau war unlocker. Sie verstehen: Schilehrer in Tirol, das heißt Aufriss. Der Begriff an und für sich hat ja schon was Zärtliches. Kommt wahrscheinlich aus der Baubranche. Na klar, du musst auch eine Straße aufreißen, um ein Rohr zu verlegen. Wir unterscheiden zwei Methoden des Aufrisses. Erstens: »Was is?« Mehr ist nicht, mehr erwartet man sich auch nicht. Man erwartet auch von an Vibrator keine Buchbesprechungen. Sensibilität und Feinfühligkeit bei einem Mann sind ja ohnehin nur Hobbys der Evolution. Aber manche Frauen mögen Hobbys. Möglichkeit Nummer zwei: der sensible Mann. »Pfau, ich versteh des nicht, warum führen die immer Krieg irgendwo, warum gibt es das viele Ozon, und warum stink ich so unter der Achsel?« Also: Schikurs in Tirol, Schihütte, man lässt sich ein Weizenbierchen herüberwachsen, ein zweites,

ein drittes. Dann ist man nur mehr ein kleines, ambulantes Hormon und hört sich den Satz sagen: »Wer ist die Blonde?« Wirklich, an der Bar steht eine Blonde, wir alle kennen sie, die Naturblonden mit dem dunklen Haarboden, und die hat wirklich alles: Nägel, Lippen, Zähne, alles serienmäßig. Das ist das Phänomen bei uns Männern, du kannst gebildet sein, katholisch, irgendwann erwischt er dich, der Pawlow! Du stehst da, redest über Reinkarnation, Kernspaltung, ein Dekolleté schwebt vorüber, die Lefzen senken sich gen Boden, die Speichelproduktion steigt. Sogar die älteren Herren, mit 70 und den Supermanieren, nach dem zweiten Glas kippen sie den jungen Damen ins Dekolleté. Bitte mit 70, da hat man doch längst anderes zu tun, Sport, einen Flamencoabend machen mit den dritten Zähnen. Oder langsam innerlich die Koffer packen für die lange Reise. O. k., wir kehren zurück in unsere Schihütte, aus dem Lautsprecher ein alter Hit, der uns wieder jung macht.

Es ertönt eine alte Ballade.

Man nähert sich der Schönen souverän. *Er wankt in Richtung imaginärer Blondine.* Er schaut ihr tief in die Augen, ein Tänzchen wird gewagt. *Er tanzt mit imaginärer Blondine.* Man geht hinaus ins Freie, zeigt ihr voller Stolz den neuen Kleinwagen: Peugeot, französisches Auto, rostet bereits am Prospekt. Man geht mit ihr aufs Zimmer, lässt sich zuerst aufeinander und dann miteinander ein. *Die Ballade verklingt.* Und meine Frau war unlocker. Dann hat sie auch noch Briefe gefunden, nach einer Stunde hab ich es zugegeben. Du bist als Mann ganz einfach der Blöde, wenn du ehrlich bist. Dabei war ich immer so mitfühlend. Was sie Geschenke bekommen hat! Bücher! »Zellulitis muss nicht sein!« Dann hat sie mich verlassen. Sie hat gesagt: »Ich verlasse dich!« Ich hab gesagt: »Pfu!« Aber damit hab ich sie auch nicht halten können.

Jetzt will sie sich scheiden lassen in einer Woche, aber dass ich meinen Sohn auch nicht mehr sehn soll, jetzt wo er endlich durchschläft. Scheidung ist schlecht, wenn man katholisch sozialisiert ist.

Lichtwechsel, aus dem Off ertönt »Danke für diesen guten Morgen«.

Ich habe ja früher auch Jazzmessen gespielt, und der polnische Kaplan war begeistert: »Sehr gut Brenneis, Affenprinz.« Zu den polnischen Kaplänen muss man freundlich sein, man weiß ja nicht, was die einmal werden. »Brenneis, spielts doch einmal was Selberkomponiertes zur Firmung!«

Lichtwechsel, aus dem Off ist eine Punknummer zu hören.

Damit waren wir unseren Gratisproberaum in der Pfarre los. Wir waren wilde Hunde! So wie die Kalifornier. Wenn du nach Kalifornien kommst, denkst dir: »Pfu, sind die alle locker!« Die sind so locker, verwunderlich, dass die noch aufrecht gehen können. »Hey Robby, nice pants Austria, Australia, hehe fuck!« Und wenn du dann wieder nach Haus kommst zu den Alpenzwergen, bist auf einmal der Lockerste. Als Lehrer!

Aus dem Off ertönt ein Lied aus »Pat Garrett jagt Billy the Kid«. Brenneis greift zum Handy und ruft seinen ältesten Freund Erich an.

Hallo, Erich, du, ich bin jetzt 30, und keiner ist da, das ist beschissen, aber was noch viel beschissener ist, ist dein Anrufbeantwortertext. Ich rede dir trotzdem drauf. Du Erich 30, Halbzeit. Viel kann mir nicht mehr passieren, ich mein, Masern kriege ich nicht mehr. Du, Erich, ich sehe am linken Auge schlechter, ich hab was mit 30, was sicher nicht mehr besser wird, auf das kann ich mich verlassen! Oder meine Zähne, die sind schon so schlecht, ich kann mir ausrechnen, wann kriege ich meine Dritten. Und dann kann ich sie rein tun oder heraußen lassen. Das heißt, ich kann beißen, aber ich schmecke es nicht, oder ich schmeck zwar was, aber ich kann's nicht beißen. Erich, kannst dich erinnern in der Schule, ich hab immer gesagt, ich bringe mich um mit 30. Das war euch wurscht. Aber jetzt sag ich dir was von Lehrer zu Lehrer: Wenn ich mich jetzt umbringe, dann hat das Folgen, nämlich du musst morgen für mich einspringen. *Legt auf, triumphierend.* Jetzt macht er sich Sorgen. Ja, die Kollegen, jetzt hab ich immer so einen Junglehrer hinten sitzen, so einen Hektischen: »Brenneis, Brenneis.« Ich schau immer heimlich, ob er nicht ein Starkstromkabel hinten drinnen hat im Arsch. Nein, der gehört so, der ist so gebaut. »Brenneis, wir müssen mehr singen im Unterricht.« *Man hört ein Bluesriff, Brenneis singt dazu.* Wer fehlt?

OFFCHOR Niemand.

BRENNEIS Er bringt immer seine eigenen CDs mit. Wenn er rausgeht eine rauchen, spielen wir damit Frisbee. Na ja, man darf nicht unfair sein, wenigstens wackeln die Tische nicht mehr, weil wir sie immer drunterschieben. Der will auch immer alles ausdiskutieren: »Badura, du spuckst mir auf den Schreibtisch, reden wir drüber, was spürst du dabei?« Ich mein, das haben wir hinter uns. Ich hab auch viele neue Ideen gehabt, aber leider nie als Erster. So einen wie mich lassen sie auf junge unfertige Menschen los, dabei ich bin gar nicht der Schlimmste, ich bin im Mittelfeld, Verfolgergruppe. Wir bringen ihnen einen Schmarrn bei, den sie im Leben niemals brauchen können, sind dabei noch ungut, kriegen dafür bezahlt und haben vier Monate im Jahr frei. Jetzt wissen wir, warum es so viele von uns gibt! Vielleicht sollt ich es anders machen. Was hätte ich werden können! So wie der Cerny, der Cerny ist heute der Einzige von den »Violets«, der von der Musik leben kann, der Unsympathler. Der spielt jetzt irgendwo unten in Kärnten, in Velden am Wörthersee, in der »Mamalulu Bar« vor 120 Piefke, Zicke Zacke, mit einem weißen Sakko …

Cerny tritt auf, ganz Entertainer, im weißen Anzug, mit Hut. Er singt: »It is only a papermoon.«

Wieso hat es der Cerny geschafft und nicht ich? Ich weiß schon, er hat es österreichisch gemacht, er ist mit den Richtigen saufen gegangen. Dabei war er überhaupt keine imposante Erscheinung, der hat Schuppen gehabt, daher das weiße Sakko. Nein wirklich, wenn der ein bissel heftiger »nein« gesagt hat, ist es zugegangen wie in so einer Weihnachtskugel. Dabei war er mein Freund. Die Freunde, wo sind die alle hin? Die Freunde verschwinden aus deinem Leben oder werden fett. Das ist nicht das Schlimmste bei einem Mann, wenn er fett ist, aber wenn er dünn ist, dünne Arme oder Beine, aber einen Kugelbauch, das is schlimm! Warum wird man gerade dort zuerst dick, oder wie hat man die Pyramiden bauen können ohne Kran? Oder warum machen in der Sauna immer diejenigen die frauenfeindlichsten Witze, die den kleinsten Schwanz haben? Ja ja, die klasse Burschen, ich mag sie ja, so wie der Heinzi aus der Pfarre …

Limbomusik setzt ein, Brenneis imitiert Heinzi tanzend.

Der Heinzi war Sportler, auftrainiert auf ein Cornetto. »Heinzi, wie spät is?« – »I weiß net, i hab die Uhr noch net so lang.« Heute ist er bei der Polizei. Wohin verschwinden die alle, die Freunde? Sie machen Karriere. Wir haben einen Klassentrottel gehabt, zwölf Dioptrien. Den haben wir sekkiert, den haben wir fertiggemacht. Heute sitzt er in der Chefetage einer großen Bank und tritt runter. Es wäre jetzt total ungerecht zu sagen, dass jeder ehemalige Klassentrottel heute in irgendeiner Chefetage sitzt. So viel Platz ist da nicht. Oder der Andschi! Immer korrekt, immer souverän, außer wenn er was getrunken hat, dann war es aus. Einmal hat er mit mir gewettet, dass er »Rolling Stones« auf die Kacheln vom Klo wichsen kann. Es hat nicht einmal gereicht für »U2«. Heut ist er Oberarzt, was sonst? Mit einer Frau und zwei Kindern und einer Nutte in Bratislava. Oder die Tini, die hat immer so indische Sachen angehabt und Pickel, die hat ausgeschaut wie ein Ribiselkuchen. Die hat immer ganz allein tanzt, bis zum Schluss, bis man sie gefunden hat mit einer Überdosis. Aber sonst war die Pfarre in Ordnung. *Der Limbo verklingt.*

Und am Schluss bist dann im Altersheim mit einem gestreiften Pyjama, keiner kommt, und wennst frech wirst, stehlen sie dir auch noch die Zähne aus dem Glas. Am Land ist das besser, in der Großfamilie, wennst alt bist und hilflos, da sind wenigstens nur die eigenen Leute zu dir beschissen. Aber in der Stadt, da kommst ins Spital, des ist wie im Nahen Osten, nur leiser. War einmal als Kind im Spital, da weinst du die ganze Nacht, und keiner kommt, na klar, was bist denn schon, ein Kind! Am nächsten Tag sind sie dann total freundlich, und meine Mutter hat nicht *mir* glaubt, sondern denen. Was bist du denn schon? Ein Kind. Vielleicht verstehen sich die alten Leut und die Kinder deswegen so gut, weil sich beide nicht helfen können, gegen die ganzen Orschlöcher dazwischen.

Aber Altersheim kann schön sein. Weihnachten, alle anderen kriegen Besuch, alle anderen kriegen Geschenke, Gutscheinsmünzen. Was machen die alle mit den vielen Münzen? Einige Findige haben ein Casino eröffnet: »Rien ne va plus. Nichts geht mehr.« Rundherum ist weihnachtliches Treiben, und man muss plötzlich an seinen 20. Geburtstag denken. Picknick im Freien, Rotwein, Federball. Deine Frau, ganz frisch verliebt … in deinen besten Freund, aber du weißt es nicht. Du bist glücklich, leicht betrunken, und auf einmal spürst, das sind die wenigen Augenblicke im Leben, wo die Tür ein bissel weiter aufgeht als sonst. Spätfrühling, und du denkst dir: So lang hab ich nix mehr gerochen, und du wirst schwindlig, weil der Sekundenzeiger so rast. Du willst den Tag umklammern, wie einen Freund, der für immer ins Ausland gehen will.

An das denkst du, sitzt auf deinem Krankenhausbett,
von hinten kommt die thailändische Schwester: »Möchten Sie noch ein bisschen Tee?«

Früher sind sie wenigstens ehrlich gestorben, mit 30,
nach 20 Jahren Arbeit im Bergwerk, ohne Lifting. Bitte,
wieso zählt das nichts mehr, wieso kann ich nicht sagen:
»Hey, ich bin 70, impotent, gichtig, sehe nix mehr, bin
der letzte Dreck, weil ich für das Bruttosozialprodukt
nix mehr leisten kann, aber ich kann so lange schlafen,
wie ich will!« Wieso zählt das nix? Was hätte aus mir
alles werden können, wenn … ja wenn, wenn! Wenn
der Papst nicht katholisch wäre, hätte er wahrscheinlich
eine Schwulenbar …

Aber ich hab ja Perspektiven. Ich bin 30, Lehrer.
Möglichkeit Nummer eins: eine neue Beziehung, und
nach zwei Jahren redst nix mehr miteinander, weil der
Werbeblock im Fernsehen spannender ist. Oder keine
Beziehung, und du gehst mit deinen Schülerinnen ganz
pädagogisch ins Bett. Wie kommt man eigentlich
pädagogisch? Weiß ich nicht, aber du gibst endlich
einmal was weiter. Oder drittens: ab in den Club
Mediterrané. »Vite, vite, das große Sangriasackhüpfen
beginnt bald.« Und dann mit irgendeiner am Strand,
und die Spannung besteht darin, dass du nicht weißt, was
du kriegst: Malaria, Aids oder Sonnenallergie. Oder du
verliebst dich noch einmal neu, und du stehst auf in der
Früh und denkst dir: Das ist wie am Morgen nach
Weihnachten, und du weißt, da war was, und jetzt siehst
du es wieder. Plötzlich sind dir die ganzen Trotteln
wurscht, du gehst auf der Straßen und pfeifst grundlos,
alle schauen. Und du wascht gern des Geschirr ab, die

fettesten Reindeln, die fettesten Pfandeln. Du lachst minutenlang, weil dein Morgenständer in der Boxershort so komisch ausschaut. Und ein kleiner Blick kann die ganze Kälte von dir wegnehmen, und du stehst auf, es hat Sinn, du legst dich nieder, es hat Sinn, du gehst arbeiten, und es hat Sinn. Oder du bleibst allein. Und auf einmal wird es ganz still, wie wenn der erste Schnee fallt, und dein Leben saust an dir vorüber, retrospektiv. Ich glaub, das ist das einzig wirklich Schlimme am Tod, dass du da des noch einmal anschauen musst. Und wenn er dann kommt, der Gevatter, dann hilft nichts. Diskutieren ist nicht, er ist nicht so der Seminartyp. Auch auf gemütlich: »Komm, trinken wir noch ein Glas!« Wo soll er es hin trinken? Oder: »Da hast einen Tausender oder zwei. Verlängern wir!« So, auf bestechen. Nein, der Tod ist mit Sicherheit kein Österreicher. Und mit 80 finden sie dich dann in deiner Wohnung, aber erst nach Wochen, in einem andern Aggregatzustand. Na klar, du gehst ja keinem ab in der Stadt, und der Briefträger glaubt, du bist schon wieder im Spital. Das sind doch Perspektiven. 1, 2, 3, 4, 5, feiern wir halt allein.

Brenneis nimmt eine kleine Torte zur Hand mit einer Kerze, zündet diese an, das Handy läutet, Brenneis hebt ab.

Krematorium, nein Brenneis, Scherzchen! Hallo, Erich, hast meine Nachricht gehört, nicht? Macht nichts, war nicht wichtig. Bitte? Nein, es ist noch ein bissel ruhig, es sind noch nicht alle da. Was, du kommst? Wann? Jetzt gleich! Nein, kein Problem! Wo bist du denn schon? Am Eck? Super!

Legt auf, weckt die Musiker auf, die schon lange vorher eingeschlafen sind. Los, meine Herren, hallo, aufwachen, bitte, wozu bezahl ich Sie, na, was ist? Licht! *Der Techniker macht wieder volles Bühnenlicht.* Wo ist schon wieder mein Sakko? Warum muss ich da immer alles suchen wie ein Trüffelschwein?

Die Band intoniert das »Begrüßungsthema« aus dem 1. Akt, Brenneis streift sein Sakko über und eilt zum Mikro mit Gitarre, dann erblickt er Erich, der gerade den Saal betritt.

Hallo, Erich, setz dich hin, wo du Platz findest! Willkommen, meine Damen und Herren, es begrüßt Sie Ihr Robert Brenneis auf dieser kleinen, bescheidenen Feier, yeah! Ich möchte gleich einmal die Band vorstellen, es ist die »Violets-Revivalband«! Applaus bitte! Danke schön! Und um die Stimmung gleich einmal zum Höhepunkt zu bringen, ein paar selbstverfasste Couplets.

Das Licht fadet langsam aus.

Ende

Jubiläum

Ein großer Vorteil, der sich aus dem Zeitvergehen ergibt, ist das Jubiläum. Es gibt keine Jubiläen in der Ewigkeit, vielleicht aber ewiges Jubilieren, man wird sehen, was da besser ist. Das Jubilieren hat in jedem Fall den Nachteil, dass es ewig sein muss und daher nicht vergeht. Und wenn nichts vergeht, gibt's kein Geschäft. Und was ist schon ein konjunkturunabhängigeres Geschäft als der Tod? Der im Übrigen wiederum ewig ist, hab ich mich da jetzt in einen Widerspruch …?

In diesen heilgen Hallen

Mozart wurde geboren und starb, das unterscheidet das Genie nicht wirklich vom Durchschnittsmenschen, und selbst durchschnittliche Marketingstrategen wissen das zu schätzen. Feierten wir 1991 den 200. Todestag von Wolfgang Amadeus, wird 2006 sein 250. Geburtstag zelebriert. Leider ist es bis 2041 noch etwas hin für den 250. Todestag, vom 300. Geburtstag 2056 ganz zu schweigen, doch kommen vielleicht andere biographische Eckdaten des Komponisten zur Überbrückung in Frage. Dass er am Schoß Maria Theresias saß und dabei

Menuette vortrug, bereitet Schwierigkeiten für die
termingebundene Vermarktung. Ergiebiger scheint
die Hochzeit im Stephansdom mit seiner Constanze
im Jahre 1782. So würde sich postwendend 2007 als
Jubiläumshochzeitstagsjahr anbieten. Wir begingen dann
den 225. Hochzeitstag des Musikgenies, und Kreativität
für Merchandisingartikel wäre gefragt. Sie müssten
um das Thema »Erinnerung« kreisen, Hochzeitstage
werden ja gerne vergessen. Der »Wolfgang-Organizer«
mit der Melodie der Arie »Bei Männern, welche Liebe
fühlen …« kann hier gegensteuern.

Nach dem einjährigen Abfeiern wäre dieses Ereignis
dann derart im Unterbewusstsein verankert, dass sich
der Bedarf am Begängnis des eigenen Hochzeitstages vermutlich für eine Weile erschöpft hätte.

Verwunderlich auch, dass Mozarts Namenstag noch nie
ins Kalkül gezogen wurde. Aufgrund der Vornamens-
gleichheit mit dem österreichischen Bundeskanzler wäre
sogar ein alljährlicher Synergieeffekt zu erzielen. Schüssel,
dessen Geburtsjahr mit der Gründung der Republik
zusammenfällt, könnte auch hier mitnaschen, eine
gemeinsame Arie muss noch gefunden werden. Vielleicht
»La vendetta!« für die feiermüden Österreicher oder
angesichts von Schüssels stagnierenden Sympathiewerten:
»Ach, ich fühl's, es ist entschwunden.«

Mozart als Selbstbedienungsladen mannigfaltiger Bedürfnisse ist unumstritten. Graf Walsegg-Stuppach, der Mozart
kurz vor dessen Tod beauftragte, ein Requiem zu verfassen,
war bekannt dafür, Kompositionen anderer als die eigenen
auszugeben. Der Trick misslang. Obwohl Mozart diese Arbeit
nicht selbst vollenden konnte, blieb das Copyright bei ihm.

Salzburg war da schon geschickter. Zunächst einmal die Produktion jener in Goldpapier verpackter Kugeln, die Wolfgangs Namen tragen und so schmecken, als wären sie schon zu seinen Lebzeiten hergestellt worden.

Doch ist hier im Sinne der Profitmaximierung noch einiges möglich. »Das schmecket so herrlich, das schmecket so rein …!« könnte beim Hineinbeißen in die Mozartkugel erklingen, gespeichert in einer Musikplombe, die allen Touristen bei der Landesgrenze von heimischen Dentisten eingesetzt würde – beim Verlassen wieder abzugeben. Um Musikpiraterie zu unterbinden.

Salzburg, das den Komponisten zu Lebzeiten mehr als zurückhaltend behandelte, ist schon lange auf den Mozart-Marketingzug aufgesprungen und fährt damit höchste Gewinne ein. Nur die umliegende Landschaft ist ähnlich ertragreich, sie lässt sich aber nicht exportieren und komponiert auch nicht.

Die nationale Vereinnahmung von Musik ist fragwürdige Praxis. Man kann lange darüber philosophieren, ob etwa Beethoven, wäre er in Bonn geblieben, Ähnliches wie in Wien vollbracht hätte. Doch Österreich trifft keine Schuld an Mozarts oder Beethovens Genie. Eher muss man erstaunt konstatieren, dass es immer wieder herausragende Künstler gab, die sich hier entfalten konnten, vielleicht aus Trotz.

Die Umarmung Verstorbener ist österreichisches Brauchtum, ungeachtet der Diskrepanzen zu Lebzeiten, Tote reden nicht zurück, posthume Harmonienlehre für den Profit, denn: »In diesen heilgen Hallen kennt man die Rache nicht.«

ORF

2005 war Österreich ein einziges Jubiläum, 50 Jahre Staatsvertrag, 60 Jahre Kriegsende, 60 Jahre Wolfgang Schüssel
und 50 Jahre Fernsehen. Fernsehen ist in Österreich ein
Synonym für den ORF, der stets unser Blick auf die bild-
gewordene Realität war. Zweikanalig zwar, doch immer
mono. Er zeigte uns das von der Welt, was er für wichtig
hielt, und das, was er für unwichtig genug hielt, um uns bei
Laune zu halten. Er machte nicht Politik, er *war* Politik
und manchmal auch Altar. Auf dem die Öffentlichkeit
geopfert wurde, dafür gab's Identität zur Kommunion. Und
er wusste, was er der Geschichte schuldete. Sport war ihm
stets wichtig, Heimat und Landschaft, also etwas Stände-
staat. Es gab auch Monopole und dieselben Informationen
für alle gleichermaßen, also auch ein bisschen Sozialismus.
Von seiner Struktur her immer feudal, den jeweiligen
Fürsten verpflichtet, selbst gegliedert wie ein kleiner
Fürstenhof, Tummelplatz für Schranzen, Günstlinge und
Narren. Spiegelbild einer nationalen Hoffnung, die in der
Vergangenheit verankert ist. Die vergangene Größe
künstlich beatmet durch hermetische Berichterstattung.
Draußen ist weit weg, also muss *drinnen* groß sein. Doch der
Anschluss ließ nicht allzu lange auf sich warten. In den
Neunzigern kamen plötzlich deutsche Bilder in unsere
Wohnzimmer, man hatte die Wahl zwischen verschiedenen

Realitätssimulationen. Und der ORF war nicht mehr *die* Wirklichkeit, sondern nur mehr *eine* Möglichkeit.

Der folgende Text ist das Originaldrehbuch der ersten Folge einer fünfteiligen Serie, die im Herbst 2005 im ORF ausgestrahlt wurde.

Das Elferhaus

1   Außen – Straße – Tag
*Man sieht eine Straße im Jahr 1955, ein klappriger Liefer-
wagen hält vorm Haus. Frau Steiner steht in heutiger Kleidung
vor dem Haus.*

FRAU STEINER   1955 war ein bedeutsames Jahr für
   Österreich, der Staatsvertrag wurde unterzeichnet …

2   Foto – Tag
*Man sieht jenes berühmte Foto, auf dem »Österreich ist frei«
verkündet wird auf dem Balkon von Schloss Belvedere.*

3   Außen – Straße – Tag
FRAU STEINER   Österreich war frei, und unsere Gäste
   waren nach zehnjährigem Aufenthalt wieder nach
   Hause gegangen, aber das Bedeutsamste für uns Kinder
   damals geschah am Vormittag des 12. September.

*Der Fahrer des Lieferwagens steigt aus und geht nach hinten,
vor dem Haus steht Franz Moser und begrüßt ihn. Um ihn
herum stehen Kinder, die neugierig den Lieferwagen beäugen.*

Frau Steiner *off*   Das ist übrigens Herr Franz Moser, Lehrer für Mathematik und Physik und immer am Puls der Zeit.

Die Kamera schwenkt über die Schar von Kindern und hält bei einem etwa zehnjährigen Mädchen, das ziemlich herausgeputzt ist.

Frau Steiner *off*   Ja, und das bin ich, na ja oder das, was meine Mama von mir übrig gelassen hat.
Fahrer   Grüß Sie, Herr Moser, welcher Stock?
Franz Moser   Dritter bitte, ganz oben.
Fahrer *sauer*   Na, eh klar, komm Hans!

Er winkt seinem Helfer, und sie nehmen eine große Schachtel aus dem Auto, die offensichtlich Schweres beinhaltet. Langsam wird sie ins Haus getragen, die Kinder hinterher bis auf die kleine Frau Steiner, diese beäugt neugierig einen Mann, der sich ihr nähert. Es ist Fischer.

Fischer   Sers, du musst die junge Frau Steiner sein, i bin der Fischer, i wohn seit ein paar Tag da im zweiten Stock.

Er gibt ihr eine Schokolade und geht weiter, sie sieht ihm nach.

4   Innen – Gang des Hauses zw. Erdgeschoss und 1. Stock – Tag
Die beiden tragen die große Schachtel an der Bassena vorbei, wo gerade Martina Vytlacil und Kathi Brenner Wasser holen. Franz Moser passiert sie stolz, die Kinder hinterher.

Martina Vytlacil *mit böhmischen Akzent*   Na, was hamma denn wieder da, Herr Franz Moser, an Kasten?

FRANZ MOSER   Nein, Martina Vytlacil, was viel Besseres.

Martina Vytlacil und Kathi Brenner sehen sich erstaunt an.

FRAU STEINER *off*   Das ist übrigens Martina Vytlacil, die
    Hausmeisterin, immer neugierig, aber nicht so neugierig
    wie Kathi Brenner aus dem Nachbarhaus.

*Die Kamera zeigt Kathi Brenner, deren Hals immer länger
wird.*

FRAU STEINER *off*   Sie hatte keinen Mann mehr, er ist im
    Krieg geblieben.

5   Innen – Gang – Später
*Die Kiste passiert nun einen Stock höher die Bassena, dort steht
verloren die alte Frau Emmi Horvath und blickt aus dem Fenster.
Als die Kiste vorbeikommt, weicht sie gedankenverloren aus.*

FRANZ MOSER   Vorsicht, Frau Horvath, das ist jetzt
    heikel.
EMMI HORVATH   Ja ja …

Der Zug hat sie bereits passiert, als sie aufblickt.

Schon wieder ein neues Möbel, Herr Franz Moser?
FRANZ MOSER *ruft zurück*   Nein, was ganz anderes …
EMMI HORVATH *schelmisch*   Immer braucht er neue
    Möbeln, aber die Russen nehmens ihm eh wieder weg …
    Sie versinkt wieder.

6   Innen – Gang – Später
*Der Zug, nun schon sehr langsam, nähert sich einen Stock höher
der Wohnung Mosers, vor der bereits Hannelore Moser wartet.*

Sie ist eine Frau um die 30, gepflegt, etwas überheblich und immer auch etwas gelangweilt.

FRAU STEINER *off* Das ist die Frau vom Herrn Moser, Lehrerin für Handarbeiten und Zeichnen, ihr war immer ein bissel fad.

FAHRER Scheiß an Paula, jetzt reicht's aber gleich.

Hannelore Moser ist pikiert.

HELFER I kaun nimma. Des hat a Gwicht, da steht ma hinten glei der Buntstift raus …

FAHRER Reiß di zsam, glei hammas.

Sie nähern sich der Wohnungstür Mosers, Hannelore Moser gibt den Weg zögerlich frei.

HANNELORE MOSER Bitte sein S' so lieb und stoßen S' nirgendwo an.

Der Fahrer und der Helfer stoßen heftig an der Wohnungstür an.

FAHRER Scheiße.

Hannelore Moser ist nun doppelt pikiert, die Wohnungstür hat eine ziemliche Delle.

HELFER Ka Problem, das sieht ma eh net …

FAHRER Bsonders, wenn man net hinschaut …

Hannelore Moser ist entrüstet. Die beiden Träger verschwinden grinsend in der Wohnung, die Kinder hinterher, bevor Hannelore Moser sie hindern kann.

7   Innen – Wohnung Moser – Später

Die beiden Träger stellen den Karton nun auf einem Tisch ab,
unter dem Karton hört man ein Knirschen.

FRANZ MOSER   Vorsichtig bitte.
FAHRER   Zu spät, war's was Wichtiges?
HANNELORE MOSER   Und wenn, werden Sie es mir ersetzen.
FAHRER *zu sich*   Sicher net.

> *Der Karton wird nun langsam entfernt, die Kamera*
> *schwenkt über die anwesenden Kinder, deren Augen sich*
> *immer mehr weiten. Schließlich sieht man, begleitet*
> *von bombastischer Musik, den Fernseher. Alle Umstehenden*
> *schauen teils gerührt, teils verblüfft, teils ergriffen.*

MARTINA VYTLACIL   Was issen das?
FRANZ MOSER *stolz*   Das ist ein Fernsehapparat!

> *Alle sind bewegt. Darüber die **Anfangstitel**.*

8   Innen – Hausmeisterwohnung – Nachmittag

Pavel Vytlacil sitzt vor dem Radio, er hört eine Fußballüber-
tragung. Er ist Bauarbeiter und hat nach hinten frisierte
Haare mit einem Glatzenansatz. Seine Frau kommt ins
Zimmer mit dem Nachtmahl.

MARTINA VYTLACIL   Der Moser hat an Fernsehapparat.
PAVEL VYTLACIL *hört kaum hin.*   Ja ja. Is eh gscheiter.
MARTINA VYTLACIL *seufzend*   Essen is fertig.
PAVEL VYTLACIL *aufs Match bezogen*   Scheiße, das hätt ich
   gern gesehen.
MARTINA VYTLACIL   Der Moser kann es sehen.

PAVEL VYTLACIL   Bledsinn, was kann der Moser schon
sehn im Radio?

Martina Vytlacil beginnt resigniert zu essen.

9   Innen – Wohnung Moser – Unmittelbar danach
Herr Franz Moser sitzt vor seinem Fernseher und schaltet ihn
vorsichtig ein, im Hintergrund steht seine Frau und beobachtet
die Szene neugierig. Am Bildschirm erscheint nichts, da das
damalige Programm nur etwa eine Stunde pro Tag umfasste.
Franz Moser ist etwas enttäuscht, aber fängt sich. Sein Sohn
Konrad, etwa acht Jahre, stürmt herein.

KONRAD   Papa!
FRANZ MOSER   Pscht!

Er schaut wieder auf den Fernseher. Konrad ist verwirrt
und schaut ratlos auf den dunklen Fernseher.

KONRAD   Was schauts denn da?
HANNELORE MOSER   Nix, da siehst ja.
KONRAD *verwundert*   Aha.

Die drei starren auf den dunklen Fernseher.

10   Innen – Hausmeisterwohnung – Unmittelbar danach
Die Vytlacils essen, man hört Matchgeräusche.

PAVEL VYTLACIL   Hat der Moser also a Fernseher, der
Angeber.
MARTINA VYTLACIL   Mit einer Stunde Programm am Tag.
PAVEL VYTLACIL *denkt nach.*   A ganze Stunde, das könnma
uns net leisten.

Martina Vytlacil *enttäuscht* A halbe Stunde könnt ma uns leisten?

Aus dem Radio hört man, dass irgendjemand ein Tor gelungen ist, Pavel Vytlacil ist enttäuscht, scheinbar über beides.

Pavel Vytlacil Scheiß Radio!

11 Innen – Gang des Hauses zw. Erdgeschoss und 1. Stock – Morgen
Kathi Brenner und Grete Toperzer, eine Frau um die 28, wir vermuten mit arischer Vergangenheit und ländlichem Akzent, stehen an der Bassena.

Kathi Brenner *stichelnd* Der Moser hat einen Fernsehapparat. *Grete Toperzer nickt.*
Grete Toperzer Hab scho ghert.
Frau Steiner *off* Das ist Grete Toperzer, zuerst beim BDM, dann LNBA, nach 1945 vergesslich.
Grete Toperzer Mein Mann wollt auch schon einen, aber ich hab gesagt, der nimmt so viel Platz weg.
Kathi Brenner Und zu teuer isser auch für euch, oder?
Grete Toperzer Wir brauchen kan, des hat ka Zukunft.

12 Außen – Straße – Tag
Vor dem Haus begegnen sich Karl Toperzer, ein Tischler, und Franz Moser.

Franz Moser Grüß Ihnen, Herr Toperzer.
Karl Toperzer Grüß Ihna God, hab ghört, an Fernsehapparat hamma?

Franz Moser   Jo, aber es spielt nix.

Karl Toperzer   Na ja, wird scho, oder? Hauptsach jetzt hamman amol, und dann spüts scho was, wenns is.

Franz Moser   Ja, aber gestern hat's was gespielt, nur ich war nicht zu Haus. Wir haben eine sehr lange Konferenz gehabt.

Karl Toperzer   Irgendwann wird's scho was spün, wenn S' daham san, sicher!

Franz Moser   Ja, hoffentlich.

Karl Toperzer   Scheen Abend no.

Franz Moser   Danke, auch.

Franz Moser verschwindet schnell ins Haus. Karl Toperzer bleibt zurück und nimmt von seinem Leiterwagen die schmutzige Arbeitskleidung.

Frau Steiner *off*   Karl Toperzer hat sich nie für Politik interessiert, wie alle ab 1945.

Emmi Horvath kommt hinzu.

Karl Toperzer   Frau Horvath, nabend.

Emmi Horvath   Ja, danke und Ihnen?

Es nähert sich der betrunkene Fischer, der Nachbar der Mosers, er ist Arbeiter in einer Glasfabrik.

Fischer   Freunde, Tag! Was für a Abend, was für a Wetter.

Man grüßt sich.

Frau Steiner *off*   Herr Fischer arbeitet in einem USIA-Betrieb, für seinen Lebensunterhalt und den seines Branntweiners.

KARL TOPERZER   Ham S' scho ghört …?

FISCHER   Der Moser hat an Fernsehapparat, i waaß. Aber
es iss ma wurscht, i sich eh nix mehr.

KARL TOPERZER *zu sich*   Trottel.

Sie gehen ins Haus.

13   Innen – Wohnung Moser – Abend

Die Familie Moser sitzt vor dem Fernseher, gesendet wird das
»Bild des Tages«. Franz Moser ist zutiefst zufrieden und stellt
den Ton lauter.

KONRAD   Papa?

HANNELORE MOSER   Komm Bub, jetzt sei endlich still,
du siehst doch …

FRANZ MOSER   Genial, das ist einfach genial.

Man sieht in der Folge immer wieder die Familie Moser
vor dem Fernseher sitzen, es folgen Sendungen wie die
Eröffnung der Wiener Staatsoper (November 1955).
In einer Montage sehen wir, während der Ton von Mosers
Fernseher weiterläuft, die Reaktionen – zeitgleich –
der anderen Hausparteien.

14   Innen – Gang – Später

Man hört den Ton des »Bild des Tages«. Fischer steht vor
der Tür der Mosers, trinkt, lauscht und nickt.

FISCHER   Der Moser hat's gschafft, alle Achtung.

15 Innen – Wohnung Toperzer – Nachmittag

Grete Toperzer bügelt, vernimmt die leisen Fernsehtöne und ist empört.

GRETE TOPERZER *zornig*   Stört mi da beim Bügeln mit dem Krawall. Musik muss er si anschauen! *Schreit.* Leiser!

16 Innen – Gang vor Mosers Wohnung – Unmittelbar danach

Die Kinder stehen und lauschen an der Tür, man hört den Fernsehton.

FRAU STEINER *in die Kamera*   Schön. Schöner als das Läuten des Christkinds …

Martina Vytlacil wäscht den Gang auf und stampert die Kinder.

MARTINA VYTLACIL   Gehts weg, ihr Fratzen, das tut man nicht. Lassts mich auch einmal.

Die Kinder machen widerwillig Platz, und Martina Vytlacil hört an der Türe, sie ist beeindruckt.

FRAU STEINER *off*   Und auf einmal geschah ein Wunder …

Die Wohnungstür der Mosers öffnet sich. Die Kinder strömen hinein. Hannelore Moser, etwas weniger pikiert als sonst, lächelt.

17 Innen – Wohnung Moser – Nachmittag

Die Kinder sitzen vor dem Fernseher und schauen mit leuchtenden Augen dem »Froschkönig« zu.

18   Innen – Wohnung Steiner – Abend

1956. Frau Steiner (mittlerweile elf Jahre) sitzt am Tisch und isst eine Semmel, ihre ältere Schwester Margit kommt herein, sie wirft die Schultasche ins Eck, die Kamera fährt zurück, Mama Steiner sitzt an einer Nähmaschine und näht ein Kostüm. Der Radio läuft.

MARGIT   Grüß dich Mama, wann nähst denn meinen Rock endlich?

MAMA STEINER   Bitt dich gar schön, das Ball ist doch erst übermorgen.

MARGIT *weinerlich*   Der Rock wird nicht fertig.

Frau Steiner lacht in sich hinein.

MAMA STEINER   Er wird! Jetzt muss ich erst das Kostüm fertig machen, sonst könnma den Ballbesuch gar nicht bezahlen.

MARGIT   Na geh …

Margit ist sehr enttäuscht, die junge Frau Steiner, sie heißt übrigens Christl, findet das immer lustiger und verschluckt sich fast an ihrer Semmel.

FRAU STEINER   Gehst halt im Unterrock auf den Ball …

MAMA STEINER *ermahnend*   Christl!

Christl muss immer mehr lachen, Margit nähert sich ihr drohend.

MARGIT   Du, pass auf!

Plötzlich aus dem Radio.

RADIOSTIMME   In tiefer Trauer geben wir bekannt, dass heute Morgen der Herr Bundespräsident der

Republik Österreich Theodor Körner von uns
gegangen ist …

*Die Nähmaschine verstummt, die Mutter und ihre zwei
Töchter schauen erstarrt auf den Radio.*

19   Innen – Hausmeisterwohnung – Unmittelbar danach

RADIOSTIMME   … unsere Trauer gilt vor allem der Familie
und den Angehörigen des Präsidenten …

*Das Ehepaar Vytlacil sitzt beim Gulasch, das Besteck liegt
auf den Tellern, die Münder sind halb offen.*

PAVEL VYTLACIL *verärgert*   Der Körner, warum gerade
jetz bei Gulasch?
MARTINA VYTLACIL   Pavel, glaubst, er macht's dir zu Fleiß?

Ihr Sohn, Pepi, etwa sechs Jahre alt, kommt lachend herein.

PEPI   Mama …
PAVEL VYTLACIL   Gusch, es gibt nix zum Lachen, wenn
stirbt Präsident.

Er gibt Pepi eine Ohrfeige.

20   Innen – Wohnung Moser – Unmittelbar danach

*Die Mosers sitzen vor dem Fernseher. Man sieht den Bericht
vom Körner-Begräbnis.*

FRANZ MOSER   Schade eigentlich.
HANNELORE MOSER   Gustl, der war doch rot.
FRANZ MOSER   Trotzdem schade, menschlich.

Konrad ist gelangweilt.

**21   Innen – Gang des Hauses zw. Erdgeschoss und
1. Stock – Unmittelbar danach**

*Fischer kommt den Gang herauf und begegnet Emmi Horvath,
die geistesabwesend an der Bassena steht.*

FISCHER   I kann's net glauben, Frau Horvath.
  Der Körner is tot, a Katastrophe!
EMMI HORVATH   Eh schon lange, oder?

*Fischer macht eine abwehrende Handbewegung und hastet
weiter, das Ehepaar Moser begegnet ihm.*

FISCHER   Der Körner is tot, ham S' ghört?
HANNELORE MOSER *gelangweilt*   Nein, wir ham's gsehn.
FISCHER   Ah so, na ja dann..

Fischer dreht sich auf der Stiege um und kratzt sich am Kopf.

**22   Innen – Gang des Hauses zw. Erdgeschoss und
1. Stock – Morgen**

*Der Fahrer und sein Helfer schleppen einen Karton die Stiegen
hinauf.*

FRAU STEINER *off*   Aber Herr Franz Moser verlor bald
  sein Monopol, kurz darauf kam wieder ein großer
  Karton ins Haus, und der Inhalt war bekannt.
FAHRER   So, wohin, Master?
KARL TOPERZER   In den 1. Stock bitte, oba vuasichtig,
  Männer!
HELFER   Jo jo, samma eh.

*Grete Toperzer steht lächelnd am Geländer und erwartet die
Gruppe, die Kinder strömen wie beim ersten Mal begeistert,
nur etwas älter, dem Fernseher hintennach.*

Fischer kommt, hergerichtet für den Abend, die Treppe herunter.

FISCHER   Ah, Toperzer, was isn des?

KARL TOPERZER   A Feansehapparat, was sonst?

FISCHER   Ja ja, Pfusch zahlt si halt imma aus.

KARL TOPERZER   Oaschloch, rotes!

GRETE TOPERZER   Karl!

Die beiden Träger schauen erstaunt. Fischer dreht sich auf der Stiege um, es kommt zu einem Gerangel.

FISCHER   Was hast du da gsagt, du alte Nazisau?

Man setzt den Konflikt über die beiden Träger und den Karton hinweg fort, die dieses nicht goutieren.

FAHRER   Kommts bitte, das is jetzt aber ungünstig.

GRETE TOPERZER   Stimmt, hörts auf!

Leider fruchten alle Einwände wenig, die Kamera wandert die Stiege hinauf. Nach wie vor hört man von unten den Konflikt, der anscheinend nicht beizulegen ist. Die Kamera endet auf dem Gesicht der jungen Frau Steiner, die vor der Tür der Toperzers wartet.

FRAU STEINER   Diese Streits waren nichts Ungewöhnliches. Aber lustig, weil es immer gleich geendet hat. Der Fischer hat wieder nach Hause müssen …

Fischer kommt die Stiegen heraufgehastet, ist etwas ramponiert.

FISCHER   So ein Malheur, jetz muss i mi wieder herrichten!

KARL TOPERZER *von unten*   Streng di net an, beim Saufen musst net schee sein.

Fischer passiert die junge Frau Steiner, sie lächelt wissend.

FRAU STEINER   Und die Familie Toperzer hat vor uns
Kindern immer getan, als wär nix passiert.

*Die Träger und das Ehepaar Toperzer kommen die Stiegen
herauf, selbst der Fahrer und sein Helfer haben etwas
abbekommen, Toperzer selbst ist ramponiert, Grete Toperzer
tut so, als wäre nichts geschehen.*

GRETE TOPERZER   So, da sind wir.
FAHRER   Na, endlich!

*Sie stellen den Karton vor der Toperzerwohnung ab, Grete
Toperzer sperrt auf, man trägt den Karton hinein, die Kinder
wollen nachströmen, Grete Toperzer verweigert.*

GRETE TOPERZER   Nix da, ein anderes Mal, heute nicht,
gell?

Die Tür fällt zu.

23   Innen – Gang des Hauses zw. Erdgeschoss und 1. Stock – Tag

FRAU STEINER *off*   Eines Tages geschah etwas Seltsames:
Emmi Horvath, die noch nie im ersten Stock war, begab
sich auf eine lange Reise …

*Emmi Horvath schleicht sich in den ersten Stock. Sie blickt
sich um und geht weiter. Die Kamera, quasi als Subjektive
von Frau Steiner, folgt ihr unauffällig. Emmi Horvath hält
vor der Tür der Toperzers und klopft zögerlich an. Die Türe
öffnet sich, und Emmi Horvath geht hinein. Die Kamera
zeigt nun das Gesicht der jungen Frau Steiner. Ratlosigkeit
wird sichtbar.*

Hat sie eine neue Freundin gefunden? Aber wie soll das gehen, wenn man nicht spricht.

24 Innen – Wohnung Toperzer – Unmittelbar danach

Emmi Horvath sitzt vor dem Fernseher der Toperzers, es läuft das Testbild, sie hat ein Schneidbrett auf dem Schoß und schneidet Karotten und anderes Gemüse für einen Eintopf. Währenddessen blickt sie ununterbrochen auf den Fernseher. Grete Toperzer kommt herein, nun mit dampfenden Erdäpfeln.

GRETE TOPERZER   Na, Frau Horvath, samma fertig? Jetzt no gschwind die Erdapfeln, dann können S' gleich weiterschaun, so lang S' wollen.

> *Emmi Horvath gibt ihr stumm das gehackte Gemüse und beginnt die Erdäpfeln zu schälen, nie den Fernseher aus den Augen verlierend.*

GRETE TOPERZER   Sehr gut, das geht ja flott. Morgen machma Rahmfisolen, san S' dabei?

> *Grete Toperzer geht hinaus, während Emmi Horvath Erdäpfel schälend das Testbild anlächelt.*

25 Außen – Straße – Tag

Auf der Straße vor dem Haus stellt gerade Pavel Vytlacil seinen Leiterwagen ab und nimmt mit leichter Hast seine verschmutzte Arbeitskleidung an sich.

FRAU STEINER   Wir Kinder haben das Fernsehen geliebt. Aber manchmal gab's auch was für die Großen, das haben alle sehen müssen.

> *Fischer kommt hastig herbei.*

FISCHER   Hat's scho angfangen?

PAVEL VYTLACIL   Glaub net, aber warum san Sie net in der Oabeit?

FISCHER   Mir is heit net gut. Und Sie?

PAVEL VYTLACIL   Komisch, mir a net. Gemma!

FISCHER   Pavel Vytlacil, könnten Sie mit dem Toperzer reden, dass er mi mitschauen lasst?

PAVEL VYTLACIL   Kann i, aber es wird net sehr vü nutzen.

FISCHER *flehentlich*   Bitte.

Sie hasten ins Haus.

26   Innen – Gang – Unmittelbar danach
Fischer und Vytlacil halten atemlos vor der Türe der Toperzers. Vytlacil klopft an, und Karl Toperzer erscheint im Türrahmen.

KARL TOPERZER   Vytlacil, kumm eine, hab scho a Bier aufgmacht. *Unfreundlich auf Fischer.* Was wüll der da, wartst auf was?

PAVEL VYTLACIL   Folgendes, könnte vielleicht der Herr Fischer aa mitschauen?

KARL TOPERZER   Sicher, oba oben beim Franz Moser.

FISCHER   Der Herr Franz Moser is in der Schul.

KARL TOPERZER   Bled für di, liest es halt morgen in der *AZ*, hahaha.

Grete Toperzer erscheint.

GRETE TOPERZER   Karl, bitte, die zehn Minuten.

Pavel Vytlacil hat seine Pflicht getan und schleicht sich hinein.

KARL TOPERZER *überlegt*   Warum solltert i ...

Pavel Vytlacil *von drinnen*   Schnell, der Sailer kommt.
Karl Toperzer   O.k., nur des ane Mal.

Er geht schnell hinein. Grete Toperzer steht in der Türe,
Fischer geht erstaunlich nahe bei ihr vorbei, ihr scheint es
weder neu zu sein noch etwas auszumachen.

Fischer   Danke.

27   Innen – Wohnung Toperzer – Unmittelbar danach
Vytlacil und Toperzer sitzen mit Bieren vor dem Fernseher,
es fährt Toni Sailer bei der WM-Abfahrt.

28   Innen – Gang vor Toperzers Wohnung – Unmittelbar danach
Fischer steht immer noch sehr nahe bei Grete Toperzer.

Grete Toperzer   Gern gschehn.

Fischer schlüpft in die Wohnung.

29   Innen – Wohnung Toperzer – Unmittelbar danach
Man sieht immer wieder Toni Sailers Siegerfahrt mit Original-
kommentar. Unterschnitten wird das Rennen mit dem Bild
dreier jetzt seltsam in Einklang befindlicher Männer, die
gebannt folgen. Dahinter erscheint Grete Toperzer und ist
etwas nachdenklich. Toni Sailer kommt ins Ziel, er ist Welt-
meister. Jubel bricht aus.

Karl Toperzer   Haha, der Toni, a Goldene!

Er fällt Vytlacil um den Hals, bei Fischer stoppt er, überlegt
kurz und gibt ihm dann ein Bier.

KARL TOPERZER   Ausnahmsweise, bedank di beim Sailer
Toni.

FISCHER   Danke, danke.

PAVEL VYTLACIL   Hätt i ma net gedacht, jetz samma
wirklich Weltmasta.

*Man jubelt, über den Ton des Wohnzimmers schiebt sich
der Fernsehton und schließlich auch das Bild des jubelnden
Toni Sailer.*

30   Innen – Hausmeisterwohnung – Unmittelbar danach
*Martina Vytlacil sitzt in ihrer Wohnung und hält sich ihren
bereits sehr prallen Bauch.*

**31   Innen – Gang des Hauses zw. Erdgeschoss und
1. Stock – Morgen**
Am Gang spielen einige Kinder.

FRAU STEINER *off*   Es war eine Zeit voll Veränderungen …

*Ihre Schwester Margit kommt turtelnd mit ihrem neuen
Freund Herbert die Stiegen herunter. Herbert ist 35, also
ca. 15 Jahre älter als Margit.*

FRAU STEINER *off*   Einige waren angenehm, weil für mich
ein eigenes Zimmer in Sicht war.

Sie lächelt das vorbeiturtelnde Paar an.

FRAU STEINER *off*   Andere waren anscheinend
unangenehm.

*Toperzer kommt den Gang herauf, er ist erbost, in der Hand
eine Zeitung.*

KARL TOPERZER   San die teppert, san die olle teppert worn, die roten und die schwarzen Arsch…

32   Innen – Wohnung Toperzer – Unmittelbar danach
Karl Toperzer stürmt in sein Wohnzimmer, dort sitzt Emmi Horvath und schält Gemüse, das Testbild betrachtend, Grete Toperzer stürmt herein.

GRETE TOPERZER   Was is?

KARL TOPERZER   Die wollen a Gebühr ham fürs Fernsehen bitte, 50 Schilling, dafür, dass i da fernseh, wolln die a Gebühr, i hab eam eh kauft um Geld und jetzt no a Gebühr, ohdran!

Er dreht den Fernseher ab, Emmi Horvath hört auf zu schneiden.

GRETE TOPERZER   Hast an Vogel, jetzt wirds Essen net fertig.

Karl Toperzer versteht nicht.

KARL TOPERZER   Was? Du verstehst net, für ein Jahr Fernsehenschaun 50 Schilling. Wurscht, ob er rennt oder net!

Er begreift und schaltet das Testbild wieder an, Emmi Horvath schneidet weiter.

KARL TOPERZER   Na, die werden schauen! Was mach ma jetzt?

GRETE TOPERZER *deutet auf den Fernseher.*   Na zahlen, oder gibst eam zruck?

KARL TOPERZER *resignierend*   Solche Gfraster!

33   Innen – Wohnung Moser – Abend

Die Mosers sitzen vor dem Fernseher, man sieht eine Kultur-
sendung (Jedermann 1958).

HANNELORE MOSER   Schau, da fahren wir auch mal hin.

Man sieht nur eine Szene mit gepuderten Perücken.

KONRAD *gelangweilt*   Wo isn das?
FRANZ MOSER   Salzburg.

Es folgt eine Bildstörung. Franz Moser hastet zum Fernseher
und versucht zu reparieren, aber vergebens.

FRANZ MOSER   Und für das zahlen wir jetzt auch noch.
KONRAD   Aber hamma das nicht eh auch auf Schall-
platte?

Die Eltern sehen ihn böse an.

34   Außen – Straße – Abend

Das Ehepaar Toperzer kommt aus dem Haus, herausgeputzt.
Mama Steiner begegnet ihnen mit einem Sack, gefüllt mit Näh-
utensilien.

MAMA STEINER *freundlich*   Sie gehen aus?
GRETE TOPERZER   Sicher, is ja Dienstag.

Mama Steiner versteht nicht.

MAMA STEINER   Aha?
KARL TOPERZER   Na, Dienstag ist Sendepause, dann
gemma was essen, was sollma sonst machen?
MAMA STEINER   Ja, eh …

35   Innen – Wohnung Steiner – Später

Mama Steiner sitzt an ihrer Nähmaschine und näht offenbar ein Hochzeitskleid, die Arbeit scheint sie nicht zu freuen. Aus dem Radio hört man Zeitgenössisches. Herbert, der Freund ihrer älteren Tochter Margit, betritt den Raum. Er setzt sich jovial zu ihr.

HERBERT   Äh, Frau Steiner …

Sie blickt auf, das Rumpeln der Maschine verstummt.

HERBERT *zögerlich*   I brauchert a bissel a Geld.

Sie mustert ihn kühl.

HERBERT   Es is wegen, also ich hab nur noch a bissel Schulden bei der Bank und im Gasthaus, ich möchte net, dass wir heiraten und haben gleich was zum Zruck-zahlen, also außer familienintern …

Sie beugt sich leicht vor, ihr Urteil scheint gefällt, nur Herbert hat es noch nicht begriffen.

Und daher meine Frage, würden Sie mir unter Umständen etwas leihen, nur für kurz?

MAMA STEINER   Unter Umständen gern.

HERBERT *erleichtert*   Danke.

MAMA STEINER   Aber es gibt diese Umständ net, ich hab nämlich nix, nur zwei Töchter, auf die ich heikel bin.

Herbert versteht und erhebt sich. Mama Steiner näht weiter und schaut auf ein Foto eines Soldaten der Deutschen Wehrmacht.

FRAU STEINER *off*   Das Hochzeitskleid wurde nie fertig,
weil es auch nie gebraucht worden ist, und leider
war mein eigenes Zimmer plötzlich auch kein Thema
mehr. Aber Mama hab ich sehr bewundert. Sehr
erstaunlich, dass ein und dieselbe Frau zwei so unter-
schiedliche Töchter haben konnte.

36   Innen – Wohnung Moser – Abend
Wir schreiben das Jahr 1959. Das Ehepaar Franz Moser sitzt
im Wohnzimmer. Er korrigiert Matheschularbeiten und schreibt
einen Fünfer unter eine Arbeit.

FRANZ MOSER   Idiot!

Sie probiert eine Drucktechnik für den Unterricht. Plötzlich
beginnt die »Zeit im Bild«, in der das Wahlergebnis
1959 verkündet wird. Die ÖVP hat nur mehr ein Mandat
Vorsprung, die SPÖ ist stimmenstärkste Partei. Man
ist enttäuscht.

FRANZ MOSER   Wahnsinn, was wird jetzt aus unserer
Kultur?
HANNELORE MOSER   Na ja, aber wir haben ja noch ein
Mandat Vorsprung, der Raab bleibt sicher Kanzler.
FRANZ MOSER   Trotzdem, dann dauert's nicht mehr lang,
und ich hab einen roten Direktor.
HANNELORE MOSER   Ich hab schon länger einen.
FRANZ MOSER   Na eben.
HANNELORE MOSER   Bei Handarbeiten und Zeichnen ist
das wurscht …

**37 Innen – Gang des Hauses zw. Erdgeschoss und
1. Stock – Unmittelbar danach**

*Fischer betritt freudestrahlend und etwas illuminiert den Gang.
Vytlacil tritt schnell aus seiner Tür.*

FISCHER *begeistert*   Hast ghört, Vytlacil, 78 Mandate,
die meisten Stimmen und doch nur Zweiter … leider.

Vytlacil hat jetzt aber andere Sorgen.

PAVEL VYTLACIL   Kommen S', schnell.
FISCHER *unwillig*   Was is, was kann jetzt so wichtig sein?

38 Innen – Hausmeisterwohnung – Unmittelbar danach

*Pavel Vytlacil und Fischer betreten die Wohnung. Dort
liegt Martina Vytlacil in den Wehen, umringt von ihren
beiden Söhnen Pepi (9) und Karel (2). Sie stöhnt.*

PAVEL VYTLACIL   Was soll i machen, die Rettung kummt
net.
FISCHER   Was soll i machen, i bin ka Rettung.
MARTINA VYTLACIL *zu Pepi*   Wird schon …
FISCHER   Das is es, zuerst Händewaschen.

Beide Männer waschen sich die Hände, trocknen sich ab.

PAVEL VYTLACIL   Und jetz?
FISCHER   Warten.
PAVEL VYTLACIL *nach einer Pause*   Und warum hamma
uns die Händ gwaschen?
FISCHER   Für alle Fälle …

*Man ist ratlos, nervös, und Martina Vytlacil stöhnt.
Sie blickt ihre beiden Söhne an.*

MARTINA VYTLACIL   Wird sicher wieder a Bua.

PAVEL VYTLACIL   Nanana …

FISCHER   Wüst des jetzt no verhindern?

39   Innen – Gang des Hauses zw. Erdgeschoss und 1. Stock – Später

Martina Vytlacil wird von zwei Sanitätern hinausgetragen, Kathi Brenner und Emmi Horvath beobachten die Szene.

KATHI BRENNER   Die wird si schön anschaun mit drei …

EMMI HORVATH   Hoffentlich …

Die Träger sind schon fast beim Haustor, da kommt Karl Toperzer herein, hält die Tür auf.

KARL TOPERZER   Äh, guten Tag! Alles Gute, Frau Vytlacil.

MARTINA VYTLACIL   Danke.

Der Zug ist fast schon beim Haustor draußen, am Ende geht Fischer und kann sich beim Passieren Toperzers eine kleine Bemerkung nicht verkneifen.

FISCHER   78 Mandate, da schaust, was?

KARL TOPERZER   Mir wurscht, i hab eich diesmal ja a gwählt, versuchsweis …

FISCHER   Falsche Sau, das stimmt net, so an wie dich …

KARL TOPERZER *drohend*   Falsche Sau?

Der zweite Sanitäter blickt die beiden an, verwundert ob der Rücksichtslosigkeit. Fischer und Toperzer verstummen etwas beschämt. Die Haustür schließt sich, Toperzer geht hinauf, Fischer blickt ihm nach.

FRAU STEINER *off*   Es soll jetzt nicht der Eindruck entstehen, dass in unserem Haus nur Unfrieden geherrscht hat.

40   Innen – Gang vor Toperzers Wohnung – Abend

1960. Das Ehepaar Vytlacil klopft mit einem kleinen Mitbringsel in der Hand bei den Toperzers. Karl Toperzer öffnet seine Wohnungstür, er ist gut aufgelegt und grüßt die Vytlacils freundlich.

KARL TOPERZER   Grüß eich, kommts eini …

Die Vytlacils gehen in die Wohnung. Im Gefolge der Vytlacils befindet sich Fischer, der ebenfalls eine Kleinigkeit mitgebracht hat.

KARL TOPERZER   Du net, heit sicher net.

Grete Toperzer erscheint wie aus dem Nichts.

GRETE TOPERZER   Lass eam, es is doch wurscht …

Karl Toperzer zögert.

KARL TOPERZER   Nix da! Nur wenn er schön »bitte« sagt.
FISCHER   Sicher net!
PAVEL VYTLACIL *von drinnen*   Hat scho angfangen!
KARL TOPERZER *im Hineingehen*   Dann leider, Pech für di, Fischer!

Grete Toperzer bleibt an der Türe stehen, drinnen hat bereits der Grund der Zusammenkunft begonnen, es ist ein Match. Fischer nähert sich Grete Toperzer und küsst sie zart auf den Hals.

GRETE TOPERZER   Jetzt doch net, bist teppert?

FISCHER   Aber jetzt!

Küsst sie wieder, es gefällt ihr.

41   Innen – Wohnung Toperzer – Unmittelbar danach
Die Vytlacils sitzen vor dem Fernseher, Toperzer kommt hinzu,
Biere werden ausgeteilt, man sieht ein Europameisterschafts-
match mit Originalkommentar.

PAVEL VYTLACIL   Uh, super Pass!

Es fällt ein Tor, das allen Freude macht.

KARL TOPERZER   Jawoll!

Er fällt den Vytlacils um den Hals.

42   Innen – Gang – Unmittelbar danach
Man sieht nun in schnellen Schnitten das sich umarmende Paar
Fischer/Grete Toperzer auf dem Gang, die freudetrunkenen
Fernsehzuschauer und sich umarmende Fußballer im Fernsehen.

FRAU STEINER *off*   Es war zumindest am Anfang so, dass
    das Fernsehen die Leut zusammengebracht hat.

43   Außen – Straße – Tag
Wir schreiben das Jahr 1961. Fischer kommt eilig die Straße
dahergelaufen, Frau Steiner, inzwischen 16 Jahre, kommt
ebenfalls gerade zum Haustor.

FRAU STEINER   Herr Fischer hatte es heute sehr eilig,
    das Treffen von Chruschtschow und Kennedy ist im
    Fernsehen, aber nur deswegen diese Aufregung …

Martina Vytlacil tritt gerade aus dem Haus und ruft nach ihrem Sohn Pepi.

MARTINA VYTLACIL   Pepi! Komm essen!
FISCHER *atemlos*   Da Chruschtschow kummt …
MARTINA VYTLACIL   Was, daher zu uns, Pepi, schnell ins Haus!
FISCHER   Nix da, er trifft den Kennedy.
MARTINA VYTLACIL   Was, da in Wien?
FISCHER   Na, im Fernseher.

Er hastet ins Haus, Martina Vytlacil sieht ihm ratlos nach, Pepi kommt hinzu.

MARTINA VYTLACIL   Na, Pepi, hast an Hunger?
PEPI   Ja, was gibt's denn?
MARTINA VYTLACIL   Einbrennte Brambouri, is gesund und schmeckt dir sicher.
PEPI *verzieht den Mund.*   I hab doch kan Hunger.

Martina Vytlacil will ihm eine Ohrfeige geben.

MARTINA VYTLACIL   Du hast an Hunger, wenn i sag.

Er entweicht geschickt und läuft weg.

Pepi, geh her, da gehst her, aber rasch!

44   Innen – Gang vor der Wohnung Toperzer – Unmittelbar danach
Fischer hastet die Treppe hinauf und klopft bei den Toperzers, Grete Toperzer öffnet und lächelt.

GRETE TOPERZER   Hamsas eilig, Herr Fischer?
FISCHER   Ja, darf i den Chruschtschow anschauen, Frau Toperzer?

280

GRETE TOPERZER *leicht enttäuscht*   Ja, sicher, mein Mann is
aber net da.

FISCHER   Umso besser, der stört eh nur.

Fischer geht bei Grete Toperzer vorbei in die Wohnung, sie
schließt langsam die Tür. Die Kamera schwenkt über den
Gang hinunter zur Haustür. Dort steht Frau Steiner und
nimmt Wasser von der Bassena.

FRAU STEINER   Herr und Frau Toperzer waren nach 1945
nicht mehr so politikinteressiert. Herr Fischer war aber in
einem veritablen Interessenskonflikt, weil Chruschtschow
kam nicht alle Tage, aber Frau Toperzer war allein zu
Hause, schwierig. Aber manchmal lösen sich große
Probleme auf wundersame Weise fast wie von selbst.

45   Innen – Wohnung Toperzer – Unmittelbar danach
Vor dem Fernseher sitzt Emmi Horvath und schneidet Fisolen,
Fischer setzt sich enttäuscht hinzu.

FISCHER   Tag, Frau Horvath …

EMMI HORVATH   Jetzt kommt gleich die Russensau.

FISCHER   Na, aber der Kennedy is a ka Guter.

GRETE TOPERZER   Ich brauchs beide net.

EMMI HORVATH   I brauch keinen.

Im Fernseher beginnt die Übertragung des Treffens Kennedy–
Chruschtschow, Emmi Horvath nickt langsam ein. Fischer
macht sich ganz leicht an Grete Toperzer heran, sie weist ihn
halbherzig zurück.

FRAU STEINER *off*   Und so flammt mitten im Kalten Krieg
durch ein simples Treffen zweier Politiker die Hoffnung
auf eine weitere Annäherung auf.

46 Innen – Wohnung Moser – Unmittelbar danach

Die Familie Moser sitzt vor dem Fernseher und sieht sich das Treffen Kennedy–Chruschtschow an. Die Wohnung ist wie immer nach neuestem Stand eingerichtet.

FRANZ MOSER Er is viel zu freundlich, der Kennedy, aushungern sollte man den.

HANNELORE MOSER Freundlich sind die ja nur im Fernseher, was glaubst, wie's da zugeht, wenn die Kameras abgeschaltet sind. Bewegt sich da jetzt was mit den Atombomben und so?

KONRAD Wieso haben wir eigentlich keine Atombomben?

FRANZ MOSER Weil wir neutral sind, da braucht man das nicht.

KONRAD Und wenn uns welche angreifen mit Atombomben, und wir haben keine?

HANNELORE MOSER Uns greift keiner an, wir sind neutral, Konrad. Außerdem hat's keinen Sinn, uns anzugreifen mit der Atombombe.

KONRAD Wieso?

HANNELORE MOSER Weil wir eben selber keine haben.

Konrad ist noch nicht ganz zufrieden.

FRANZ MOSER *weltmännisch* Schau, keine Angst, das sind ja alles Scheingefechte, jeder kann den anderen 50-mal vernichten, und daher hat ein Angriff keinen Sinn, weil ... nicht?

Hannelore Moser bewundert ihren Gatten sehr, aber Konrad ...

KONRAD Na ja, aber wer zuerst angreift, hat doch einen
Vorteil.

FRANZ MOSER Nicht, wenn ihn der andere 50-mal
vernichten kann.

KONRAD Wie kann ich jemanden 50-mal vernichten,
wenn ich schon vernichtet bin?

FRANZ MOSER Komm, Konrad, red nicht blöd mit, wo
du nichts verstehst. Natürlich, der Vorteil des Erst-
schlags, aber da gibt's ja Vorkehrungen, das rote Telefon
und all das, äh, also … *gerät ins Stottern* … ich sehe da
jetzt keine Bedrohung, und außerdem … *leicht gereizt* …
möchte ich mir das jetzt gerne in Ruhe anschauen, sonst
kann ich uns ja keine Meinung bilden.

HANNELORE MOSER Natürlich, Schatz.

Sie schauen wieder auf den Fernseher.

47 Innen – Gang – Abend

*Herr Fischer kommt den Gang herauf, er ist etwas illuminiert
und grüßt die am Gang stehenden Frauen Horvath, Brenner
und Vytlacil.*

FISCHER *zwinkernd* Tag, die Damen, eine schöner als
die andere, aber ich bin zu alt für euch Mädels, leider.

Er wankt weiter, die Frauen sehen ihm nach.

KATHI BRENNER Wieso der Fischer nie verheirat war, so
fesch wie er is, der hätt den Frauenüberschuss ausnutzen
kennan nachn Krieg.

MARTINA VYTLACIL *mit Seitenblick auf Kathi Brenner*
Es gibt an Frauenüberschuss, der nix bringt.

Emmi Horvath *fixiert das Haustor.*   Ob er heute kommt?

Kathi Brenner   Frau Emmi Horvath, Sie wissen doch, dass er gefallen ist wie meiner, wer gfallen is, kommt nirgends mehr hin.

Emmi Horvath   Er wird schon kommen, er hat's versprochen.

Martina Vytlacil   Ja, die Männer versprechen viel, und halten tun sie nix.

Kathi Brenner *zu Vytlacil*   Er is derfroren, und wie sie's erfahren hat, hat s' ihr Kind verloren. Aber was will sie, sie war eh schon 38, das Kind wär eh wahrscheinlich teppert worden.

Plötzlich öffnet sich das Haustor, und der Schein des Tageslichts erhellt Emmi Horvaths Gesicht, sie lächelt, Sphärenmusik. Zwei Möbelpacker betreten den Gang mit Hannelore Moser im Gefolge.

1. Möbelpacker   So, Hannelore Moser, wohin?

Hannelore Moser   Ganz hinauf bitte.

2. Möbelpacker   Hab i ma dacht, so a Schaß!

Hannelore Moser ist pikiert.

Kathi Brenner   Na, Hannelore Moser, wieder ein neues Bett, ihr müssts ja unruhig schlafen.

Die Damen kichern, Hannelore Moser ist jetzt schon etwas genervt.

Martina Vytlacil   Na, wenn man sich's leisten kann.

Hannelore Moser   Man muss halt sparen.

Die Möbelpacker beginnen das offensichtlich schwere Bett hinaufzutragen. Emmi Horvath ist enttäuscht. Frau Steiner kommt den Gang herunter.

FRAU STEINER Es war also nicht Frau Horvaths gefallener
Mann, der unser Haus betreten hat, sondern was ganz
anderes. Etwas, wo man scheinbar gleichzeitig sparen
und viel Geld ausgeben konnte: Der Wohlstand begann
bei uns einzuziehen.

48 Innen – Wohnung Moser

FRAU STEINER *off* Bei den Mosers natürlich am offensicht-
lichsten ...

*Die Möbelpacker setzen das schwere Bett in Franz Mosers
gestylter Wohnung mühsam ab und schauen Hannelore Moser
erwartungsvoll an.*

HANNELORE MOSER *überlegend* Schön, sehr schön, das
passt jetzt.

Die Möbelpacker atmen auf.

HANNELORE MOSER Obwohl, ich weiß nicht recht,
vielleicht doch zur anderen Wand.

Die Möbelpacker heben genervt das Bett hoch.

1. MÖBELPACKER *leise* Die Ummurken geht mir am
Hammer.
2. MÖBELPACKER *ebenfalls leise* Stimmt, bis aufs Häusel is
des Bett jetzt scho überall gstanden. *Gespielt freundlich
zu Hannelore Moser:* Wohin jetzt genau, Gnä Frau?
HANNELORE MOSER Ich weiß nicht ...

Die Möbelpacker sehen sich bedeutungsvoll an.

1. MÖBELPACKER *leise* Trampel!

49   Innen – Hausmeisterwohnung – Unmittelbar danach

FRAU STEINER *off*   Bei anderen zeigte sich der Wohlstand
etwas zaghafter …

Man sieht die Wohnung der Vytlacils. Martina Vytlacil präsen-
tiert ihrem Mann eine neue, eher geschmacklose Nachttischlampe.

MARTINA VYTLACIL   Was sagst, scheen, oder?
PAVEL VYTLACIL   Brennt sie?

Martina Vytlacil zündet die Lampe an, sie brennt.

PAVEL VYTLACIL   Dann is scheen.

**50   Innen – Wohnung Emmi Horvath – Unmittelbar
danach**

FRAU STEINER *off*   Bei manchen schaute er erst gar nicht vorbei.

Frau Horvath zündet eine Petroleumlampe an, die das
Dunkel mühsam erleuchtet. Sie betrachtet das Foto eines
Wehrmachtssoldaten.

EMMI HORVATH   Du hast versprochen, du kommst wieder,
du Falott, du toter …

51   Innen – Wohnung Toperzer – Unmittelbar danach

FRAU STEINER *off*   Wo der Wohlstand nicht so recht
kommen wollte, wurde er herbeigeredet, herauf-
beschworen, und die Welt war voll mit Regenmachern.

Das Ehepaar Toperzer sitzt vor dem Fernseher und sieht
»Denken trägt Zinsen«.

GRETE TOPERZER   Wieso ham wir eigentlich kein neues
Bett wie der Moser?

KARL TOPERZER   I kann jetzt net scho wieder a neues bauen. Wieso, schlafst schlecht?

GRETE TOPERZER   Es knarrt immer so.

KARL TOPERZER *mustert sie.*   Is ma no net aufgfallen, wann knarrt's denn?

GRETE TOPERZER   Beim Liegen …

KARL TOPERZER   Also, waun i lieg, knarrt nix.

GRETE TOPERZER   Grantig?

KARL TOPERZER   Jo, der Sarg für den Installateur, der letzte Wochen gstorben is, is z'kurz.

GRETE TOPERZER *spöttisch*   Is er weidagwachsen, oder hast di vermessen?

Karl Toperzer sieht seine Frau ärgerlich an, sie lächelt.

52 Innen – Gang – Tag

Der Gaskassier kommt froh gelaunt die Stiegen herauf, es ist ein Mann Mitte dreißig, durchschnittliches Aussehen, vielleicht etwas schelmisch. Er begegnet Frau Steiner, die sich anschickt, einkaufen zu gehen.

GASKASSIER   Tag, Fräun Steiner. *Mit Blick auf den Einkaufskorb.* Gemma einkaufen?

FRAU STEINER *off*   Das ist Herr Lehner, der Gaskassier, immer einen Scherz auf den Lippen.

FRAU STEINER   Ja.

GASKASSIER   Und, kaufen wir der Großmutter Wein und Kuchen?

FRAU STEINER *off in die Kamera*   Was hab ich gesagt! *Zum Gaskassier:* Nein, ich bring den Wein gleich zum Wolf.

GASKASSIER *überrascht*   Aha.

Frau Steiner lässt den leicht verdutzten Gaskassier stehen.
Dieser läutet nun bei der Wohnung der Familie Steiner,
Mama Steiner macht auf.

MAMA STEINER *freundlich* Grüß Sie, Herr Lehner.
GASKASSIER *charmant* Tag, Frau Steiner.

Frau Steiner ist nun schon ein Stockwerk tiefer angelangt.
Von oben hört man eine angeregte Unterhaltung.

FRAU STEINER Man kann vom Lehner halten, was man
will, aber er hat seine Qualitäten, zum Beispiel dieses
Lachen …

Man hört von oben Mama Steiner herzhaft lachen.

FRAU STEINER … war an meiner Mutter neu.

Man hört wieder herzhaftes Lachen.

FRAU STEINER Einerseits erfreulich, dass sie nach dem
Tod des Vaters im Krieg wieder lachen konnte.

Die Kamera schwenkt zu Mama Steiner und dem Gaskassier.

MAMA STEINER Und das haben Sie wirklich gemacht?
GASKASSIER Schau ich aus, als ob ich scherzen würde?
MAMA STEINER Na, ich weiß nicht.

Sie lacht wieder.

FRAU STEINER *off* Andererseits war in diesem Lachen so
etwas wie die Unvernunft in ihrer reinsten Form,
und außerdem war nichts witzig am Gaskassier, aber
das wiederum wusste meine Mutter nicht.

Frau Steiner geht die Stiegen hinunter, von unten stürmt
Karl Toperzer herbei mit einer Fernsehlampe, es ist ein

Piratenschiff. Er begegnet Mama Steiner und dem Gaskassier.

GASKASSIER   Karl Toperzer, mach ma a Kreuzfahrt?

Mama Steiner lacht wieder.

KARL TOPERZER   Depp, des is a Fernsehlampen!
GASKASSIER   Wozu denn des?
KARL TOPERZER   Damit besser siehst beim Fernsehschaun.
GASKASSIER   Was, die Lampen? Na, da wird die Stromrechnung aber steigen …
MAMA STEINER   Also auf Wiedersehen, Herr Lehner.

Sie schließt die Wohnungstür.

KARL TOPERZER *zum Gaskassier*   Komm, red net, was bin i schuldig?
GASKASSIER   Die Fernsehlampen …
KARL TOPERZER *gelangweilt*   Haha.

Sie gehen zur Tür der Toperzers und klopfen an.

53   Innen – Wohnung Toperzer – Unmittelbar danach

In der Wohnung der Toperzers läuft gerade »Schwarz auf Weiß«, vor dem Fernseher sind einige Kinder aus dem Hause versammelt, die mitzeichnen. Emmi Horvath schält Gemüse, und Grete Toperzer wischt sich die Schürze ab.

GRETE TOPERZER   Komm schon! *Sie hält aber inne, kann sich nicht vom Fernsehzeichenkurs lösen. Zu Pepi, dem Sohn der Vytlacils:*   Sehr schön, Pepi.

Man sieht eine missratene Zeichnung Pepis. Er zuckt mit den Achseln. Sie kramt Geld hervor und geht zur Tür.

54 Innen – Gang – Unmittelbar danach
Grete Toperzer öffnet die Türe.

GASKASSIER Tag, Gnä Frau, i komm abkassieren.

Grete Toperzer erblickt die Fernsehlampe.

GRETE TOPERZER Was isn das?
KARL TOPERZER Eine Fernsehlampe.
GASKASSIER Damit man besser sieht.
GRETE TOPERZER Was, den Fernseher?
KARL TOPERZER Das gibt's net, da kaufst a Prunkstück
  und hörst nur Bledsinn … *Zu Grete Toperzer:* Komm, gib
  ihm des Geld.
GASKASSIER Macht 11 Schilling 23.

*Grete Toperzer gibt dem Gaskassier das vorbereitete Geld,
Karl Toperzer eilt in die Wohnung.*

GRETE TOPERZER *etwas kokett* Stimmt schon so.
GASKASSIER Danke, viel Spaß mit der Lampe.

Grete Toperzer schließt die Tür.

55 Innen – Wohnung Toperzer – Unmittelbar danach
*Karl Toperzer stürmt herein mit der Fernsehlampe und bahnt
sich den Weg zwischen den murrenden Kindern, auch Emmi
Horvath ist erstaunt. Er macht sich nun vor dem Bildschirm mit
der Fernsehlampe zu schaffen …*

PEPI Jö, ein Schiff!
KARL TOPERZER Das is kein Schiff, das is eine Fernsehlampe.

PEPI   Schaut aber aus wie ein Schiff.

KARL TOPERZER   Von mir aus.

Karli, der etwa neunjährige Sohn der Toperzers, wird unruhig.

KARLI   Seh nix.

KARL TOPERZER   Sei net frech!

Die Zeichensendung geht zu Ende mit der Auflösung des
Problems, das natürlich jetzt versäumt wird.

PEPI   Na geh, jetzt wissen wir nicht, wie man das macht.

KARL TOPERZER   Wurscht, dafür brennt jetzt die schöne
    neue Fernsehlampe.

Karl Toperzer hat das Piratenschiff eingeschaltet, es leuch-
tet schwach eine grüne Lampe, der Fernseher läuft weiter, alle
starren auf die Fernsehlampe.

KARL TOPERZER   Das Bild is jetzt besser, oder?

Da es taghell im Raum ist, fällt der Unterschied zu vorher
ins Marginale.

GRETE TOPERZER *süffisant*   Viel besser.

KARL TOPERZER   Was glaubst, wie schön des erst wird,
    wenn's dunkel is.

56 Fernseher

Man sieht nun einen Filmbericht der Sendung »Auch das ist
Österreich«, vorzugsweise mit idyllischen Winterbildern einer
tollen Schneelandschaft.

FRAU STEINER *off*   Ja, unsere Heimat hatte sich zu einer
    Insel des Wohlstandes gemausert, und wer es sich leisten
    konnte, fuhr sogar auf Urlaub.

Es folgt nun eine Montage in Form von Überblendungen,
die zuerst den Winterfilmbericht aus obiger Sendung zeigen,
dann vielleicht übergehend auf Fotos der Familie Moser in
Schikleidung, die der neuesten Mode aus dem Filmbericht fast
bis aufs Haar gleicht. Schließlich trägt sich an einem schönen
Wintertag Folgendes vor dem Haus zu:

57   Außen – Straße – Tag

Es schneit, wir befinden uns im Winter 62/63. Die Familie
Moser kehrt mit ihrem Auto, es ist das damals angesagteste
Modell, vom Schiurlaub zurück. Sie tragen die bereits
gesehene Schikleidung. Martina Vytlacil kehrt den Schnee
vom Gehsteig.

MARTINA VYTLACIL   Griß Ihnan, wie war's in Gastein?
HANNELORE MOSER   Sind S' froh, dass nicht dort Haus-
meisterin sind, da war noch mehr Schnee.

Herr Moser und Konrad laden das Gepäck aus.

FRANZ MOSER   Und was gibt's sonst noch Neues?
MARTINA VYTLACIL   Nix, der Pepi is krank …
HANNELORE MOSER *teilnahmslos*   Na ja, muss er wenigstens
nicht in die Schule.
MARTINA VYTLACIL   Die Frau Horvath hat müssen ins
Spital, geht aber wieder besser.
FRANZ MOSER *teilnahmslos*   Ah ja, na fein.

Jetzt sind fast alle Gepäcksstücke ausgeladen.

MARTINA VYTLACIL   Ah ja, und es gibt bald a zweites
Fernsehprogramm.

Die Mosers sind nun echt berührt.

Konrad   Das ist ja wunderbar!

Franz Moser   Hallo, das ist ein Fortschritt.

Martina Vytlacil   Was macht man mit zwei Programme, man kann eh nur eines schauen.

Fischer kommt des Weges, er ist betrunken, rutscht etwas aus.

Fischer   Halt aus, heut is glatt, da geht man unsicher.

Hannelore Moser   Aber nicht wegen dem Glatteis.

Nun schickt man sich an, das Gepäck ins Haus zu verfrachten.

Fischer   I helf Ihnen.

Franz Moser   Bitte nicht, das hält nur auf.

Aber Fischer ist schneller, er schnappt sich einen Koffer und will damit ins Haus, gleitet aber leider aus, der Koffer fällt zu Boden.

Fischer   Hoppala, war was Zerbrechliches drinnen?

Hannelore Moser *ärgerlich*   Nein, nur die Schibrillen.

Fischer   Uih, dann nehm ich an anderen Koffer.

Konrad   Nein, es geht schon.

Er nimmt Fischer den eben ergriffenen Koffer aus der Hand.

Ham S' schon gehört, es gibt ein zweites Fernsehprogramm.

Fischer   Und was macht man, wenn man dann beides schauen will? Da müssen S' aber oft hin und her schalten.

Martina Vytlacil   Sie haben ja nicht einmal ein Programm, außer bei der Grete Toperzer, also die lasst Sie … mitschauen.

Franz Moser *süffisant*   Wenn ich zwei Programme habe und Sie keines, das macht nix, durchschnittlich, statistisch gesehen also, haben wir dann eigentlich jeder eines, das ist gerecht.

FISCHER   Statistisch sind schon viele verhungert, die durchschnittlich verdient haben, nicht wahr?

HANNELORE MOSER   Gehen wir, schaun wir, ob wir das Zweite empfangen können.

Sie gehen alle ins Haus, Fischer ist der Letzte.

FISCHER   Warten S', i helf Ihnen.

Er rutscht aus und schlägt schwer im Schnee auf.

58   Innen – Wohnung Toperzer – Abend

Karl Toperzer ist allein zu Hause, er sieht »Montur ohne Zauber«, eine Sendung, die sich kritisch mit dem Verhalten österreichischer Wehrmachtssoldaten auseinandersetzt, und ist empört.

KARL TOPERZER   So eine Frechheit bitte, des war früher net drinnen gwesen, was soll das, als ob mir in Russland … na, des gibt's ja net, da ruf i an, des wern s' ma büaßn, diese roten Schweine.

Es folgt eine Bildstörung.

KARL TOPERZER   Na, des gibt's ja net, a Störung auch noch, bitte, des gibt's ja net …

Grete Toperzer kommt nach Hause.

GRETE TOPERZER   Servas.

KARL TOPERZER   Wo warst, na is eh wurscht. Schau, zerscht bringen s' so einen Mist über uns Soldaten und dann machen s' aa no a Bildstörung.

GRETE TOPERZER *etwas resignativ* Weißt a net, wasd willst.

KARL TOPERZER Oh ja, a guates Bild, des is das Wichtigste.

GRETE TOPERZER Auch wenn das Programm ein Mist is?

KARL TOPERZER Sicher, da kann i mi wenigstens aufregen.

GRETE TOPERZER Das kannst di über die Störung aa.

KARL TOPERZER Schon, aber net so gern.

GRETE TOPERZER Jetzt kommt eh bald das 2. Programm.

KARL TOPERZER Und wann des aa gstört is, was mach ich dann?

Er begibt sich zum Fernseher und beginnt abwechselnd daran herumzuschrauben oder draufzuschlagen, aber die Störung bleibt, es erscheint eine Sprecherin.

SPRECHERIN *aus dem Fernseher.* Meine Damen und Herren, leider müssen wir Ihnen mitteilen, dass wir im Bereich des Senders Kahlenberg einige Sendeausfälle zu vermelden haben.

KARL TOPERZER Einige, des haaßt: nicht alle, aber i bin dabei. Das is die Höhe! *Zur Sprecherin:* Warum i, warum net die anderen und i net?

SPRECHERIN Wir bitten Sie um etwas Geduld.

KARL TOPERZER Hamma net.

GRETE TOPERZER Wirklich net.

FRAU STEINER *off* Und so blieb Herrn Toperzer nichts anderes übrig, als auf das Ende der Störung oder das Zweite Programm zu warten, außerdem stand ein großes Rundfunkvolksbegehren ins Haus, das den rot-schwarzen Proporz aufteilen, äh, beenden sollte, und da es nun zwei Programme gab, standen die Chancen dafür gar nicht schlecht.

*Die Bildstörung ist zu Ende, es wird »Montur ohne Zauber«
fortgesetzt.*

KARL TOPERZER   Schau dir diesen Schmarrn an, da war die
Störung ja noch besser.

59   Innen – Wohnung Steiner – Morgen

*Mama Steiner und der Gaskassier sitzen am Tisch, es gibt
Kaffee und Kuchen. Folgender Dialog ist getragen von immer
wiederkehrenden peinlichen Pausen, die das Näherkommen
behindern.*

GASKASSIER   Schmeckt schön, der Kuchen, Frau Steiner.
MAMA STEINER   Danke.
GASKASSIER   Da müssen S' mir unbedingt das Rezept
geben.
MAMA STEINER   Backen Sie auch?
GASKASSIER   Na, war Spaß.

*Mama Steiner lacht herzhaft, dann entsteht eine längere Pause.
Der Gaskassier erblickt das Foto des Wehrmachtssoldaten.*

GASKASSIER   I möcht ja net unverschämt fragen, aber
i mach's. *Er räuspert sich, Mama Steiner ist gespannt.* Sie
sind, äh, Witwe?
MAMA STEINER   Vielleicht, er wird vermisst.
GASKASSIER   Von Ihnen auch?
MAMA STEINER *ernst*   Immer wieder.

*Es entsteht ein langes Schweigen. Der Gaskassier beugt sich
vor, dann zögert er.*

GASKASSIER   Ich nimm mir noch einen Kuchen. *Nimmt
und beißt hinein.* Selbst gemacht?

MAMA STEINER   Wer soll ihn denn sonst machen?

GASKASSIER   Na, die Tochter …

MAMA STEINER   Die Christl? Geh, die … *Sie macht eine abwehrende Handbewegung.*

FRAU STEINER *off*   Bevor es da jetzt vielleicht zu kleinen Gemeinheiten gegen meine Person kommt …

Die Türe öffnet sich, Frau Steiner kommt herein, sie ist inzwischen 19 Jahre und fein herausgeputzt.

FRAU STEINER   Ah, der Herr Lehner … *süffisant* … beim Abkassieren.

Der Gaskassier erhebt sich rasch.

GASKASSIER   Na, i bin eh grade fertig, alles in Ordnung, äh, also dann bis eh dann.

Er packt seine Sachen und verlässt rasch die Wohnung. Die beiden Frauen sehen sich an.

FRAU STEINER   Ich krieg die Stelle als Verkäuferin.

MAMA STEINER   Sehr schön, das freut mich.

Frau Steiner erblickt die Jausenreste.

FRAU STEINER   War er zu Gast?

MAMA STEINER   Ja, er und die Vergangenheit.

FRAU STEINER   Ist er nett?

MAMA STEINER   Mein Kuchen schmeckt ihm.

Beide lachen in sich hinein.

60   Innen – Gang – Abend

Es ist Abend, Herr Fischer steht vor seiner Wohnungstür und liest die »Arbeiterzeitung«. Darin wird über das Rundfunk-

*volksbegehren berichtet. Aus der Wohnung der Mosers hört
man einen Fernsehbericht zu diesem Thema. Es ist ein
»Interview mit der Zeit« mit einem ÖVP-Politiker. Er lauscht.*

FISCHER   Blödsinn, so ein Blödsinn, da … *Er deutet auf
die Zeitung* … da steht was ganz anderes.

61   Innen – Wohnung Moser – Unmittelbar danach
*Man sieht den Fernseher der Mosers, es läuft das »Interview
mit der Zeit«. Vor dem Fernseher das Ehepaar Moser, sie ist
bereits eingeschlafen, er rüttelt sie wach, weil er begeistert ist.*

FRANZ MOSER   Genau, so isses nämlich.
HANNELORE MOSER *verschlafen*   Was denn?
FRANZ MOSER   Alles.

Sie nickt wieder ein.

62   Innen – Gang – Unmittelbar danach
Fischer lauscht noch immer an der Tür.

FISCHER   Vollkommener Schwachsinn, des Fernsehen!
Was gedruckt is, is gedruckt, da kann man sich verlassen.

*Er geht zu seiner Wohnungstür, dreht nochmals um, geht zur
Tür der Mosers, schüttelt den Kopf.*

FISCHER   Wie man so was glauben kann.

Er geht wieder zu seiner Wohnung.

FRAU STEINER *off*   So war nun der Kampf um die Unabhängigkeit des Rundfunks entbrannt, gemeint war aber
immer jeweils die Unabhängigkeit vom andern.

63   Innen – Hausmeisterwohnung – Tag

Wir schreiben das Jahr 1965. Der Fahrer und sein Helfer,
die wir aus Szene eins kennen, nun etwas gealtert, tragen die
uns wohl bekannte Kiste in die Wohnung der Vytlacils. Dort
umringen die drei Kinder den abgestellten Karton.

PEPI   Was is denn da drinnen?

FAHRER   A Fernseher, so dank schön, Sie san ma die
Liabsten, Sie san im Erdgeschoss.

MARTINA VYTLACIL   Jö schauts Kinder, jetzt brauchts
nimma raufgehen fernsehen.

PEPI   Aber, die Frau Toperzer gibt uns Schokolade
manchmal.

MARTINA VYTLACIL *gibt ihm eine Ohrfeige.*   Du fernsehst
jetzt nur mehr bei uns!

PAVEL VYTLACIL   Die Kinder werden immer frecher
heutzutage.

HELFER   Ihre Frau hat eh das richtige Rezept dagegen,
also wiederschaun!

Der Fahrer und sein Helfer verabschieden sich und verlassen
die Wohnung. Pavel Vytlacil eilt ihnen nach.

64   Innen – Gang – Unmittelbar danach

PAVEL VYTLACIL   Warten S', Trinkgeld!

Er gibt ihnen ein paar Münzen.

HELFER   Dank schön, vergelt's Gott, das nächste Mal
wieder.

PAVEL VYTLACIL   Gibt ka nächstes Mal, brauch ja nur *einen*
Fernseher.

FAHRER *lachend* Lebenslang? Jo jo, warten S' es ab.

Die Lieferanten entfernen sich. Kathi Brenner kommt von oben herunter, sie ist etwas besorgt.

KATHI BRENNER Tag, Herr Vytlacil, wissen Sie, wo die Frau Horvath is?

PAVEL VYTLACIL Tag, Frau Brenner! Na, is sie net zu Hause?

KATHI BRENNER Nein, i hab sie schon seit zwei Tagen nimma gesehn, es wird ihr doch nix zugstessen sein.

PAVEL VYTLACIL Aber wo, vielleicht is sie fortgefahren?

KATHI BRENNER *hämisch* Auf Weltreise?

Die Kamera schwenkt auf die Wohnungstür der Emmi Horvath, und wirklich, sie sieht sehr unbenützt aus. Überblendung.

65   Innen – Gang – Später
Die Wohnungstür von Emmi Horvath vermittelt nun noch mehr den Eindruck, länger nicht mehr benützt worden zu sein.

FRAU STEINER *off* Frau Horvath hatte sich wirklich auf eine Reise begeben.

Die Wohnungstür öffnet sich, ein Sarg wird herausgetragen, mehrere Hausparteien stehen herum.

KATHI BRENNER Jetzt hat sie es besser.

GRETE TOPERZER Wer wird ma jetzt beim Kochen helfen?

Man bringt den Sarg die Stiegen hinunter. Fischer kommt, etwas betrunken.

FISCHER Halt aus, was is da los?

KATHI BRENNER   Die Emmi Horvath zieht aus, im
Holzpyjama.

*Fischer ist betroffen. Er zieht den Hut. Zum Sarg, der an
ihm vorbeigetragen wird.*

FISCHER   Wiederschaun.

66   Innen – Hausmeisterwohnung – Abend
*Es ist die Zeit des Zinszahlens, im Fernsehen läuft der »Opern-
führer«, Pavel Vytlacil sitzt an einem Tischchen und macht das
Inkasso, vor ihm Hannelore Moser.*

FRAU STEINER *off*   Die Trauer um Frau Horvath war
allzu schnell verflogen, und unser dritter Fernsehbesitzer
konnte seinen Stolz kaum verbergen.
HANNELORE MOSER   Interessieren Sie sich für Opern,
Pavel Vytlacil?
PAVEL VYTLACIL   Na, keine Sorge, ich schau alles.
HANNELORE MOSER *zahlt pikiert*   Ach so.

Karl Toperzer stürzt herein mit drei Bierflaschen.

KARL TOPERZER   Was hab i ghört, du hast jetzt auch an
Fernseher, des müss ma feiern! *Er öffnet die Bierflaschen,
zu Hannelore Moser.* Wolln S' auch ein Bier?

*Sie ist zu überrascht um abzulehnen, nimmt das Bier. Fischer
kommt herein.*

FISCHER   I komm Zins zahlen. Frau Moser, Sie eine
Trinkerin?
HANNELORE MOSER   Das muss ein Irrtum sein.

*Aber alle haben plötzlich ein Bier in der Hand, es wird
geprostet, Hannelore Moser muss, wohl oder übel, mitmachen.*

PAVEL VYTLACIL   Was is jetzt mit dem Zins, Toperzer?
KARL TOPERZER   Lassen wir den Monat aus, oder?

Hannelore Moser lacht plötzlich, sie scheint Bier nicht
gewohnt zu sein. Mama Steiner betritt die Wohnung, es ist
bereits gute Stimmung.

MAMA STEINER   Guten Abend, is da ein Fest?
KARL TOPERZER   Ja, ein Fernseheinweihungsfest.
MAMA STEINER *in Richtung Fernseher*   Was schauts denn?
PAVEL VYTLACIL   Wurscht, wollen S' a Bier?
MAMA STEINER   Warum nicht?
FISCHER   Sogar die Moserin trinkt heut a Bier, die alte
Hutblumen, was? Prost!

Er stößt mit Hannelore Moser an, diese ist jetzt nur mehr
gespielt pikiert.

HANNELORE MOSER   Hutblumen hab ich überhört. Prost!
MAMA STEINER   Soll ich jetzt noch Zins zahlen?
PAVEL VYTLACIL   Scheiß drauf, heut feiern wir!

Es wird ausgelassen zugeprostet, neue Biere werden geholt.
Im Hintergrund läuft »Der Opernführer«.

Schlussroller

Ende

Abschied

Dorfer setzt sich an den Bühnenrand und spricht ins Publikum.

Bevor wir auseinandergehen, und ich spreche nicht
von Figurproblemen, wollen wir vielleicht gemeinsam
darüber nachdenken, was hat uns das alles gesagt? Was
haben wir gelernt, was haben wir gespürt, was nehmen wir
mit nach Hause außer unserer Jacke? Und vor allem:
Wie geht's aus? Ich weiß ja, wie's ausgeht, Sie nicht, das
hat fast ein bissel was Religiöses.

Sprechen wir über den Abschied, am Beginn der
Reise steht der Abschied von zu Hause und am Ende der
Reise der Abschied von Nichtzuhaus. So wie wenn der
jetzige Augenblick gleichzeitig der Abschied wäre vom
vorangegangenen Augenblick. Und die Zeit nur ein
Zahnrad wäre von Millionen von Abschieden. Sprechen
wir von unserm Abschied. Sie werden nach Haus gehn,
ich werde nach Haus gehn, und dieser Saal bleibt allein
zurück, ich möcht jetzt kein Mitleid erregen für den
Saal, aber diese Kombination von Menschen wird es nie
wieder geben. Ist das nicht arg? Und ich frag jetzt ganz
konkret und doch bewusst: Ist das gut, ist das schlecht,
ist das Yin oder Yang, oder ist es einfach wurscht? Das
ist ja genau das, was wir den Chinesen voraushaben, die
haben nur Yin und Yang, wir haben Yin und Yang und
wurscht.

Ich möchte mich zum Schluss des Abends bedanken fürs Kommen, aber ich möchte auch der Anstaltsleitung danken, dass ich da innerhalb meiner Kabarett-Therapie auftreten darf. Ich spiel da immer vor anderen Insassen, zahlenden Wärtern oder Gästen.

Eingeliefert bin ich geworden wegen einer Art Schizophrenie, meine Mutter war Sozialistin, mein Vater ein katholischer, antisemitischer Geschäftsmann. Es hat Sonntage gegeben, da waren wir zuerst am Maiaufmarsch, dann im Hochamt und zum Schluss bei so einem ausländerfeindlichen Frühschoppen. Das war oft nicht unter einen Hut zu bringen. Am Schluss, in der akuten Phase meiner Krankheit, hab ich geglaubt, ich wäre Österreich. Die Medizin spricht von Austrophobie. Und da hilft eine Kabarett-Therapie enorm. Ich finde es schön, dass alle da waren, die da waren und nicht, dass einer von denen, die da waren, nicht da war. Ich find's schön, dass ich das sage, ich finde es auch wichtig, dass ich das sage. Nicht, dass es dann wieder heißt: »Aber gesagt hätte es schon ghört!« Tragen Sie ein bisschen was raus von der Freude, die wir miteinander gehabt haben, und weil's so schön war, nehmen wir uns alle jetzt bei den Händen ... Äh ... jetzt hab ich mich ein wenig verplaudert! Der Schluss war das Thema, also wie es ausgeht: Das wollten Sie doch wissen, oder? So ein Kabarett-Therapieabend hat sehr viel zu tun mit dem Leben: Am Schluss ist es einfach finster.